예수님과 함께 비전공과

[테마4] 1학기

예수님과 함께 비전공과 전학년(교사용)
[테마4] 1학기 하나님 앞에서 옳은 일을 하는 사람들

초판 1쇄 발행 | 2022. 12. 20
초판 1쇄 인쇄 | 2022. 12. 20

교재 집필 및 감수 | 최만호 목사
교재 집필 위원 | 크리스천리더 출판기획팀
펴낸 곳 | 크리스천리더
편　집 | 홍소희
교　정 | 성주희
일부 총판 | 생명의 말씀사 (02) 3159-7979
등　록 | 제 2-2727호(1999. 9.30)
주　소 | 부천시 원미구 중동 1289번지 팰리스카운티 아이파크상가 3층
전　화 | (032) 342-1979
팩　스 | (032) 343-3567
도서 출간 상담 | E-mail:chmbit@hanmail.net
Homepage | www.cjesus.co.kr

ISBN : 978-89-6594-347-1　04230
978-89-6594-226-9　(세트)

정가 : 8,000원

저자와의 협약 아래 인지는 생략되었습니다.
이 출판물은 저작권법에 의해 보호받는 창작물이므로, 무단 복세와 무단전재를 할 수 없습니다.

잘못된 책은 구입하신 곳에서 바꿔드립니다.

1년 52주 테마별 비전공과
only Jesus
예수님과함께
비전공과
재미있게 배워요~^^
1학기
전학년
(1~6학년)
어린이용
[테마 4-1학기]
하나님 앞에서
옳은 일을
하는 사람들
성경
CLS 크리스천리더

머리말

지난 3년 우리는 코로나19라는 전염병으로 사회는 물론 교회들이 많은 어려움을 겪었습니다. 예배를 마음껏 드릴 수 없었고 모든 양육이 중단되었습니다. 그 결과 많은 사람들이 신앙의 자리를 떠나기 시작했습니다.

각 교회의 교육 부서는 그 피해가 더욱 컸습니다. 반면 코로나19 기간 동안 청소년들의 스마트폰 사용 양이 급증했고 게임, 유튜뷰 등에 빠진 청소년들은 점점 책을 읽고 생각하는 것을 멀리하게 되었습니다.

코로나19가 진정되고 있는 지금, 어른들은 어느정도 신앙의 자리로 돌아오고 있지만 아이들은 여전히 교회로 돌아오지 않고 있습니다. 그로인해 각 교회 교육부서에서는 공과를 제대로 가르치지 못하는 교회들이 더 많아지고 있습니다. 이렇게 우리는 힘겨운 시기를 지나고 있습니다. 그래서 [비전공과 테마4]의 주제를 **'하나님 앞에서 옳은 일을 하는 사람들'**로 정했습니다. **성경에서 많은 믿음의 사람들이 우리와 같은 힘겨운 시기를 어떻게 이겨냈는지** 살펴봄으로써 **우리도 이 위기를 어떻게 이겨낼 수 있는지**를 배우게 될 것입니다.

이번 공과에서도 성경을 찾고 생각하는 비중이 많습니다. 어쩌면 학생들이 지루하다고 여길지도 모르지만 성경을 찾고 성경이 말하는 것을 읽고 배워야만 우리의 학생들이 믿음으로 바르게 설 수 있다는 것을 믿기에 성경을 찾고 생각하는 시간들이 있습니다. 이 부분은 건너뛰지 마시고 최대한 학생들과 함께 나누시면 좋을 것 같습니다.

또한 공과의 첫 부분에 몸풀기 게임이 있습니다. 몸풀기 게임은 단순한 레크리에이션이 아닙니다. 게임을 통해 그 날의 공과의 주제의 문제를 제기하는 시간입니다. 몸풀기 게임만 잘 해도 학생들에게 공과의 내용을 잘 전달할 수 있을 것입니다. 코로나19라는 어려움 속에서도 학생들을 위해 기도하고 양육하는 것을 포기할 수 없는 이유는 그것이 우리의 사명이요 책임이기 때문입니다.

오늘도 학생들을 위해 기도하면서 사역하며 헌신하는 모든 선생님들을 축복합니다. 이번 공과를 통해 우리의 아이들이 어려움을 만나 때로는 흔들릴지라도 무엇이 옳은 것인지를 깨닫고 믿음으로 옳은 것을 선택하는 놀라운 일들이 일어나기를 기도합니다.

비전공과 테마4 총 감수 최만호 목사

목 차

[비전공과 테마4] 1학기 과정

[비전공과] 이렇게 활용하세요.

[비전공과]는 매년 새로운 주제로 기획되며 전학년(초등학교 1~6학년)이 사용할 수 있는 통일된 어린이 공과 교재입니다. 다음세대에 예수님의 비전을 세우는 사명을 가지고 정성껏 준비하겠습니다.

이번 교재는 **[비전공과]** 네번째 테마로 **[하나님 앞에서 옳은 일을 하는 사람들]** 입니다. 성경속에 나오는 믿음의 인물은 고난중에, 또한 어렵고 힘들 때 어떻게 극복하였는지 살펴보며 그들의 굳건한 믿음을 교훈삼아 현실에서 어떻게 신앙생활해야 할지 배우게 될 것입니다.

[비전공과] 파워포인트(PPT) 설교자료에 대하여

비전공과는 설교와 공과의 주제가 동일합니다.
기존의 테마 1~3까지의 설교 자료는 현재 교재로 출간되어 인터넷 서점이나 기독교 서점에서 구매할 수 있지만, 이번 테마4의 파워포인트 설교 자료는 책으로 출간되지 않고 저희 크리스천리더 홈페이지(www.cjesus.co.kr)에서 구매하며 사용하실 수 있습니다.

교재 한눈에 보기 교사용교재 활용법

[비전공과] 네번째 테마로 **[하나님 앞에서 옳은 일을 하는 사람들]** 교재는 전학년 어린이용 교재와 교사용 교재로 나뉘어져 있습니다.
교사용 교재는 어린이 교재의 정답과 해설이 담겨져 있습니다.

교사용 교재 구성

첫번째 페이지

제목 매주 몇 과인지, 제목이 무엇인지 확인할 수 있어요.
외울말씀 매 과마다 중요한 요절 말씀이 기록되어져 있습니다. 꼭 외웁시다.
배울내용 매 과마다 배워야 할 내용을 간략히 기록하였습니다.
공과목표 교사용 교재에만 있습니다. 교사가 아이들을 가르칠 때 매 과마다 제시된 목표에 도달하도록 준비하고 노력하시기 바랍니다.
공과설명 각 과의 목표와 내용에 대한 이해를 돕는 내용으로 아이들을 가르치기 위한 일종의 동기부여이며, 공과 설명을 통해 더 폭넓게 각 과를 이해하실 수 있을 것입니다.

두번째 페이지

1. 성경공부해요
각 과의 중심이 되는 말씀을 찾아서 중요 핵심 단어를 채우는 문제가 제시됩니다.
아이들이 성경 찾는 법도 숙지하고, 성경 내용도 확인하며 기록하는 문제입니다.
교사용 교재에는 정답과 더불어 성경구절에 대한 해설이 있습니다. 꼭 읽어보고 점검해 보시기 바랍니다.

2. 몸풀기

몸풀기 게임은 단순한 레크리에이션이 아니라, 게임을 통해 그 날의 공과의 주제의 문제를 제기하는 시간입니다. 몸풀기 게임만 잘 해도 학생들에게 공과의 내용을 잘 전달할 수 있을 것입니다.

3. 생각해보기

말씀은 삶에 중심이 되어야 하고 영향력으로 작용해야 합니다. 본문과 부합되는 내용이나 질문을 통해 아이들의 생각을 들어보고 문제의 옳은 방향을 제시해 주는 코너입니다. 교사용 교재에는 게임의 방법, 게임의 멘트, 응용의 내용이 담겨져 있습니다.

4. 성경속으로 Go Go

성경 공부를 배우는 시간입니다. 이번 테마4 시리즈는 다소 낯설고 난해한 부분이 있을 수 있습니다. 하지만 교사가 교사용 교재를 잘 숙지하시고 아이들 앞에선다면 큰 어려움은 없을 것입니다. 모든 내용을 주입식으로 전달하지 마시고 아이들의 연령에 따라 난이도를 조절하시기 바랍니다. 교사용 교재에는 정답과 더불어 해설이 있습니다. 꼭 읽어 보고 잘 숙지하시기 바랍니다.

5. 성경 Action

성경 Action 오늘 배운 내용을 종합적으로 적용하는 시간입니다. 아이들의 이야기를 충분하게 들어 주시고 해설의 내용을 참고하여 성경적으로 잘 적용시켜주세요.

1과 하나님 앞에서 옳은 일을 하는 사람들

외울 말씀 | "모세가 이르되 각 사람이 자기의 아들과 자기의 형제를 쳤으니 오늘 여호와께 헌신하게 되었느니라 그가 오늘 너희에게 복을 내리시리라" (출 32:29)

공과 목표 |

1. 그리스도인에게는 성경이라는 기준이 있음을 깨달을 수 있다.
2. 그리스도인에게 옳은 일은 하나님의 뜻을 행하는 것임을 알 수 있다.
3. 하나님 앞에서 옳은 일을 할 수 있다.

배울내용 | 오늘은 그리스도인에게 성경은 삶의 기준이라는 사실과 옳은 일은 성경의 말씀대로 하나님의 뜻을 행하는 것이라는 사실을 배울거예요.

공과 설명 |

우리는 세상의 문화와 가치 속에서 매일 매일 살아갑니다. 그리고 그 안에서 판단하고 결정하고 행동합니다. 사람들은 저마다 자신만의 기준을 세우고 자기가 생각하는 옳은 일과 하고 싶은 일들을 하며 살아갑니다. 이런 판단과 결정은 내가 자주 접하고 내가 영향을 많이 받은 그 무엇으로 인해 정해진다고 할 수 있습니다.

우리는 이런 것을 기준이라고 이야기합니다. 누구나 자신만의 기준을 가지고 있습니다. 일주일 동안 TV, 게임, 학원 등에만 많은 시간을 소비한 사람들의 기준은 TV와 게임, 세상의 가치가 될 수밖에 없고 말씀을 읽고 듣는 것에 많은 시간을 할애한 사람들에게는 성경이 그 기준이 됩니다. 성경을 멀리하는 사람은 성경적 가치보다 세상의 가치가 훨씬 익숙하고 자연스럽게 느껴질 수밖에 없습니다. 우리는 그리스도인입니다. 하나님의 백성입니다. 하나님의 백성은 하나님의 말씀이 우리 삶의 기준입니다. 성경은 하나님의 기록된 말씀입니다.

우리는 성경이 우리에게 제시하고 있는 사실을 기준으로 삼아 좌로나 우로나 치우쳐서는 안됩니다. 성경은 우리에게 항상 옳은 것만을 제시할까요? 가끔 성경의 이야기와 내 생각이 다른 때가 있습니다. 그럴 때 우리는 무엇을 선택해야 할까요? 우리는 내 생각을 내려 놓고 성경의 기준을 붙잡아야 합니다.

왜냐하면 성경이 우리의 기준이고 영원한 진리이기 때문입니다. 하나님은 내가 생각하기에 항상 옳은 일만 하실까요? 아니면 하나님이 하시는 모든 일은 옳은 일일까요?

무엇이 옳은 이야기인가요? 하나님은 항상 옳은 일을 한다고 생각하는 사람은 이스라엘 백성들이 가나안 땅을 차지하기 위해 이방민족을 죽이는 장면을 이해하지 못할 것입니다. 하지만 하나님이 행하시는 모든 것이 옳다고 생각하는 사람은 이스라엘 백성들을 통해 가나안 족속의 가증한 죄악을 심판하는 것임을 알 수 있습니다. 이 내용을 성경을 통해 살펴보겠습니다.

1. 성경을 공부해요

성경이 말하는 옳은 일은 무엇인가요?
아래 말씀을 찾아 읽고 ○을 채워봅시다.

1. 창세기 3장 5절	○○ 의 기준은 하나님
2. 민수기 25장 11절	하나님의 ○○
3. 디모데전서 6장 18절	베푸는 ○○

<정답> : 선악, 심판, 기쁨

창세기 3:5 "너희가 그것을 먹는 날에는 너희 눈이 밝아져 하나님과 같이 되어 선악을 알 줄 하나님이 아심이니라"

성경은 선악을 판단하는 것은 하나님께서만 하실 수 있는 것이라고 말합니다. 그런데 인간이 타락하면서 스스로 선악을 판단하기 시작했습니다. 그래서 이것은 옳고 저것은 옳지 않다고 스스로가 기준이 되어 판단을 합니다. 우리는 하나님께서 행하신 일을 바라보며 "저건 옳지 않아. 하나님이 저러면 안되지."라고 말하며 자신들이 생각하는, 자신들이 세운 기준에 하나님을 끼워 맞추기 시작합니다. 하지만 성경은 분명히 말합니다. 선악을 분별하는 것은 하나님께서만 하실 수 있는 것이고 하나님께서 선을 선택하신 그 선을 택하고 행하는 것이 옳은 일이라고 성경은 이야기합니다.

<정답> : 선악의 기준은 하나님(하나님이 말씀하시는 선을 행하는 것)

민수기 25:11 "제사장 아론의 손자 엘르아살의 아들 비느하스가 내 질투심으로 질투하여 이스라엘 자손 중에서 내 노를 돌이켜서 내 질투심으로 그들을 소멸하지 않게 하였도다"

이스라엘 백성들이 싯딤에 거할 때 모압의 여자들과 부끄러운 짓을 행하고 모압의 신들에게 제사를 드렸습니다. 그 사람들 중 시므온 지파의 지도자였던 시므리가 자신의 집에 모압 여인까지 데리고 오자 대제사장 아론의 손자 비느하스가 그 집에 들어가 두 남녀를 창으로 찔러 죽였습니다. 분명히 살인을 한 것이지만 성경은 하나님의 질투하심으로 그들을 징계했고 그래서 하나님의 진노로 이스라엘 백성들이 벌을 받지 않게 되었다고 이야기합니다. 하나님의 심판은 사람들의 입장에서는 가혹한 것일 수 있지만 하나님께서는 우리의 죄악으로 인해 징계하시는 것이기에 옳은 일이라고 이야기합니다.

<정답> : 하나님의 심판이 옳은 일이다.

디모데전서 6:18 "선을 행하고 선한 사업을 많이 하고 나누어 주기를 좋아하며 너그러운 자가 되게 하라"

바울은 교만하고 돈을 의지하고 하나님께 소망을 두지 않는 것은 결코 선을 행하는 것이 아니라고 말합니다. 선을 행한다는 것은 그저 우리가 생각하는 착한 행동을 하는 것이 아닙니다. 성경에서 선을 행한다는 것은 하나님께서 원하시는 것을 행한다는 말과 같은 것입니다. 하나님께서는 우리에게 교만하지 말며, 돈을 의지하지 말고, 하나님께 소망을 두며 베풀고 나누어 주는 것이 선을 행하는 것이라고 말씀합니다.

<정답> : 이웃에게 베푸는 기쁨이 옳은 일이다.

2. 몸풀기 (모양 만들기)

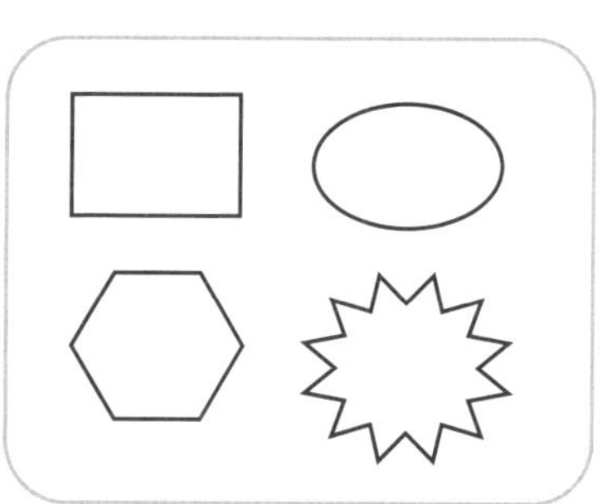

몸풀기 게임으로 모양 만들기를 합니다. 모양을 만들 때, 보다 정확하게 만들기 위해서 무엇이 필요한지를 생각해 보는 시간입니다.

[게임방법]

① 모루(천사에 털이 붙은 공예 자료)와 자, 끈을 준비합니다.

② 팀을 세 팀으로 나눕니다.

③ 한 팀에게는 모루만, 한 팀에게는 모루와 끈을 한 팀에게는 모루와 자를 제공합니다.

④ 이제 각 팀에게 지령을 내립니다. "세 변의 길이가 각각 10cm인 정삼각형을 만드세요", "한 변의 길이가 7.5cm인 별 모양을 만드세요" 이렇게 다양한 모양을 만들도록 합니다.

⑤ 이제 어느 팀이 가장 지령에 가까운 모양을 만들었는지 서로 비교해 봅니다.

⑥ 길이를 정확하게 잴 수 있는 자를 기준으로 가지고 있는 팀이 가장 정확하게 만들었을겁니다.

[게임멘트]

왜 다른 팀보다 자를 가지고 있는 팀이 정확하게 모양을 만들 수 있었을까요? 그것은 움직이지 않는 정확한 '자'라는 기준을 가지고 있었기 때문입니다. 언제든지 정확한 길이를 잴 수 있기 때문에 다른 팀보다 정확한 모양을 만들 수 있었습니다. 이렇게 기준은 우리에게 정말 중요합니다. 그리스도인에게도 기준이 있습니다. 그리스도인이 그리스도인답게 살아가는 기준은 바로 '성경'입니다. 그리스도인에게서 성경이라는 기준이 없다면 우리는 그리스도인답게 살아갈 수 없을 것입니다. 성경이라는 기준을 가지고 그 기준대로 살아가는 우리가 바로 예수 믿는 어린이입니다.

[응용]

자 대신 전자 저울(음식재료용)이나 초 시계를 이용해서 게임을 진행해도 됩니다. 무게를 재는 게임을 할 때에는 쌀이나 콩과 같은 곡식과 종이컵을 준비합니다. 한 팀에게는 저울이나 초시계를 제공하고 한 팀에게는 아무 것도 제공하지 않습니다. "10.5g의 무게를 맞춰 주세요.", "7.28초에 손을 들어 주세요." 저울이나 초시계를 가지고 있는 팀이 정확하게 무게를 잴 수 있고 시간을 잴 수 있습니다.

3. 생각해보기

내가 가장 소중하다고(옳음, 선) 생각하는 것 5가지를 적어보세요.

사람들마다 생각하는 옳음, 선, 소중함에 대한 생각이 다릅니다. 어떤 사람은 A가 옳고 소중하다고 생각하지만 어떤 사람은 아무 것도 아닌 것을 오히려 악한 것으로 생각할 수도 있습니다. 내가 생각하는 옳음, 선, 소중한 것을 먼저 적어 보고 우리 반이 공통적으로 생각하는 옳음, 선, 소중한 것을 적어봅니다.

4. 성경 속으로 Go Go

1. 이스라엘 백성에게 무슨 일이 생긴 걸까요? ○을 채워봅시다.

정답 : 금송아지를 만듦

티칭포인트 | 모세와 이스라엘 백성들은 애굽을 탈출하여 시내산에 도착을 했습니다. 그리고 하나님께서는 산꼭대기에 임하셨고 모세를 그리로 불렀습니다. 모세는 그곳에서 하나님과 40일 밤낮을 함께 있었습니다. 산 밑에서 모세를 기다리던 이스라엘 백성들은 시간이 흐르자 점점 초조해지기 시작했습니다. 그러자 몇몇 사람들이 백성들을 선동하기 시작했고 결국 이스라엘 백성들은 아론에게 자신들을 위해 눈에 보이는 하나님을 만들라고 요청합니다. 이스라엘 백성들은 하나님께서 자신들의 눈에 보이지 않자 불안했던 것입니다. 그래서 하나님의 대리자인 모세가 행방불명되자 눈에 보이는 하나님인 금송아지를 요청했던 것입니다. 아론은 이스라엘 백성들의 요청에 응했고 백성들이 가지고 온 금 고리로 금송아지를 만들었습니다.
백성들이 금송아지 앞에서 먹고 마시며 뛰놀 때 모세가 산에서 내려왔습니다. 그런 모습에 분노한 모세는 손에 들고 있던 십계명이 새겨진 두 돌판을 던져 금송아지를 부수어 버렸습니다. 그리고 백성들에게 이야기합니다.
"누구든지 여호와의 편에 있는 자는 내게로 나아오라 하매 레위 자손이 다 모여 그에게로 가는지라"(출 32:26)
이 때 레위지파가 모세 앞에 나아갔습니다. 모세는 레위 지파에게 "칼을 차고 형제와 친구와 이웃을 죽이라."라고 명령했습니다. 방금 전까지만 해도 같이 웃고 떠들었던 친구였고 이웃이었고 가족이었습니다. 그런데 갑자기 하나님께서 죽이라고 명령을 하시는 것입니다. 누가 과연 이 명령을 따를 수 있었을까요? 다른 지파가 이런 생각으로 주저할 때 레위 지파가 나섰습니다.

2. 왜 성경은 같은 형제를 죽인 레위지파를 향해 "여호와께 ○○" 했다고 말했을까요? ○○를 찾아 기록해 봅시다.

"...자기의 ○○과 자기의 ○○를 쳤으니
　　　오늘 여호와께 ○○하게 되었느니라..." (출애굽기 32장 29절)

티칭포인트 | 레위 지파는 칼을 차고 형제, 이웃, 친구를 죽였습니다. 하나님께서는 레위 지파의 이런 행동을 "여호와께 헌신"이라고 이야기하셨습니다. 어떻게 형제, 이웃, 친구를 죽인 것이 하나님께 헌신한 것이 될까요? 사람을 죽이는 것은 그 어떤 것도 정당화될 수 없습니다. 하지만 성경에서 죽음은 하나님께 범죄한 댓가로 받는 벌이라고 이야기합니다. 이스라엘 백성들은 하나님을 버렸고 금송아지라는 우상을 섬겼습니다. 그 죄악으로 인해 이스라엘 모든 백성들은 하나님께 죽임을 당했어야 했습니다. 하지만 하나님께서는 레위 지파가 하나님의 말씀에 순종한 것을 보시고 모든 백성들을 죽이지 않으셨습니다. 성경은 하나님의 말씀에 순종하고 따른 레위 지파의 행동을 하나님께 헌신한 것이라고 이야기하고 있습니다.

<정답> : 아들, 형제, 헌신

티칭포인트 | 그렇다면 오늘날에도 하나님의 명령이라면 사람을 죽여도 되는 건가요? 몇몇 사람들이 성경을 이렇게 오해해서 전쟁을 일으켰고 수 많은 사람들을 죽였습니다. 우리는 기억해야 합니다. 이제는 하나님께서 구약과 신약의 방법처럼 직접 자신의 뜻을 알려주시는 직접계시의 방법을 사용하시지 않습니다. 대신 우리에게 성경을 통해 하나님의 뜻인 계시를 기록하셨고 성경을 통해 하나님의 뜻을 말씀하십니다. 그러니 오늘날 하나님께서 우리에게 직접 누구를 죽이라고 명령하시지 않는다는 것입니다. 그러므로(오늘날에도 하나님의 명령이라면 사람을 죽여도 된다는 식의 성경 해석은 옳지 않은 해석입니다. 모든 율법의 완성이 되신 예수님은 우리에게 잘못한 사람을 7번을 70번까지라도 용서하라고 하셨고 하나님께 범죄한 것에 대한 보응은 마지막 날에 하나님께서 직접하시겠다고 말씀하셨습니다.

3. 레위지파가 받은 복은 무엇인가요?

◌◌에서 봉사(민18:23)　　　　여호와가 ◌◌(신10:9)

티칭포인트 | 이렇게 레위 지파는 하나님께 거룩하게 구별된 지파가 되었습니다. 그래서 나중에 가나안 땅에 들어가 땅을 분배 받을 때 레위 지파는 땅을 받지 못했습니다. 왜냐하면 레위 지파에게 분깃은 땅 정도가 아니라 하나님이었기 때문입니다. 하나님께서는 이스라엘 백성들이 하나님께 드린 제물을 레위 지파에게 주셨는데 그 이유가 하나님께서 레위 지파에게 기업이 되시고 분깃(몫)이 되셨기 때문입니다. 또한 레위 지파는 평생 성막에서 하나님께 예배하는 일을 감당하는 일을 맡았습니다.

<정답> : 회막, 기업

5. 성경 Action

1. 나의 생각의 기준은 성경에 가까운가요? 아니면 세상의 소리, 가치에 가까운가요?

우리는 하루에도 몇 번씩 다양한 생각을 하고 판단을 하고 결정을 합니다. 내가 하는 생각, 판단, 결정은 성경이 우리에게 말하는 것을 기준으로 하는 것일까요? 그저 내 감정대로 내 마음이 내키는대로 하는 것일까요? 나의 생각, 판단, 결정이 성경적인 것이 되려면 우리는 성경을 가까이 해야 합니다. 하나님의 뜻인 성경을 읽지도 않고 알지 못하는데 하나님의 뜻대로 살아갈 수는 없기 때문입니다. 나의 생각의 기준이 어디에 기울어져 있는지 생각해 보고 항상 나의 생각의 기준은 성경이라는 사실을 잊어서는 안됩니다.

2. 가정에서 교회에서 내가 그리스도인으로서 해야 할 옳은 일이 무엇인지생각해보고 그것을 결단 종이에 적습니다.

6. 함께 기도하기

성경이 말하는 옳은 일은 내가 생각하기에 옳은 것이 아니라 하나님께서 말씀하시는 모든 것임을 성경을 통해 배웠습니다. 세상이 나의 기준이 아니라 성경이 나의 기준이 되게 하시고 하나님께서 우리에게 말씀하시는 옳은 일만 행하는 우리가 되게 하옵소서. 예수님의 이름으로 기도합니다. 아멘.

2과 아무 것도 보이지 않아도

외울 말씀 | "여호와께서 아브람에게 이르시되 너는 너의 고향과 친척과 아버지의 집을 떠나 내가 네게 보여 줄 땅으로 가라" (창 12:1)

공과 목표 |

1. 그리스도인에게도 힘들고 괴로운 일이 생길 수 있음을 알 수 있다.
2. 그리스도인은 힘든 순간에도 하나님의 말씀을 믿고 순종해야 함을 깨달을 수 있다.
3. 하나님의 말씀에 아멘으로 순종할 수 있다.

배울내용 | 오늘은 아브라함이 고향을 떠나 아무것도 알지 못하는 낯선 땅을 향해 나아갔던 모습을 통해 너무 힘들고 괴로운 순간에도 그리스도인들은 하나님을 믿으며 나아가는 것이 옳은 일이라는 사실을 배울기에요.

공과 설명 |

사람들은 자신의 눈으로 정확하게 확인하지 않으면 잘 움직이려고 하지 않습니다. 왜냐하면 불안하기 때문입니다. 그래서 정확한 실체가 드러나거나 사실이 명확하게 나타나면 그제서야 행동을 합니다.

이런 모습이 우리에게 당연한 모습이라고 할 수 있습니다. 여행을 갈 때에도 우리는 많은 것을 준비합니다. 이동수단, 일정, 준비물 등 차질 없이 잘 준비합니다. 준비를 할수록 여행하면서 어려움을 겪는 일이 줄어들기 때문입니다. 아무것도 없는 무인도에 아무것도 없는 상태로 가라고 한다면 갈 수 있을까요? 해외여행을 가는데 어디로 가는지도 모르고 정보도 없고 준비물도 없이 가라고 한다면 갈 수 있을까요? 아마 대부분의 사람들은 가기를 주저할 것입니다. 그 이유는 불안하기 때문입니다. 내가 잘 알고 익숙한 길은 아무런 준비 없이도 갈 수 있습니다. 하지만 처음 가는 길이거나 낯선 길은 준비를 잘 한 후에 조심스럽게 한 걸음 한 걸음을 뗄 수 있습니다.

이런 생각이 가득한 우리에게 아브라함의 선택은 이상하게 여겨질 수 있습니다. 아브라함이 갈 바를 알지 못하고 나아갔다는 말씀은 아무것도 모르는 상태에서 하나님의 말씀만 의지하고 걸음을 떼었다는 말입니다. 어디로 가야 하는지 무엇을 준비해야 하는지 그곳에는 어떤 위험이 있는지 그 어떤 정보도 아브라함은 갖고 있지 않았습니다. 아브라함이라고 불안하지 않고 힘들지 않았을까요? 그럼에도 아브라함은 하나님을 믿었습니다. 하나님의 말씀이 이해되지 않고 자신의 갈 길이 보이지 않아도 믿음을 가지고 순종해야 한다는 사실을 살펴보겠습니다.

1. 성경을 공부해요

아무 것도 보이지 않을 때 우리가 해야하는 것은 무엇인가요?
아래 말씀을 찾아 읽고 ◌을 채워봅시다.

1. 시편 35편 17절 ◌◌
2. 사도행전 16장 25절 ◌◌
3. 누가복음 8장 50절 ◌◌

<정답> : 기도, 찬송, 믿음

시편 35:17 주여 어느 때까지 관망하시려 하나이까 내 영혼을 저 멸망자에게서 구원하시며 내 유일한 것을 사자들에게서 건지소서
시편 35편은 다윗이 하나님께 자신의 원수들에게 벌을 내려달라고 기도하며 쓴 시입니다. 다윗은 주변 사람들에게 선을 베풀었고 친구와 형제에게 하듯 대해주었습니다. 그러나 다윗에게 위기가 찾아오자 그들은 다윗의 선을 악으로 갚았고 조롱하며 공격할 기회만 엿보고 있었습니다. 이런 상황에서도 다윗은 포기하거나 원망하지 않았습니다. 답답하고 힘든 이 순간에도 다윗은 하나님을 향해 기도하기 시작했습니다. 자신의 원수를 갚아주시고 자신을 구원해 달라고 다윗은 아무것도 보이지 않는 막막한 상황에서 하나님께 기도했습니다.

<정답> : 하나님께 기도

사도행전 16:25 한밤중에 바울과 실라가 기도하고 하나님을 찬송하매 죄수들이 듣더라 바울과 실라는 빌립보 지역에서 전도하기 시작했습니다. 이때 귀신이 들려 점을 치는 여종 한 명이 바울을 따라다니며 계속 시끄럽게 떠들어댔습니다. 이런 일이 여러 날 반복되자 바울은 괴로웠습니다. 그래서 바울은 예수의 이름으로 귀신을 여종에게서 쫓아내주었습니다. 여종에게서 귀신이 나가 더 이상 점을 칠 수 없게 되어 돈을 벌 수 없게 되자 주인들은 바울을 모함해서 감옥에 가두었습니다. 억울하고 답답한 상황이었을 것입니다. 그런데 이런 상황에서도 바울과 실라는 하나님을 찬양하기 시작했습니다. 그러자 놀라운 일이 일어났습니다. 옥문이 열리고 손과 발을 묶었던 쇠고랑이 풀렸습니다. 바울과 실라는 답답하고 억울한 상황에서도 낙심하지 않았고 오히려 하나님께 찬양하는 것을 선택했고 하나님의 도우심을 경험할 수 있었습니다.

<정답> : 찬송(찬양)

누가복음 8:50 예수께서 들으시고 이르시되 두려워하지 말고 믿기만 하라 그리하면 딸이 구원을 얻으리라 하시고

야이로라는 회당장의 12살 된 딸이 죽게 되자 회당장은 사람들을 시켜 예수님을 모셔오도록 했습니다. 회당장은 유대인 중 종교 지도자로서 예수님을 믿기보다는 율법적 신앙 생활을 했던 사람입니다. 하지만 야이로는 회당장이면서 예수님을 믿었던 사람입니다. 야이로가 예수님을 부르러 갔을 때에는 그래도 딸이 살아 있었기 때문에 예수님께서 오시면 기적을 베풀어 주실 수 있을 것이라는 기대가 있었습니다. 하지만 예수님께서 도착하셨을 때에는 이미 딸이 죽은 뒤였습니다. 사람이 죽으면 그 어떤 대단한 의사가 오더라도 살릴 수 없습니다. 그래서 야이로는 낙심했고 사람들에게 더 이상 예수님을 괴롭히지 말라고 이야기를 합니다. 하지만 이때 예수님은 야이로와 사람들에게 두려워하지 말고 믿기만 하라고 이야기 하신 후 죽은 딸을 다시 살려내셨습니다. 죽음처럼 우리를 두렵게 하고 무섭게 하는 것도 없을 것입니다. 하지만 이렇게 두렵고 떨리는 상황에서도 야이로는 예수님을 믿었고 죽었던 딸이 살아나는 기적을 체험하게 되었습니다.

<정답> : 믿음

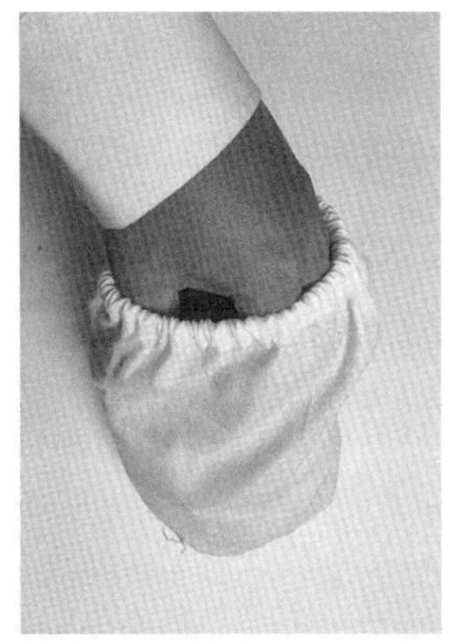

2. 몸풀기(주머니 속 물건 맞추기)

몸풀기 게임으로 주머니 속 물건 맞추기를 합니다. 눈으로 직접 보고 물건을 만지는 것과 보지 않고 물건을 만지는 것에는 어떤 차이가 있는지 생각해 보는 시간입니다.

[게임방법]

① 내용물이 보이지 않는 불투명 주머니, 다양한 물건(액괴[비닐 안에 넣어서], 수세미, 털뭉치, 장난감 뱀, 장난감 곤충 등)

② 촉감이 부드럽거나 거친 물건들을 준비합니다. 눈을 감고 만졌을 때 이상한 느낌이 날 수 있는 물건들로 준비하면 됩니다.

③ 이제 선생님은 학생들에게 "이제부터 주머니 속 물건을 보지 않고 손으로만 만져서 맞추는 게임을 할거에요. 한 사람씩 주머니에 손을 넣어 물건을 만지고 어떤 물건인지 맞추어 보세요."

④ 어린 학생들일수록 겁을 먹고 주머니 속에 손을 잘 넣지 않으려고 할 수도 있습니다. 이 게임은 손으로 물건을 만지는 것보다 보지 않고 물건을 만져야 하는 것에 대한 두려움을 느끼게 하는데 그 목적이 있습니다. 그래서 억지로 학생들에게 물건을 만져서 맞추게 할 필요는 없습니다.

⑤ 물건을 맞춘 학생들에게는 선물을 줍니다. 이제는 주머니 안을 보면서 물건을 만지고 맞추도록 합니다. 대부분의 학생들이 두려움 없이 주머니 속 물건을 만지고 맞출 수 있을 것입니다.

[게임멘트]

주머니 속 물건을 보지 않고 만질 때 어떤 친구는 무서워하기도 했는데 뭐가 무서웠어요? 주머니 속에 어떤 물건이 있는지 잘 몰라서 무서웠어요. 그러면 주머니 속을 보면서 물건을 만질 때는 어땠나요? 어떤 물건인지 알고 만졌기 때문에 괜찮았어요. 모르고 만졌을 때에는 겁이 나서 제대로 못 만지는 친구들도 있었지만 알고 만졌을 때에는 모든 친구들이 만질 수 있었어요. 이렇게 된 이유는 똑같은 물건이지만 내가 알고 만지는 것과 모르고 만지는 것의 차이때문이에요. 믿음이라는 것은 내 눈으로 본 것을 확인하는 것이 아니라 눈에 보이지는 않지만 그것이 있다는 것을 확신하는 거에요. 이제 성경 이야기를 통해 보이지 않는 답답한 상황에서 믿음으로 사는 것이 무엇인지 살펴보도록 하겠습니다.

3. 생각해보기

여행 갈 때(캠핑, 이사 등) 가장 중요한 것이 있다면 무엇일까요?

여행, 캠핑, 이사를 갈 때 준비해야 할 것들이 참 많습니다. 지갑, 일정, 이동수단 등 많은 것을 생각하고 준비해야 합니다. 그런데 그 중에 가장 중요한 것이 바로 목적지(장소)입니다. 여행의 목적지를 제일 먼저 정해야 무엇을 준비해야 하는지를 알 수 있습니다. 산으로 여행을 가기로 했는데 수영복을 준비하거나 더운 나라로 여행을 가는데 두꺼운 파카를 준비한다면 여행 내내 힘들 수밖에 없기 때문입니다.

4. 성경 속으로 Go Go

1. 하나님은 아브라함에게 어디를 떠나 어디로 가라고 하셨나요? ○ 를 채워봅시다.

"...너는 너의 ○○ 과 ○○과 ○○○의 ○을 떠나 내가 네게 ○○ 줄 ○으로 가라"(창 12:1)

티칭포인트 | 아브라함은 갈대아 우르라는 지역에서 가족들과 함께 살고 있었습니다. 아브라함 당시 사회는 유목적인 부족 사회였기에 외부로부터의 공격과 불이익을 막기 위해 부족을 만들어 살았습니다. 그런데 하나님께서는 아브라함에게 이런 부족의 보호로부터 떠나 하나님께서 지시하는 땅으로 가라고 하신 것입니다. 지금까지 방패막이가 되어준 지리적, 사회적 배경을 버리라는 것이었습니다. 어느날 갑자기 하나님께서 저 멀리 아프리카나 남아메리카로 이사를 가라고 한다면 우리는 그 즉시 순종할 수 있을까요? 순종은 입으로만 "네."라고 하는 것이 아니라 행동이 뒤따라야 합니다.

가족들의 생명과 안전이 걸려 있었지만 아브라함은 하나님의 인도하심과 보호하심을 믿었고 그렇게 고향 땅을 떠나 하나님께서 약속하신 가나안 땅을 향해 이동하기 시작했습니다.

<정답> : 고향, 친적, 아버지, 집, 보여, 땅

2. 아브라함에게 하신 명령이 왜 순종하기 어려운 것이었는지 성경을 읽고이야기해 보세요.

믿음으로 아브라함은 부르심을 받았을 때에 순종하여 장래의 유업으로 받을 땅에 나아갈새 갈 바를 알지 못하고 나아갔으며 (히브리서 11:8)

티칭포인트 | 하나님께서 아브라함에게 나타나셔서 TV 영상처럼 아브라함이 가야 할 곳을 정확하게 알려주시지 않았습니다. 또한 네비게이션처럼 매 순간 아브라함 옆에서 여기로 가라 저기로 가라고 말씀하신 것도 아닙니다. 명확하고 정확한 것도 없는 상황에서 무작정 고향을 떠난다는 것이 정말 쉬운 일은 아니었습니다. 또한 아브라함은 하나님께서 보여주시는 땅으로 한 번에 이동해서 거기에 산 것도 아닙니다. 아브라함은 갈대아 우르에서 하란으로, 하란에서 세겜, 벧엘로 조금씩 이동했습니다. 결국 아브라함은 가나안 땅에 정착해 하나님의 약속을 누리지는 못했습니다. 하지만 성경은 아브라함이 지금 당장 자신이 약속의 땅으로 가지는 못하지만 장래의 유업을 받게 됨을 알고 있었다고 말합니다. 이런 아브라함의 순종은 모세 때에 이르러 출애굽이라는 사건으로 약속의 땅을 유업을 받게 되는 것입니다.

<정답> : 명확하고 정확한 것이 없었기 때문에

티칭포인트 | 여러 가지로 답을 유추해 볼 수 있는 질문입니다. 아이들의 자유로운 생각들을 충분히 들어주고 신앙적으로 권면해주는 것이 중요합니다.

3. 아브라함이 하나님의 말씀에 순종할 수 있었던 이유는 무엇이었나요? 성경을 찾아 ○을 채워 보고 아래 초성으로 시작되는 한 단어를 만들어 봅시다.

"아브라함이 하나님을 ○○○ 그것을 그에게 의로 정하셨다 함과 같으니라"(갈 3:6)

믿음

<정답> : 믿으매(믿음)

티칭포인트 | 하나님은 아브라함에게 꿈이나, 환상이나 다른 어떤 것으로도 앞으로 되어질 일을 자세하게 보여주시지 않으셨습니다. 그저 갑자기 아브라함에게 고향을 떠나서 하나님께서 지시할 땅으로 가라고 명령하셨습니다. 우리는 이해가 되면 행동하고 이해가 되지 않으면 행동하지 않으려고 합니다. 공부를 왜 해야 하는지 아는 친구들은 누가 시키지 않아도 공부를 하지만 공부를 왜 해야 하는지 모르는 친구들은 부모님의 강압에 의해 억지로 합니다. 그런데 하나님께서는 우리를 이해시켜서 순종하게 만드시지 않고 명령하시고 순종하게 하십니다. 이해되지 않는 상황에서 무조건 순종할 수 있는 사람이 몇 명이나 될까요? 그래서 아브라함의 이런 행동을 믿음이라고 표현하고 있는 것입니다. 아브라함에게 명령을 내리신 분이 하나님이시기 때문에 아브라함은 무조건 하나님을 믿었던 것입니다. 하나님이시라면 내게 항상 좋은 것을 주시는 분이고 나를 도와주시고 보호해주시는 분이라는 믿음이 있었기 때문에 아무 것도 보이지 않는 답답한 상황에서도 하나님의 말씀을 믿고 순종할 수 있었던 것입니다.

5. 성경 Action

1. 최근에 내 마음대로가 아닌 하나님의 말씀에 순종한 일이 있었나요?

학생들이 내 생각을 멈추고 하나님의 말씀에 귀를 기울였던 일이 있는지 물어봅니다. 만약 학생들이 잘 이야기를 하지는 않는다면 선생님들이 먼저 하나님의 말씀에 귀를 기울여 순종했던 일들을 이야기합니다.

2. 하나님의 말씀에 순종하는 것과 불순종 중 어느 것이 쉬울까요? 어느 선택이 하나님 앞에서 옳은 선택일까요?

내 마음대로 하는 것은 결코 어렵지 않습니다. 배고플 때 밥을 먹고 목이 마를 때 물을 마시고 졸릴 때 자는 것은 어려운 일이 아닙니다. 배가 부른데도 밥을 먹어야 하고 목이 마르지 않는데도 물을 마셔야 하고 졸리지 않는데도 자야 하는 것이 어려운 것이지요. 주일에 교회에 와서 예배를 드리는 것은 하나님의 명령이면서 뜻입니다. 이른 아침부터 교회에 나오는 것보다 이불 속에서 핸드폰으로 유튜브를 보는 것이 훨씬 재미있는 일입니다. 그러니 하나님의 말씀에 순종하는 것보다 내가 하고 싶은대로 하는 불순종이 더 쉬울 수밖에 없습니다. 하나님 앞에서 옳은 선택은 당연히 하나님의 말씀에 순종하는 것이겠지요?

6. 함께 기도하기

아브라함은 갈 바를 알지 못했지만 믿음으로 하나님의 말씀에 순종해서 고향을 떠나 하나님의 약속의 땅으로 떠났습니다. 하나님의 말씀이 이해되지 않더라도 하나님은 온 세상의 창조주이시고 우리를 지키시고 인도하시는 분이라는 사실을 믿을 수 있는 믿음을 주세요. 그래서 하나님께서 우리에게 말씀하실 때 그 말씀에 귀를 기울이게 하시고 그 말씀에 순종할 수 있는 우리가 되게 하옵소서. 예수님의 이름으로 기도합니다. 아멘.

3과 아들을 제물로 바치라고?

외울 말씀 | "여호와께서 이르시되 네 아들 네 사랑하는 독자 이삭을 데리고 모리아 땅으로 가서 내가 네게 일러 준 한 산 거기서 그를 번제로 드리라" (창 22:2)

공과 목표 |

1. 하나님만 사랑하는 것이 힘들고 어렵다는 사실을 알 수 있다.
2. 그리스도인들에게 가장 소중한 것은 오직 하나님이시라는 사실을 깨달을 수 있다.
3. 하나님만 나의 전부, 모든 것이라는 고백을 할 수 있다.

배울내용 | 오늘은 아브라함이 100세에 낳은 아들 이삭을 하나님의 말씀에 순종하여 번제로 드린 사건을 통해 아브라함의 믿음에 대해 알아보고 아브라함의 믿음을 통해 하나님이 나의 삶에 최우선 순위가 되어야 함을 배울 거예요.

공과 설명 |

번지점프를 해 본적이 있나요? 줄 하나에 몸을 의지하고 높은 곳에서 뛰어내리는 것이 바로 번지점프입니다. 많은 사람들이 당당히 올라갔다가도 까마득한 높이에 겁을 먹고 다시 내려오곤 합니다. 사람들은 아찔한 높이에서 어떻게 뛰어내릴 수가 있는 것일까요? 허리에 매여 있는 줄이 튼튼해서 자신을 구해줄 것이라는 믿음이 있기 때문입니다. 세상에 자신의 목숨을 소중하게 여기지 않는 사람은 없을 것입니다.그렇게 소중한 목숨을 줄 하나에 의지해서 뛰어내린다는 것은 그만큼 줄을 믿는다는 말일 것입니다.

그런데 만약 줄이 오래되어 군데군데 끊어져 있는 것을 보았다면 그 끈을 허리에 묶고 뛰어내릴 수 있을까요? 아마 그런 끈을 허리에 매고 뛰어내리는 사람은 없을 것입니다. 왜냐하면 믿지 못하기 때문입니다.

믿음의 수많은 사람들은 하나님을 불확실하게 믿은 것이 아니라 확실히 믿고 붙들었습니다. 그들은 어떻게 그런 믿음을 가질 수 있었는지 또한 그 믿음을 통해 어떤 은혜를 경험했는지 살펴보겠습니다.

1. 성경을 공부해요

하나님께 나의 가장 소중한 것을 드린 성경의 사람들은 누구일까요?
아래 말씀을 찾아 읽고 ○을 채워봅시다.

1. 역대상 29장 4절	○○
2. 누가복음 21장 4절	가난한 ○○
3. 빌립보서 2장 17절	사도 ○○

<정답> : 다윗, 과부, 바울

역대상 29:4 곧 오빌의 금 삼천 달란트와 순은 칠천 달란트라 모든 성전 벽에 입히며
다윗은 자신은 백향목 왕궁에 살면서 하나님의 궤는 휘장 가운데 있는 것이 안타까워 성전을 짓기로 마음을 먹습니다. 하지만 다윗이 왕으로 있었을 때에는 나라 안팎으로 전쟁과 반란이 끊이지 않았습니다. 그래서 하나님께서는 다윗이 아닌 솔로몬 때에 성전을 짓도록 하십니다. 하지만 다윗은 성전을 짓기 위한 재료를 준비했습니다. 역대상 22장은 다윗이 성전 건축을 위해 공적으로 준비한 것과 사유재산으로 드린 것과 백성대표들이 드린 것의 수요가 자세하게 나와있습니다. 다윗은 공적으로 금 10만 달란트, 은 100만 달란트, 놋과 철은 양이 너무 많아 계산할 수 없을 정도였습니다. 역대상 29장은 다윗이 자신의 사유재산으로 준비한 것의 양이었습니다. 금 3,000달란트, 은 7,000달란트, 나무, 돌, 보석, 대리석 등은 너무 많아 계산할 수 없을 정도였습니다. 이렇게 엄청난 양의 금, 은, 철, 놋 등을 하나님의 성전을 짓는데 드렸지만 다윗의 마음에는 기쁨이 넘쳤습니다. 다윗은 자신이 가진 그 어떤 금은 보석보다 하나님을 더욱 사랑했기 때문이었습니다.

[티칭포인트]
성경에서 1달란트는 약 34kg 정도의 무게입니다. 2022년 6월 금시세로 1kg 골드바는 약 8,200만 원 정도입니다. 이 시세로 금 1달란트는 약 28억입니다. 다윗이 공적으로 준비한 금 10만 달란트는 약 280조 원 사적으로 준비한 금 3,000달란트는 8조 4천억 원 정도 되는 엄청난 양이었습니다.

<정답> : 다윗

누가복음 21:4 저들은 그 풍족한 중에서 헌금을 넣었거니와 이 과부는 그 가난한 중에서 자기가 가지고 있는 생활비 전부를 넣었느니라 하시니라

어느날 예수님께서 성전에서 사람들이 헌금함에 헌금을 넣는 것을 보고 계셨습니다. 당시 화폐는 동전이었기 때문에 헌금함에 동전을 넣으면 동전 종류에 따라 떨어지는 소리가 달랐습니다. 그래서 부자들은 헌금을 낼 때 많은 양의 동전을 헌금함에 넣었고 헌금함에 동전들이 떨어지는 소리로 얼마나 많은 헌금을 했는지 사람들은 알 수 있었습니다. 그런데 가난한 과부가 두 렙돈을 넣는 것을 보셨습니다. 과부가 드린 두 렙돈은 정말 아주 적은 돈이었습니다. 하지만 예수님께서는 이 가난한 과부가 다른 모든 사람보다 많이 하나님께 헌금을 드렸다고 말씀하셨습니다. 왜냐하면 다른 사람들은 풍족한 가운데 일부를 헌금으로 드렸지만 그 과부는 가난한 중에 자기의 전재산을 드렸기 때문입니다. 이 가난한 과부가 자신의 전부를 하나님께 드릴 수 있었던 것은 그만큼 하나님을 사랑했기 때문입니다.

티칭포인트 | 렙돈은 로마 당시 화폐단위 중 가장 작은 단위였습니다. 렙돈은 그리스의 동전이었는데 로마 동전 최소 단위였던 고드란트의 1/2의 가격이었습니다. 당시 로마의 하루 공중목욕탕 비용이 1고드란트였다는 기록이 있습니다. 고드란트는 앗사리온의 1/4의 가격이었습니다. 앗사리온은 참새 두 마리를 살 수 있는 가격이었습니다(마 10:29). 앗사리온은 데나리온의 1/16의 가격이었습니다. 1데나리온은 당시 노동자 하루 품삯이었습니다. 결과적으로 렙돈은 데나리온의 1/128 정도의 가격이었습니다.
<정답> : 가난한 과부

빌립보서 2:17 만일 너희 믿음의 제물과 섬김 위에 내가 나를 전제로 드릴지라도 나는 기뻐하고 너희 무리와 함께 기뻐하리니

빌립보 교회는 바울이 마게도냐로 부르시는 환상을 보고 처음으로 그 지역에 가서 세운 교회입니다. 빌립보 교회는 바울이 떠난 뒤에도 확고한 믿음을 잘 보전했고 시간이 흐를수록 교인들의 숫자도 늘어났습니다. 하지만 빌립보 교회에도 거짓 사도들이 잘못된 교리를 전했고 이것은 교인들에게 많은 유혹이 되었습니다. 그래서 바울은 이 편지를 씀으로 교인들이 진리 가운데 확고히 서 있어야 하며 믿음이 변하지 않기를 당부

하고 있습니다. 빌립보 교인들이 이런 신앙을 지키는데 있어 바울은 자기 자신을 제물로 내어드릴 정도로 빌립보 교회와 교인들을 사랑하고 있음을 이야기하고 있습니다.

<정답> : 나 자신

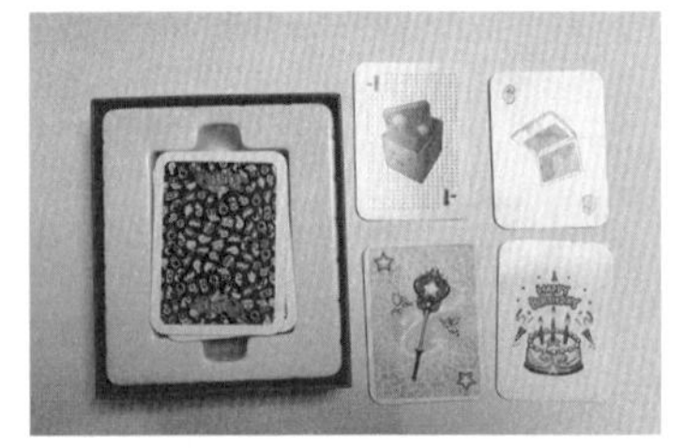

2. 몸풀기(선물입니다)

몸풀기 게임으로 "선물입니다. "
보드게임을 합니다.

[게임방법]

① "선물입니다." 보드게임을 준비합니다. 2~6인까지 할 수 있습니다.

② 한 명 당 카드 3장을 받습니다. 카드는 +점수가 있는 카드, -점수가 있는 카드, 요술봉이 그려진 카드 이렇게 3종류의 카드가 있습니다. 나머지 카드는 중앙에 더미를 만들어 놓습니다.

③ 오른쪽에 있는 사람에게 카드가 보이지 않는 상태로 "선물입니다"라고 말하며 전달합니다. 그러면 상대방은 선물을 받을지 거절할지를 결정합니다. 받는다면 "감사합니다" 하며 카드를 받고 거절한다면 "거절합니다"라며 카드를 돌려줍니다.

④ 카드를 선물로 받는다면 그 카드를 자신의 앞에 펼쳐놓습니다. 거절했다면 카드를 준 사람은 자신의 앞에 카드를 펼쳐 놓습니다. 카드를 선물로 준 사람의 손에 카드가 2장 밖에 없기 때문에 카드더미에서 카드 1장을 가지고 와서 3장을 유지합니다.

⑤ 요술봉 카드는 -점수 카드를 +점수 카드로 바꾸어주는 카드입니다. 이렇게 카드더미에서 카드가 다 떨어지면 자신의 앞에 펼쳐진 카드 점수를 합산해서 가장 높은 점수를 받은 사람이 승리합니다.

[게임멘트]

옆에 있는 친구에게 -점수 카드를 준 이유가 무엇인가요? 상대방에게 -점수 카드를 주어서 낮은 점수를 받게 하려구요~~ 그러면 +점수 카드를 준 이유는 무엇인가요? 상대방이 거절하면 +점수 카드가 제 것이 되니까요. 그래요. 만약 카드를 돌려받지 못한다면 절대 다른 친구에게 +점수 카드를 주지 않을거에요. 하지만 상대방이 거절하면 그 카드는 내 것이 될 수 있기 때문에 기꺼이 +점수를 친구에게 줄 수 있었던 것에요. 다시 돌려받을 것을 생각하고 친구에게 +점수 카드를 주었던 마음을 생각해 본다면 아브라함이 자신이 사랑하는 아들 이삭을 하나님께 기꺼이 드릴 수 있었던 이유를 알 수 있을 거에요.

3. 생각해보기

조정경기에서 노를 젓지않고 맨 뒤에 앉아 있는 이 사람의 역할은 무엇이고 사람들은 왜 이 사람의 말에 순종을 할까요?

티칭포인트 | 여럿이 노를 젓는 조정이라는 경기가 있습니다. 조정 경기를 보고 있으면 맨 뒤에 노를 젓지 않고 가만히 앉아 있는 사람이 있는 것을 볼 수 있습니다. 한 사람이라도 더 힘을 합쳐 노를 저어야 하는데 이 사람은 노를 젓지 않습니다. 이 사람을 '콕스'라고 부릅니다. 한 마디로 선장의 역할을 하는 사람입니다. '콕스'는 배의 방향키를 움직여 배가 제대로 나아가도록 방향을 잡아 줍니다. '콕스'가 없다면 배는 아마 저멀리 이상한 곳으로 힘차게 가게 될 것입니다. 겨울스포츠 종목 중 컬링이라는 경기가 있습니다. 컬링 경기를 보면 컬링돌을 던진 후 스위퍼(빗자루 같은 것으로 얼음판을 미는 사람)에게 큰 소리로 지시를 내립니다. 자신이 원하는 돌의 방향과 거리를 계산하고 스위퍼들에게 외치면 스위퍼들은 리더가 원하는대로 움직여줍니다. 이처럼 조정선수들이 '콕스'의 말에 순종하고 컬링 선수들이 리더의 말에 순종하는 이유는 이들이 방향을 알고 있기 때문입니다. 노를 젓는 선수들은 배가 나아가는 방향과 반대로 앉아 있기 때문에 앞을 볼 수 없습니다. 그러니 배가 제대로 나아가는지 아닌지 알 수가 없습니다. 컬링의 스위퍼들도 마찬가지입니다. 하지만 '콕스'와 리더는 배와 돌의 방향을 보고있기 때문에 팀원들에게 이야기를 해 줄 수 있고 팀원들은 이들의 말에 절대적으로 순종하는 것입니다. (인터넷에서 '콕스'를 검색해서 보여 주셔도 좋습니다.)

<정답> : 안내, 리더이기 때문에

4. 성경 속으로 Go Go

1. 아브라함에게 무슨 일이 일어난 것일까요? 성경을 찾아 _____을 적어보세요.

여호와께서 이르시되 네 아들 네 사랑하는 독자 이삭 을 데리고 모리아 땅으로 가서 내가 네게 일러 준 한 산 거기서 그를 번제 로 드리라. 아브라함이 아침에 일찍이 일어나 나귀에 안장을 지우고 두 종과 그의 아들 이삭을 데리고 번제에 쓸 나무를 쪼개어 가지고 떠나 하나님이 자기에게 일러 주신 곳으로 가더니(창22장 2~3절)

티칭포인트 | 아브라함의 나이 100세에 아들 이삭을 낳았습니다. 100세 나이의 할아버지와 90세 나이의 할머니가 아기를 낳은 것은 불가능한 일입니다. 하지만 하나님께서는 이 불가능을 가능으로 바꾸어 주셨습니다. 부모님에게 자녀는 매우 사랑스러운 존재입니다. 그런데 100살에 얻은 아들이니 얼마나 이쁘고 사랑스러웠을까요? 그런데 어느날 하나님께서 아브라함에게 말도 안되는 명령을 하십니다. 사랑하는 외아들 이삭을 산에서 번제로 드리라는 명령이었습니다. 번제가 무엇인가요? 번제는 제물을 죽여서 불로 태우는 제사의 방법입니다. 100세에 얻은 아들을 죽여 불로 태우는 제사인 번제로 드리라니요? 하나님께서 사람을 제물로 바치라는 명령을 하셨다는 것이 도무지 믿기지가 않습니다. 하나님의 말도 안되는 명령에 아브라함은 순종합니다. 성경을 읽어보면 아브라함의 행동이 더 이해가 되지 않습니다. 아침 일찍이 일어났다고 기록하고 있습니다. 외아들 이삭을 번제로 드리는 것이 뭐 즐거운 일이라고 아침 일찍 일어나 준비를 한 것일까요?

<정답> : 이삭, 번제, 일찍이

2. 아브라함은 어떻게 이런 선택을 할 수 있었을까요? 성경을 찾아 _____을 적어보세요.

그가 하나님이 능히 이삭을 죽은 자 가운데서 다시 살리실 줄로 생각한지라 비유컨대 그를 죽은 자 가운데서 도로 받은 것이니라(히 11:19)

티칭포인트 | 외아들 이삭을 죽여서 번제물로 드리라는 하나님의 명령도 이해가 안 되고 이런 명령에 순종하는 아브라함도 이해가 되지 않습니다. 도대체 어떻게 아브라함은 이런 선택을 할 수 있었을까요? 아브라함이 이런 선택을 할 수 있었던 이유를 우리는 성경에서 찾아야 합니다.

<정답> : 살리실

[창]22:5 이에 아브라함이 종들에게 이르되 너희는 나귀와 함께 여기서 기다리라 내가 아이와 함께 저기 가서 예배하고 우리가 너희에게로 돌아오리라 하고

티칭포인트 | 아브라함은 종들에게 이렇게 이야기합니다. "아이와 함께 가서 예배하고 우리가 돌아오리라" 아브라함은 이삭과 예배하고 이삭과 함께 온다고 종들에게 이야기를 한 것입니다. 이삭을 죽여 번제로 드려야 하는데 어떻게 이삭과 함께 온다는 이야기를 한 것일까요? 아브라함은 이삭을 죽일 의도가 없었던 것일까요? 그것은 아닙니다. 아브라함은 진짜 이삭을 번제로 드릴 생각으로 산에 올랐습니다. 하지만 아브라함에게는 믿음이 있었습니다. 바로 이삭을 다시 살리실 믿음 말입니다.

[히]11:19 그가 하나님이 능히 이삭을 죽은 자 가운데서 다시 살리실 줄로 생각한지라 비유컨대 그를 죽은 자 가운데서 도로 받은 것이니라

티칭포인트 | 아브라함은 자신이 이삭을 죽여도 하나님께서 다시 살리실 것이라는 믿음을 갖고 있었던 것입니다. 100세의 나이에 아들을 갖게 하신 하나님께서 이삭을 다시 주시는 것이 어려운 일이었을까요? 아브라함은 이런 믿음을 갖고 있었기에 하나님의 명령에 기꺼이 순종할 수 있었던 것입니다.

3. 아브라함 선택의 결과는 무엇인가요?(창 22:14) ○을 채워봅시다.

여호와 ○○
("여호와의 산에서 준비되리라"는 뜻)

아브라함은 하나님께 불순종이 아니라 순종을 선택했습니다. 이것은 하나님께서 이삭을 다시 살리실 것을 믿었던 믿음에 근거한 순종이었습니다. 이렇게 순종한 아브라함에게 하나님께서는 "여호와 이레", 준비하시는 하나님을 체험할 수 있었습니다. 하나님께서는 우리보다 앞서 행하시고 모든 것을 아시는 분이십니다. 나보다 나를 더 잘 아시는 하나님께서 나에게 꼭 필요한 것을 미리 준비하신다는 사실을 우리는 믿어야 합니다.

<정답> : 이레

5. 성경 Action

1. 나는 나의 최애 ○○보다 하나님을 더 사랑한다고 큰 소리로 외쳐봅시다.

각자 가장 좋아하고 아끼는 것들을 이야기해 봅시다. 그리고 그것들보다 하나님을 더 사랑한다고 사랑하겠다고 큰 소리로 외쳐 봅시다.

2. 내 힘으로 믿음의 선택을 할 수는 없습니다. 믿음의 선택을 하려면 우리는 어떻게 해야 할까요?

아브라함도 믿음을 갖고 싶어서 가진 것이 아닙니다. 순종을 선택해야겠다고 노력해서 순종한 것이 아닙니다. 믿음을 갖고 있으면 순종은 자연스럽게 하게 되는 것입니다. 그렇다면 우리는 믿음을 어떻게 가질 수 있을까요? 믿음은 하나님의 선물입니다. 그러니 우리는 하나님께 믿음을 달라고 기도해야 합니다. 또한 성경은 믿음은 들음에서 나오고 들음은 그리스도의 말씀에서 나온다고 했습니다. 하나님의 말씀을 부지런히 듣고 읽어야 합니다. 성경이 말하는 하나님이 누구인지 제대로 알아야 합니다. 그리고 쉬지 말고 기도해야 합니다. 성경이 말하는 하나님을 믿을 수 있는 믿음을 달라고 말입니다. 간구하고 찾는 자에게 하나님께서 반드시 믿음을 선물로 주실 것입니다.

[롬]10:17 그러므로 믿음은 들음에서 나며 들음은 그리스도의 말씀으로 말미암았느니라

6. 함께 기도하기

아브라함이 100세에 낳은 외아들 이삭을 번제로 드릴 수 있었던 이유는 하나님께서 죽은 자 가운데에서 이삭을 도로 살리실 것이라는 믿음이 있었기 때문이라고 배웠습니다. 나에게 아브라함과 같은 믿음을 주세요. 성경이 말하는 하나님을 그대로 믿을 수 있게 도와주세요. 그래서 하나님의 말씀에 순종하는 삶을 살게 해 주세요. 예수님의 이름으로 기도합니다. 아멘.

4과 왜 나만 양보해야 되요?

외울 말씀 | "이삭이 거기서 옮겨 다른 우물을 팠더니 그들이 다투지 아니하였으므로 그 이름을 르호봇이라 하여 이르되 이제는 여호와께서 우리를 위하여 넓게 하셨으니 이 땅에서 우리가 번성하리로다 하였더라" (창 26:22)

공과 목표 |

1. 양보하는 것이 어렵다는 사실을 알 수 있다.
2. 양보할 때 하나님이 주시는 평화를 누릴 수 있음을 깨달을 수 있다.
3. 내가 먼저 친구에게 양보할 수 있다.

배울내용 | 오늘은 블레셋 사람들이 이삭의 우물을 메웠음에도 그들과 다투지 않고 양보했던 사건을 통해 다툼보다 서로 화목하며 사는 것이 하나님께서 원하시는 뜻이라는 사실을 배울거예요.

공과 설명 |

버스나 지하철에는 '노약자석'이 있습니다. 말 그대로 노인들과 교통 약자(임산부, 장애인, 영유아 등)을 위한 좌석입니다. 이 자리는 이들만의 자리가 아니라 이들이 탔을 때 배려하는 마음으로 자리를 양보해달라고 만든 자리입니다. 그런데 신문에는 자리를 양보하지 않은 사람을 때리는 노인들에 대한 기사, 양보를 강요할 수 없다며 자신의 권리를 주장하는 사람들에 대한 기사들이 많이 있습니다. 양보를 강요한다면 그것은 그 순간 양보가 아닐 것입니다. 양보는 마음에서 우러나서 하는 것입니다. 사람들이 양보를 하지 않는 이유가 무엇일까요?

양보하면 내가 손해볼 수밖에 없기 때문입니다. 자리를 양보하면 나는 서서 가야하고, 줄 선 것을 양보하면 그만큼 나는 뒤로 밀려나기 때문입니다. 그러니 손해를 감수하고 양보하려는 사람보다는 자신의 권리와 주장을 내세우는 사람들이 많을 수밖에 없는 것입니다.

이삭이 우물을 양보한 모습을 보면서 답답함을 느끼는 사람도 있습니다. 왜 자신의 권리를 저렇게 쉽게 포기하지?라는 생각이 들기도 합니다. 이삭은 무능하고 힘이 없어서 양보하고 또 양보한 것일까요? 이삭은 아버지 아브라함으로부터 신앙을 물려받았습니다. 그리고 하나님께서도 이삭을 믿음의 조상의 반열에 올려 주셔서 아브라함의 하나님, 이삭의 하나님, 야곱의 하나님이라고 말씀하셨습니다. 이삭의 양보는 절대 무능함이나 우유부단이 아니라 믿음의 모습이었다는 사실을 성경을 통해 살펴보겠습니다.

1. 성경을 공부해요

나의 것을 기꺼이 양보한 성경의 사람들은 누구일까요?
아래 말씀을 찾아 읽고 ◌을 채워봅시다.

1. 사무엘상 18장 4절 ◌◌◌
2. 열왕기상 17장 15절 ◌◌◌ 과부
3. 빌레몬서 1장 14절 빌레몬(권리를 양보)

<정답> : 요나단, 사르밧, 빌레몬

사무엘상 18:4 요나단이 자기가 입었던 겉옷을 벗어 다윗에게 주었고 자기의 군복과 칼과 활과 띠도 그리하였더라

다윗은 골리앗과 싸워 이겼습니다. 이스라엘에게 승리를 가져다 준 다윗을 사울이 자신의 장막으로 불렀습니다. 사울과 이야기를 마치고 나온 다윗을 보고 요나단은 그의 용맹함에 반해 친구가 되었습니다. 요나단은 왕자의 신분이었고 다윗은 양을 치는 목동이었지만 요나단은 신분을 신경쓰지 않았습니다. 요나단은 자기 생명 같이 다윗을 사랑했습니다. 그리고 언약을 맺으면서 자신의 겉옷, 군복, 칼, 활, 띠를 주었습니다. 그런데 왕자인 요나단이 자신의 겉옷, 군복, 칼, 활, 띠를 주었다는 것은 단지 선물을 주었다는 의미가 아닙니다. 다윗이 장차 이스라엘의 왕이 될 것을 인정하는 언약인 것입니다. 요나단은 하나님께서 다윗을 이스라엘의 왕으로 세울 것을 알았습니다. 그래서 다윗에게 왕자의 신분을 나타내는 물건을 주면서 다윗이 이스라엘의 왕이 될 것을 인정했던 것입니다.

<정답> : 요나단

열왕기상 17:15 그가 가서 엘리야의 말대로 하였더니 그와 엘리야와 그의 식구가 여러 날 먹었으나

선지자 엘리야는 북이스라엘 왕 아합에게 우상을 섬긴 댓가로 하나님께서 수년 동안 비를 내리지 않을 것이라고 경고했습니다. 그후 이스라엘의 모든 강이 마르기 시작했습니다. 하나님께서 엘리야에게 사르밧이라는 동네의 한 과부의 집에 머무르게 하셨습니다. 엘리야는 과부의 집에 들어가 물과 떡을 달라고 요청했습니다. 그러자 과부는 "하나님의 살아 계심을 두고 맹세하지만 떡은 없고 통에 밀가루 한 움큼과 기름 조금 밖에는 없습니다. 그래서 아들과 음식을 만들어 먹고 그 후에는 죽음을 기다릴 수밖에 없는 상황입니다."라고 말했습니다. 하지만 엘리야는 과부에게 계속 작은 떡 하나를 요청했고 과부는 엘리야에게 작은 떡을 만들어 대접했습니다. 그 결과 이스라엘에 가뭄이 계속되는 동안 통에 밀가루와 기름이 없어지지 않는 기적을 체험하게 되었습니다. 사르밧 과부는 어려운 상황에서도 엘리야에게 자신에게 남은 마지막 음식을 대접하는 믿음의 모습을 보여주었습니다.

<정답> : 사르밧과부

빌레몬 1:14 다만 네 승낙이 없이는 내가 아무 것도 하기를 원하지 아니하노니 이는 너의 선한 일이 억지 같이 되지 아니하고 자의로 되게 하려 함이라

오네시모는 빌레몬의 종이었습니다. 오네시모는 빌레몬의 물건을 훔쳐 달아났고 감옥에서 바울을 만나 예수님을 믿게 되었습니다. 그 후 오네시모는 바울의 신실한 동역자가 되었습니다. 바울이 사역함에 있어 오네시모는 큰 도움이 되었습니다. 바울은 오네시모가 주인 빌레몬의 물건을 훔쳐 도망나온 사실을 알았고 빌레몬에 오네시모를 돌려보내며 편지를 씁니다. 편지는 오네시모가 자신의 신실한 동역자이기 때문에 오네시모를 계속 곁에 두고 싶지만 주인인 빌레몬의 허락없이는 그렇게 하지 않겠다는 내용이었습니다. 바울은 빌레몬에게 사도로서 영적인 권위로 명령할 수도 있었지만 그렇게 하지 않은 이유는 빌레몬의 호의와 자비가 억지가 되지 않게 하려는 배려였습니다. 바울은 빌레몬을 알았고 오네시모를 돌려보낸다 할지라도 오네시모에게 자비를 베풀 것을 알았습니다. 빌레몬서는 오네시모가 빌레몬을 만난 이후의 이야기를 기록하고 있지 않습니다. 하지만 빌레몬서가 우리에게 빌레몬에게 오네시모를 용납해 줄 것을 골자로 하는 내용으로 기록된 것으로 보아 빌레몬이 오네시모를 용서하고 바울에게로 다시 돌려 보냈을 것이라고 충분히 이해할 수 있습니다.

<정답> : 빌레몬

2. 몸풀기(방석뺏기, 할리갈리)

몸풀기 게임으로 자리 뺏기(방석 뺏기) 게임이나 할리갈리를 합니다.

[게임방법]

① 장소가 협소해서 자리뺏기, 방석뺏기를 할 수 없다면 앉아서 할 수 있는 할리갈리 게임을 추천합니다.

② 자리 뺏기 게임은 사람 인원수 보다 1개 적은 자리를 준비하고 자리를 맴돌다가 선생님의 신호에 따라 자리에 앉는 게임입니다. 자리에 앉지 못한 사람은 게임에서 제외되고 자리를 하나 제거하고 게임을 진행합니다. 마지막 한 명이 남을 때까지 게임을 진행 합니다.

③ 할리갈리 게임은 간단한 보드게임으로 같은 과일이나 같은 모양의 합이 5개 되면 종을 치면 됩니다. 만약 5가 아닌데 종을 쳤다면 카드 한 장씩을 게임에 참여하고 있는 사람 들에게 줍니다.

④ 다른 사람들이 가지고 있는 카드를 모두 가져오면 승리합니다.

[게임멘트]

게임을 하면서 양보하는 친구가 있었나요? 자리 뺏기를 할 때에는 친구들을 밀어내면서까지 자리를 차지하려고 했고 할리갈리를 할 때에도 상대방의 손등을 때리면서까지 열심히 했습니다. 만약 이 게임을 할 때 양보한다면 절대로 승리할 수 없었을 것입니다. 게임을 하면서 양보하지 않았던 이유는 양보하면 승리할 수 없기 때문입니다. 이처럼 양보는 나에게 손해를 줍니다. 내 차례인데 남에게 그 차례를 양보해 주었기 때문에 나는 그만큼 더 기다려야 하기 때문입니다. 양보하면 손해를 본다는 것이 일반적인 생각이지만 오늘 이삭의 이야기를 통해 양보가 결코 손해만 주는 것은 아니라는 사실을 살펴볼 것입니다.

3. 생각해보기

왜 이런 일이 생길까요?

교통사고 원인 중 가장 높은 원인이 바로 과속과 신호위반입니다. 과속과 신호위반은 결국 남들보다 빨리 가려는 행동 때문에 일어나는 것입니다. 서로 양보하지 않겠다고 속도를 내면 결국 사고로 이어질 수 밖에 없겠지요.

서로 양보하지 않는 이유는 무엇일까요?

사람들이 서로 양보하지 않는 이유는 공과 설명에서도 이야기했지만 손해 때문입니다. 양보를 하면 양보한 사람은 무엇이 되었든 손해를 볼 수밖에 없습니다. 그럼에도 우리 주변에는 남에게 양보하는 사람들을 볼 수 있는데 이런 사람들은 자신이 보는 손해를 대수롭지 않게 여기는 사람들입니다. 자신의 손해를 감수할 수 있는 사람은 남에게 기꺼이 양보할 수 있는 것입니다.

4. 성경 속으로 Go Go

1. 이삭은 세 번이나 우물을 다시 팠습니다. 이삭이 판 우물의 이름을 성경을 찾아 적어보세요.

티칭포인트 | 이삭하면 어떤 이미지가 떠오르나요? 40세까지 결혼도 못한 남자, 아버지가 정해준 짝과 결혼한 남자, 우물을 빼앗겨도 한 마디도 못한 남자, 나중에 눈이 어두워 장자 에서와 차남 야곱도 구분하지 못한 남자로만 생각하고 있지 않나요?

(창 26:14) (창 26:21) (창 26:22)

하지만 성경은 이삭을 무능하고 나약한 족장으로 이야기하고 있지 않습니다.
이삭은 아버지 아브라함의 믿음을 그대로 이어받았습니다. 이삭은 모리아 산에서 아버지 아브라함의 믿음을 보았고 이삭은 기꺼이 순종했습니다. 이삭에게 믿음이 없었다면 제물이 되어야 하는 그 상황에서 과연 순종할 수 있었을까요? 성경은 이삭이 마침내 거부가 되었다고 말합니다. 이삭이 부자가 된 것이 블레셋 사람들에게는 괴롭힘의 이유가 되었습니다. 이삭에게는 아무런 믿음이 없었는데 그저 아버지 아브라함 덕분에 부자가 된 것은 아닙니다. 이삭에게도 축복을 받을만한 믿음이 있었기 때문에 하나님께서 거부가 되도록 축복하신 것입니다.
이삭이 부자가 되자 블레셋 사람들은 아브라함과 함께 팠던 우물을 메워 버렸습니다. 하지만 이삭은 그들과 다투거나 싸우지 않았습니다. 중동지방에서 물을 너무나 귀한 것입니다. 그리고 아무데서나 물을 얻을 수도 없습니다. 그래서 이들에게 우물은 생명과 같았습니다. 우물을 메웠다는 것은 한 마디로 죽으라는 것과 다르지 않습니다. 하지만 이삭은 자리를 옮겨 또 우물을 파기 시작했습니다. 놀라운 것은 우물을 파자 거기서 물이 나왔습니다. 지금처럼 수맥을 찾을 수 있는 최첨단 장비도 있지도 않은데 어떻게 우물을 팔 수 있었고 쉽게 물을 얻을 수 있었을까요? 그것은 하나님의 인도하심이라고 말할 수 있습니다. 그런데 블레셋 사람들의 횡포는 여기서 멈추지 않고 또 우물을 메워버립니다. 그러자 이삭은 또 자리를 옮겨 우물을 팝니다. 이번에도 하나님께서는 판 우물에서 물이 나오게 하셨습니다.
그런데 또 블레셋 사람들이 내려와 우물을 메워버렸습니다. 이정도면 죽기를 각오하고 싸워하지 않을까요?

하지만 이삭은 또 자리를 옮겨 우물을 팠고 여기서도 어김없이 물이 나왔습니다. 그러자 드디어 블레셋 사람들이 우물을 메우는 시비를 걸지 않았습니다. 이삭이 무능해서 아무 말을 못한 것이 아닙니다. 이삭이 나약해서 블레셋 그랄의 목자들의 횡포를 당하고 있었던 것이 아닙니다. 로마서 12:18절은 할 수만 있다면 모든 사람들과 더불어 화평하라고 말씀하고 있습니다. 이삭은 바로 이 말씀을 믿음으로 실천한 믿음의 사람이었습니다.

<정답> : 에섹, 싯나, 르호봇

2. 블레셋 사람들은 우물을 왜 막았을까요? ○을 채워봅시다.

양과 소가 떼를 이루고 종이 심히 많으므로 블레셋 사람이
그를 ○○하여(창세기 26장 14절)

[창]26:14 양과 소가 떼를 이루고 종이 심히 많으므로 블레셋 사람이 그를 시기하여

티칭포인트 | 블레셋 사람들은 자기네 땅에 들어와 얹혀 사는 이스라엘 사람이 자기들보다 더 부자가 되는 것이 못마땅했습니다. 자신들은 부자가 되지 못하는데 이삭은 날마다 부자가 되니 시기와 질투가 생겼던 것입니다. 그래서 이삭을 망하게 하려고 우물을 메워버렸던 것입니다.

<정답> : 시기

3. 이삭이 다투지 않고 양보했던 결과 하나님께 받은 복은 무엇입니까? 창세기 26장 19~24절 말씀을 찾아 읽고 서로 이야기해 봅시다.

티칭포인트 | 이삭이 잘못한 것은 없습니다. 그럼에도 블레셋 사람들에게 괴롭힘을 당했다면 너무 억울할 수밖에 없습니다. 이렇게 억울한 상황에서도 다툼보다는 양보를 선택한 이삭에게 하나님은 우물을 파는대로 물이 나오게 하시는 놀라운 기적을 보여주셨습니다. 과학이 발달한 지금도 아프리카에서 우물을 팔 때 수십 개를 파면 그 중에 몇 개에서 물이 나오는 정도입니다. 그런데 변변한 장비도 없었던 이삭이 파는대로 물이 나왔다는 것은 하나님의 기적이라는 말밖에는 설명할 수 없습니다. 또한 하

나님께서는 이삭에게 아브라함에게 보여주었던 땅과 자손의 복을 다시 한 번 알려주십니다. **<정답>** : 우물, 물 / 땅과 자손의 복

5. 성경 Action

1. 내가(사람들이) 다른 사람들에게 양보하지 못하는 이유가 무엇일까요?

양보하지 못하는 이유들을 생각해서 이야기해 봅시다. 결국 양보는 손해의 여부에 달려있습니다. 내가 손해 보지 않는다면 기꺼이 양보하는 사람들이 많을 것입니다. 그런데 손해를 본다면 이야기는 달라질 것입니다.

2. '양보'와 '싸움' 중 어느 것이 하나님 앞에서 옳은 선택이라고 할 수 있을까요?

양보하는 것과 싸우고 다투는 것 중 그리스도인이 그리스도인다움을 보여주는 것이 무엇일까요? 바로 양보입니다. 양보하면 지금 당장은 손해보는 것 같지만 하나님께서 반드시 갚아주실 것이기 때문에 손해가 되지 않습니다. 하지만 양보하지 않고 다투고 싸우면 지금 당장은 이득이 될 수 있지만 다투고 싸우는 것은 하나님께서 싫어하시고 미워하시는 행동이기 때문에 결국 하나님께 벌을 받게 됩니다. 그러니 결국은 손해를 볼 수밖에 없는 것입니다. 양보하고 배려하는 것은 하나님께서 그리스도인들에게 요구하시는 바입니다. 용서와 배려를 선택하는 것은 하나님 앞에서 옳은 선택이라고 할 수 있을 것입니다.

6. 함께 기도하기

이삭이 블레셋 사람들에게 양보함으로 끝까지 싸우지 않고 화평했던 모습처럼 우리도 친구들과 부모님, 선생님들과 다투지 않고 양보할 수 있게 해 주시고 그래서 나중에 하나님께 잘했다고 칭찬받는 저희가 되게 해주세요. 예수님의 이름으로 기도합니다. 아멘.

5과 하나님의 약속을 사랑하는 사람

외울 말씀 | "내가 너와 함께 있어 네가 어디로 가든지 너를 지키며 너를 이끌어 이 땅으로 돌아오게 할지라 내가 네게 허락한 것을 다 이루기까지 너를 떠나지 아니하리라 하신지라" (창 28:15)

공과 목표 |

1. 하나님의 약속을 사랑하는 사람과 가볍게 여기는 사람이 있음을 알 수 있다.
2. 하나님의 약속을 사랑하는 사람에게는 하나님의 은혜가 있음을 깨달을 수 있다.
3. 하나님의 약속을 생각하고 사랑하며 살겠다고 고백할 수 있다.

배울내용 | 오늘은 야곱이 하나님의 약속을 사랑했던 모습을 통해 우리는 그 무엇보다 하나님의 약속을 사랑해야 한다는 사실을 배울거예요.

공과 설명 |

약속을 중요하게 여기는 사람과 대수롭지 않게 여기는 사람이 있습니다. 약속을 해도 꼭 10, 20분을 늦는 사람이 있고 10분, 20분 일찍 와 있는 사람이 있습니다. 해외여행을 가려면 공항에 늦어도 2시간 전에는 가야합니다. 그래야 느긋하게 출국 수속을 할 수 있습니다. 그런데 보통 2시간보다 일찍 가는 사람은 있어도 늦는 사람은 거의 없습니다. 이유가 무엇일까요? 해외여행은 너무나 기다리고 기다린 기대되는 여행이기 때문입니다. 해외여행이라면 오래 전부터 준비를 했을 것이고 좋아하는 사람들과 함께 하는 여행이기 때문에 행복함이 더할 것입니다. 그러니 일찍 나와 준비를 하는 것입니다.
사랑하고 좋아하는 사람과 약속을 하면 정말 큰 일이 생기기 전에는 그 약속을 변경하지 않습니다. 그런데 자신이 중요하게 여기지 않는 사람과 약속을 하면 문자로 다음에 만나자고 일방적으로 약속을 변경하기도 합니다. 회사 사장님이나 대통령을 만나기로 약속을 했는데 일방적으로 약속을 어기는 사람은 없습니다. 왜냐하면 그 약속이 얼마나 중요한지를 알고 있기 때문입니다. 야곱이 행했던 하나님의 약속을 얻으려는 인간적인 방법은 옳은 것이라 할 수 없지만 하나님의 약속을 그 누구보다 간절히 원하고 바랬던 사실을 우리는 기억해야 합니다. 하나님의 약속을 바라고 원하고 기도하는 사람에게 반드시 이루어진다는 사실을 야곱의 사건을 통해 살펴보겠습니다.

1. 성경을 공부해요

누구보다 하나님의 약속과 말씀을 사모했던 사람들은 누구일까요?
아래 말씀을 찾아 읽고 ○을 채워봅시다.

1. 예레미야 35:16 ○○족속
2. 마태복음 8:8 ○○○
3. 마가복음 7:28 ○○○○○여인

<정답> : 레갑, 백부장, 수로보니게

예레미야 35:16 레갑의 아들 요나답의 자손은 그의 선조가 그들에게 명령한 그 명령을 지켜 행하나 이 백성은 내게 순종하지 아니하도다

레갑 족속은 겐 사람 레갑의 후손을 말합니다. 이들에 대한 기록은 예레미야 35장에서만 나옵니다. 그래서 이들이 누구인지 자세한 자료는 없지만 35장에 기록된 내용을 토대로 보면 이들은 유목민이었고 레갑의 아들 요나답의 명령을 수 백년이 지났음에도 철저하게 지켰음을 알 수 있습니다. 예레미야는 하나님의 말씀에 불순종하는 이스라엘 백성들 앞에서 레갑 족속들에게 포도주를 권합니다. 하지만 이들은 요나답이 자손들에게 "영원히 포도주를 마시지 말며 집도 짓지 말며 파종도 하지 말며 포도원도 재배하지 말며 평생 장막에 거하라"고 명령한 명령을 목숨을 걸고 지켰지만 이스라엘 백성들은 하나님의 약속을 외면했습니다. 레갑족속은 가나안 땅에 정착했음에도 여전히 유목생활을 하며 하나님에 대한 절제와 근신의 삶을 살았습니다.

<정답> : 레갑족속

마태복음 8:8 백부장이 대답하여 이르되 주여 내 집에 들어오심을 나는 감당하지 못하겠사오니 다만 말씀으로만 하옵소서 그러면 내 하인이 낫겠사옵나이다

예수님 당시에는 복음이 이방인들에게까지 퍼지지 못했습니다. 그렇다고 이방인들이 무조건 복음에서 제외된 것은 아닙니다. 이들에게도 복음의 문은 열려 있었지만 지금처럼 활짝 열려진 것은 아니었습니다.

하나님께서는 우선적으로 유대인들에게 복음의 빛을 비춰주셨고 그 후에 이방인들에게 복음을 허락하셨습니다. 백부장은 군인 100명을 거느린 로마의 지휘관입니다. 한마디로 이방인이었습니다. 백부장이 복음을 어디서 들었고 배웠는지 알 수 없지만 그는 분명 말씀을 통해 예수님을 알았고 믿었습니다. 유대인들이 외면했던 그 복음을 그는 받아들였고 믿었습니다. 그의 고백은 유대인들에게서도 보지 못한 믿음의 고백이었습니다. 하나님을 온 땅의 주인으로 고백하는 고백이었기 때문입니다.

<정답> : 백부장

마가복음 7:28 여자가 대답하여 이르되 주여 옳소이다마는 상 아래 개들도 아이들이 먹던 부스러기를 먹나이다

수로보니게는 수리아 지역의 베니게의 다른 이름입니다. 성경에는 이 여인은 가나안 여인이라고도 부르는데 베니게의 옛 이름이 가나안이었기 때문입니다. 이 여인에게는 귀신들린 딸이 있었습니다. 이 여인은 예수님을 찾아가 귀신 쫓아내 주시기를 부탁했습니다. 하지만 예수님은 이상하게도 이 여인의 마음을 할퀴시는 말씀을 하시면서 매정하게 그 부탁을 뿌리치셨습니다. 우리가 알고 있는 예수님의 모습과는 너무 다른 모습 때문에 예수님께서 왜 이런 행동을 하셨는지 의문이 들기도 합니다. 예수님은 이 여인의 마음을 아프게 하심으로 더욱 믿음으로 예수님을 붙들게 하시기를 원하셨고 끝까지 이 여인은 이방인임에도 불구하고 예수님을 믿는 믿음을 놓치지 않았습니다.

<정답> : 수로보니게 여인

2. 몸풀기(나무젓가락 글씨 읽기)

몸풀기 게임으로 나무젓가락 글씨 읽기를 합니다. 나무젓가락에 쓰여 있는 작은 글씨를 게임을 하며 읽어 봅시다.

[게임방법]

① 나무젓가락, 그릇, 접시, 콩, 얇은 펜을 준비합니다. 그리고 나무젓가락을 한 사람당 1개씩 나누어 줍니다. 나무젓가락을 반으로 가르고 나무젓가락 맨 아래부분에 얇은 펜으로 글씨를 씁니다. 글씨는 4단어이어야 합니다. 예를 들어 사랑해요, 감사해요, 고마워요, 최고에요 등

② 나무젓가락의 글씨가 아래로 가도록 해서 그릇 안의 콩을 잡아 그릇으로 이동합니다. 그릇의 콩을 다 이동하기 전까지 나무젓가락에 써 있는 글씨를 읽고 정답을 맞추면 됩니다.

③ 글씨를 너무 안보여주려고 손으로 가리거나 콩을 잡지 못했는데 나무젓가락만 빠르게 움직여서는 안됩니다.

④ 한 사람씩 돌아가며 게임을 진행합니다.

[게임멘트]

나무젓가락에 쓰여 있는 작은 글씨가 잘 보였나요? 글씨도 작은데 젓가락이 계속 움직여서 글씨 읽기가 쉽지 않았죠? 큰 글씨는 대충봐도 잘 보이지만 이렇게 작은 글씨는 대충봐서는 잘 보이지가 않아요. 글씨를 읽기 위해 친구들이 어떻게 행동했는지 보았나요? 몸을 이리저리 돌려가며 글씨를 보기 위해 최선의 노력을 하는 모습이었어요. 노력의 노력을 한 친구 중에는 글씨를 읽은 친구들도 있어요. 하나님의 약속은 성경에 명확하게 나타나 있지만 하나님의 약속은 내가 하고 싶은 것들을 포기할 때 지킬 수 있는 것이기 때문에 잘 모르겠다고 말해요. 하지만 하나님의 약속을 사랑하고 그 약속의 말씀을 찾으려고 애쓰는 사람은 하나님의 약속을 발견할 수 있습니다. 이제 성경에서 하나님의 약속을 사모했던 사람이 누구인지 살펴볼까요?

3. 생각해보기

사람들이 자원들을 낭비하는 이유는 무엇일까요?

2020년 기준으로 우리나라 음식물 쓰레기가 1년에 467만톤 발생하는데 이는 1인당 하루에 240g의 음식물을 쓰레기로 버리는 것입니다. 멀쩡한 음식도 그냥 버리는 경우가 많습니다. 식당에 가면 손님이 먹고 남긴 음식을 재활용할 수 없기 때문에 다 음식물 쓰레기로 버립니다. 하지만 하루 한 끼 먹기도 힘든 나라 사람들은 음식물 쓰레기 차를 따라가 그 안에서 먹을만한 음식을 찾기도 합니다. 1년 동안 버려지는 종이의 양도 엄청납니다. 특히 종이컵과 같은 경우는 한 명이 1년에 500개를 사용하는데 우리나라 전체로 보면 1년에 257억 개가 버려지고 있습니다.

우리나라에서 하루에 한 사람이 얼만큼의 물을 사용할까요? 환경부 통계표를 보면 2020년 기준 하루에 한 사람이 295L의 물을 사용한다고 합니다. 이는 2L 생수병 약 150개를 하루에 사용하는 것입니다. 또한 집집마다 전기 플러그에 다양한 전자기기들이 꽂혀 있습니다. 최근 스마트 기기 사용이 늘고 더욱 심해지는 더위와 추위 때문에 냉,난방기 사용이 늘어 전기 사용량은 점점 늘고 있습니다.

우리가 이렇게 펑펑 쓰고 있는 자원과 에너지들이 돈이라고 생각한다면 버리고 낭비할 수 있을까요? 나에게 정말 없어서는 안되는 소중한 것이라고 여겨진다면 절대 낭비할 수 없을 것입니다. 언제든지 구할 수 있다고 생각이 들기 때문에 낭비하고 있는 것입니다.

<정답> : 소중하게 여기지 않기 때문에

4. 성경 속으로 Go Go

1. 야곱은 욕심쟁이인가요? 아니면 하나님의 약속을 사랑한 사람인가요? ◌을 채워봅시다.

① 형 에서의 장자의 ◌◌을 뺏음(창세기 25장 33절)

② 아버지를 속여 ◌을 뺏았음 (창세기 27장 35절)

③ 하나님과 겨루어 ◌◌(창세기 32장 28절)

티칭포인트 | 야곱은 태어날 때 형 에서의 발뒷꿈치를 잡고 태어났습니다. 그래서 야곱이라고 이름지어졌습니다. 어느날 사냥을 나간 에서가 집에 돌아올 때쯤 야곱은 집에서 죽을 끓이고 있었습니다. 들판에서 동물을 사냥하는 것은 쉬운 일이 아닙니다. 지금처럼 총으로 사냥하는 것이 아니라, 덫이나 활을 이용해 사냥해야 하기 때문에 시간도 오래 걸렸고 허탕을 치는 경우도 많았습니다. 이렇게 힘들게 형이 사냥을 하고 돌아왔다면 보통 집에서 음식을 준비해 대접을 해야하는 것이 맞습니다. 그런데 야곱은 에서의 피곤함을 이용해 에서의 장자의 명분(권리)을 달라고 이야기했습니다. 그러자 에서는 장자의 권리가 얼마나 큰 축복인지 생각하지 않고 지금 당장 자신의 배고픔을 달래 줄 죽을 더 필요로 했습니다. 그래서 죽 한 그릇에 자신의 장자의 권리를 야곱에게 주겠다고 약속을 하고 말았습니다.

시간이 흘러 아버지 이삭이 나이 많아 죽을 날이 다가오자 이삭은 장자인 에서에게 축복해주려고 했습니다. 예전에 에서가 야곱에게 장자의 명분을 주겠다고 한 약속을 에서는 지키지 않았던 것이었습니다. 그러자 야곱은 어머니 리브가의 이야기대로 염소새끼의 가죽을 손과 목에 대고 이삭에게 들어가 음식을 대접했습니다. 이삭은 나이가 많아 눈이 잘 보이지 않았습니다. 목소리는 분명 야곱인데 외형으로는 에서임을 확신하고 야곱에게 장자에게 할 모든 하나님의 축복을 하게 됩니다. 야곱은 형뿐만 아니라 아버지 이삭까지 속여 장자의 축복을 받게 되었습니다.

야곱이 삼촌 라반의 집으로 도망가 20년 동안 일을 한 후 가족들과 많은 재산을 가지고 고향으로 돌아오려고 준비를 하고 있었습니다. 고향에 가게 되면 형 에서를 만나야 하는데 도무지 용기가 나지 않았습니다. 그래서 야곱은 가족과 재산을 두 군데로 나누었습니다. 형 에서가 화가 풀리지 않아 한 쪽을 공격하면 한 쪽은 달아날 수 있게 한 것입니다. 그리고 자신은 마지막까지 얍복강가에 남아 하나님께 기도했습니다. 야곱은 환상 가운데 하나님과 씨름을 하게 됩니다. 이 환상의 의미는 우리의 믿음이 하나님에 의해 시험을 받는다는 것을 의미합니다. 야곱은 여전히 자신의 생각과 판단, 경험으로 모든 것을 해결하려고 했습니다. 하나님을 믿었지만 모든 일, 문제의 해결은 자신의 생각대로였습니다. 야곱은 하나님의 뜻대로 할 것인가 여전히 자신의 뜻대로 할 것인가?의 갈림길에서 하나님과 씨름을 하게 된 것입니다. 결국 하나님께서는 야곱의 환도뼈를 치심으로 자신의 생각대로 할 수 있는 모든 힘을 제거하셨습니다.

야곱이 하나님의 약속과 축복을 사랑했던 사람임에는 틀림없습니다. 하지만 그의 방법은 잘못되었습니다. 의도가 의롭다면 과정에 불법이 있다할지라도 괜찮다고 말할 수 없습니다. 하나님의 약속에 대한 관심과 열망은 분명 칭찬받아야 하지만 그렇다고 자신의 꾀를 총동원해 수단과 방법을 가리지 않고 쟁취하려고 한 부분은 분명 잘못되었다고 할 수 있습니다. 그래서 하나님께서는 야곱의 이름을 바꾸어 주심으로 과거대로 살지 못하게 하시고 신분이 바뀐 모습으로 살아갈 수 있도록 야곱을 변화시키셨던 것입니다.

티칭포인트 | 장자의 명분(권리)이 무엇일까요? 구약을 보면 하나님의 축복은 장자를 통해서 이어져 내려갔음을 알 수 있습니다. 가문의 계보도 장자를 통해서 이어졌고 하나님의 약속도 장자를 통해서 이루어졌습니다. 또한 장자에게는 기업의 몫이 2배가 돌아갔고 아버지의 축복을 받을 권리가 있었습니다. 따라서 장자의 명분은 단지 기업을 다른 자녀들보다 많이 받는 것에서 끝나는 것이 아니라, 하나님의 축복과 약속의 통로가 된다는 점에서 중요하다고 할 수 있습니다.

<정답> : 명분, 축복, 이김

2. 야곱이 하나님께 받은 복이 무엇인지 성경을 찾아 적어 보세요.

야곱의 축복(창세기 32장 28절)

티칭포인트 | 얍복강에서 하나님과 씨름을 하던 야곱은 환도뼈가 부러지는 상황에서도 끝까지 하나님께 매달렸습니다. 자신을 축복하기 전까지는 절대로 보내지 않겠다고 이야기합니다. 하나님께서는 이런 야곱에게 축복하셨는데 그의 이름을 바꾸어 주셨습니다. 야곱이라는 이름의 뜻은 "뒷꿈치를 잡은 자"입니다. 야곱은 이름답게 욕심이 가득해 다른 사람의 것을 빼앗는 사람이었습니다. 하지만 하나님께서는 이런 야곱은 이스라엘로 바꾸어 주셨습니다. 이스라엘은 "하나님과 겨루어 이겼다."라는 뜻입니다. 야곱의 또 다른 이스라엘은 자신의 12아들들을 통해 세워질 나라의 이름이 되기도 했습니다.

<정답> : 야곱, 이스라엘

5. 성경 Action

1. 내가 가장 사랑하고 관심있어 하는 것은 무엇인가요? 그것은 하나님과 관련이 있는 건가요?

티칭포인트 | 우리가 가장 사랑하고 관심있어 하는 것들을 이야기해 봅니다. 아마 대부분은 나와 관련된 것들일 것입니다. 나와 관련된 것들은 내가 좋아하는 것들입니다. 하나님과 관련된 것에 관심을 두지 않는 이유는 무엇일까요? 재미가 없다고 생각하기 때문입니다. 우리는 모든 것을 재미있고 없고로 나눕니다. 재미있으면 하고 없으면 안 하고로 결정합니다. 이것이 바로 육체의 본능을 따라가는 우리의 모습입니다. 하지만 신앙생활은 본능대로 살아가던 우리의 모습을 돌이키게 하는 것입니다. 한 마디로 본능을 역행하는 것이 신앙생활입니다. 그러니 신앙생활이 얼마나 힘든 것일까요? 이렇게 힘든 신앙생활을 하는 이유는 하나님의 약속을 믿기 때문입니다. 하나님은 하나님을 사랑하고 예배하는 자들에게 영생과 구원을 약속해 주셨습니다.

2. 하나님과 약속을 최우선으로 삼았던 적이 있나요? 믿음으로 선택한 적이 있나요? 경험을 나누어 봅시다.

티칭포인트 | 예수님을 믿는 사람들이 믿지 않는 사람들과 다른 점은 그래도 가끔은 하나님을 생각하고 하나님께서 원하시는 것을 하려고 한다는 것입니다. 예수님을 믿지 않는 사람들은 가끔이라도 절대 이런 생각을 하지 않습니다. 그렇다면 혹시 내 본능대로 하고 싶은 것을들 참고 하나님께서 원하시시는 것을 했던 경험을 서로 이야기해 봅시다. 예를 들어 "주일에 더 자고 싶었는데 그래도 잠을 이겨내고 교회에 나와서 예배를 드렸어요." "오늘 친구가 날 화나게 했는데 욕하지 않고 용서해 주었어요." 등의 경험을 나누어 봅니다.

6. 함께 기도하기

야곱은 하나님의 축복과 약속을 사랑했습니다. 그래서 아버지와 형을 속여서라도 그 축복과 약속을 받으려 했습니다. 나에게 하나님의 약속을 이렇게까지 사랑할 수 있는 마음을 주세요. 내 마음대로 내 생각대로 행동하지 않고 하나님께서 내게 말씀하시는 말씀대로 하나님의 뜻을 따라 살아가게 해주세요. 예수님의 이름으로 기도합니다. 아멘.

6과 너무 억울해요!

외울 말씀 | "그의 주인이 여호와께서 그와 함께 하심을 보며 또 여호와께서 그의 범사에 형통하게 하심을 보았더라" (창 39:3)

공과 목표 |

1. 하나님을 믿는 그리스도인들도 절망할 수 있다는 사실을 알 수 있다.
2. 절망 속에서 하나님을 바라본다면 충분히 이겨낼 수 있음을 깨달을 수 있다.
3. 억울하고 답답한 상황 속에서도 하나님을 바라보며 기도할 수 있다.

배울내용 | 오늘은 요셉이 형들과 보디발에게 억울한 일을 당했어도 믿음으로 이겨내는 모습을 통해 우리도 억울하고 힘든 상황에서도 하나님만 바라보고 나아가야 한다는 사실을 배울거예요.

공과 설명 |

사실이 아닌 일로 인해 사람들에게 오해를 받고 죄인이 되는 것을 누명이라고 합니다. 누명을 써서 감옥에 가거나 벌금을 낸 정도는 아니지만 직장에서 자신의 실수나 잘못이 아님에도 억울한 누명을 쓴 사람들이 82%나 된다는 설문조사가 있습니다(벼룩시장 구인구직[job.findall.co.kr] 설문조사). 누명을 쓰면 억울할 수밖에 없습니다. 학교에서 단체로 벌을 받아 본 적이 있나요? 나는 잘못하지 않았는데 친구가 잘못한 것 때문에 나까지 피해를 봐야 하는 사실이 반갑지 않습니다. 그 친구를 보면 화가 나고 가서 한 마디를 해주고 싶은 마음이 듭니다. 그런데 이런 억울한 일이 계속 생기면 마음이 어떨까요? 도대체 나한테 왜 이런 일이 일어나는지 답답하고 짜증나고 화가 나지 않을까요? 억울한 상황이 계속된다면 마음에 분노만이 가득채워질 것이고 결국 이 분노는 터지게 될 것입니다. 자기 자신에게 분노를 표출할 수도 있고 다른 이들에게 그 분노를 표출할 수 있을 것입니다. 억울한 일을 당하고 싶어서 당하는 사람은 없습니다. 살다보면 억울한 일을 만날 때가 있습니다. 그리스도인이라면 이런 상황에서 어떻게 반응하고 행동해야 하는지 요셉의 사건을 통해 살펴보겠습니다.

1. 성경을 공부해요

절망 속에서 하나님을 붙잡은 사람들은 누구일까요?
아래 말씀을 찾아 읽고 ◌을 채워봅시다.

1. 출애굽기 14장 13절 ◌◌
2. 사무엘상 14장 6절 ◌◌◌
3. 열왕기하 19장 15절 ◌◌◌◌

<정답> : 모세, 요나단, 히스기야

출애굽기 14:13 모세가 백성에게 이르되 너희는 두려워하지 말고 가만히 서서 여호와께서 오늘 너희를 위하여 행하시는 구원을 보라 너희가 오늘 본 애굽 사람을 영원히 다시 보지 아니하리라

이집트의 왕자의 신분에서 도망자가 된 모세였습니다. 40년 동안 미디안에 살다가 하나님의 부르심을 받아 애굽에 있는 이스라엘 백성들을 가나안 땅으로 인도하는 지도자가 되었습니다. 하나님이 10가지 재앙을 통해 애굽을 벌하시고, 애굽에서 온갖 금, 은, 보화를 가지고 나올 때만 해도 이스라엘 백성들은 행복했었습니다. 그런데 며칠이 지나지 않아 이스라엘 백성들은 홍해 앞에 도착했습니다. 그런데 뒤를 돌아보니 애굽의 군대가 전차를 끌고 이스라엘 백성들을 향해 달려오고 있었습니다. 이때부터 이스라엘 백성들은 두려움에 떨기 시작했습니다. 온갖 불평과 악한 말을 쏟아냈습니다. 이때 모세는 외칩니다. "두려워하지 말고 가만히 서서 여호와께서 오늘 너희를 위하여 행하시는 구원을 보라." 앞에는 홍해, 뒤에는 애굽의 군대가 있는 답답하고 막막한 상황이었지만 모세는 구원의 하나님을 바라보았습니다.

<정답> : 모세

사무엘상 14:6 요나단이 자기의 무기를 든 소년에게 이르되 우리가 이 할례 받지 않은 자들에게로 건너가자 여호와께서 우리를 위하여 일하실까 하노라 여호와의 구원은 사람이 많고 적음에 달리지 아니하였느니라

사울이 이스라엘의 왕이 된지 2년 만에 블레셋과 전쟁을 하게 되었습니다. 이스라엘의 군사는 3,000명이었고 블레셋의 군사는 전차가 3만대, 기병(말타는 병사)이 6천명, 보병(걸어다니는 병사)은 셀 수 없을 정도로 많았습니다. 이렇게 엄청난 병력과 3,000명의 군사로 싸운다는 것은 말이 되지 않습니다. 보통은 이 정도 전력 차이가 나면 겁을 먹고 도망가는 것이 정상입니다. 그런데 요나단은 겁은커녕 오히려 블레셋 진영을 단 2명이서 기습을 합니다. 겁을 먹은 부하에게 요나단은 "여호와의 구원은 사람이 많고 적음에 달리지 않았다."라고 말하며 용기를 북돋아 주었습니다. 요나단의 기습을 블레셋 군대에 큰 두려움을 주었고 자기들끼리 싸우고 도망을 쳤습니다. 이런 요나단의 믿음과 용맹함은 다른 이스라엘 군인들에게도 영향을 주었고 그들도 용기를 내어 블레셋과 싸울 수 있었습니다.

<정답> : 요나단

열왕기하 19:15 그 앞에서 히스기야가 기도하여 이르되 그룹들 위에 계신 이스라엘의 하나님 여호와여 주는 천하 만국에 홀로 하나님이시라 주께서 천지를 만드셨나이다

히스기야가 이스라엘의 왕으로 있은지 14년 되는 해에 앗수르가 이스라엘을 공격해 왔습니다. 앗수르는 당시 최고의 강대국이었습니다. 이들은 군사 18만 5천명을 데리고 와서 히스기야에게 은 삼백 달란트 가량과 금 삼십 달란트 가량을 요구했습니다. 히스기야는 성전과 왕궁 보물 창고에 있는 모든 은과 성전에 입혀 놓은 금을 벗겨내어 앗수르 왕에게 주었습니다. 은과 금을 주었지만 앗수르 군대는 물러가지 않았습니다. 군대 장관 랍사게는 하나님을 모욕했고 이스라엘 백성들에게 히스기야에게 속지 말라고 큰 소리로 떠들어댔습니다. 이스라엘 백성들은 두려움에 떨었고 히스기야도 앗수르의 엄청난 군대 앞에서 어떻게 할 방법이 없었습니다. 히스기야는 숨막히고 답답한 순간에 하나님께 기도하기 시작했습니다. 이 위기의 순간은 자신의 힘으로는 절대 벗어날 수 없고 오직 하나님께서 도우실 때만 가능하다는 사실을 알았기 때문입니다. 히스기야가 이렇게 기도한 다음 날 예루살렘을 포위하고 있었던 앗수르 군대 18만 5천명이 하룻 밤 사이에 모두 죽어버리는 기적이 일어났습니다.

<정답> : 히스기야

2. 몸풀기 (안대 게임)

안대를 쓰고 점을 찍어 봅시다.

(안보이는 가운데 우리의 선택은 올바른 선택이 아닐 수 있지만, 하나님은 모든 것을 보시고 선택하게 하십니다.)

[게임방법]

① 안대, A4종이, 싸인펜을 준비합니다.
② A4종이에 + 이렇게 십자가 모양으로 선을 긋습니다. 이제 한 사람은 안대를 쓰고 싸인펜을 잡고 A4종이 위에 점을 찍습니다. + 중심에 가깝게 점을 찍어야 합니다.
③ 아무리 중심에 점을 찍으려 해도 쉽지가 않을 것입니다. 이때 옆에 있는 친구가 코칭을 해 줍니다. 상대방의 손을 잡지는 말고 말로써 위, 아래, 좌, 우 옆으로 이동하라고 이야기 합니다.
④ 그런데 이렇게 해도 중심에 점을 찍는 것은 쉽지 않을 것입니다.

[게임멘트]

우리 친구들이 열심히 게임을 했는데 중심에 점을 찍은 친구가 많지 않네요^^ 왜 중심에 점을 찍을 수 없었는지 이유를 이야기해 볼까요? 보이지 않아서 중심이 어디인지 잘 몰랐기 때문이죠? 만약 안대없이 종이를 보면서 점을 찍었다면 어땠을까요? 정확히 중심에 점을 찍을 수 있었겠지요? 만약 무슨 결정을 할 때 아무 것도 앞이 보이지 않는 막막한 상황에서 결정을 해야 한다면 어떨까요? 불안하겠지요? 지금 나의 결정이 맞는 결정인지도 모르겠고, 잘하고 있는지 못하고 있는지도 확신이 서지 않을꺼에요. 신앙생활은 어두운 터널을 손전등 하나에 의지해서 조금씩 조금씩 앞으로 나아가는 것이라고 할 수 있어요. 아무리 앞이 보이지 않는 답답한 상황에서도 우리는 하나님을 의지하며 한 걸음 한 걸음 나아가야 합니다. 보이지 않는다고 내 마음대로 생각하고 행동하는 것이 결코 옳은 행동이 아니라 하나님을 의지하고 하나님의 말씀에 따른 행동이 옳다는 것을 오늘 말씀을 통해 살펴보기로 해요.

3. 생각해보기

이 사람들의 공통점은 무엇일까요?

영화 [타이타닉]중에서

God is here

아우슈비츠 수용소에 쓰여있는 글씨

타이타닉이라는 영화를 알고 있나요? 아주 오래전 개봉한 영화이지만 너무나 유명한 영화입니다. 배를 타면 어른들이 하는 행동이 있습니다. 배 앞머리에서 두 사람이서 한 사람은 양팔을 벌리고 한 사람은 뒤에서 안아주는 행동인데 타이타닉 영화에서 나온 장면이지요. 이 영화는 실제로 1912년에 영국에서 미국으로 가던 여객선이 침몰한 사건을 배경으로 하고 있습니다. 캄캄한 밤에 빙하가 앞에 있는지 모르고 가다가 빙하에 부딪혀 큰 여객선이 침몰을 했습니다. 캄캄한 밤 차가운 바다에 침몰하는 배 안에 있다면 얼마나 무섭고 두려웠을까요? 모두가 무서워 두려워하고 있을 때 침몰하는 배 위에서 아름다운 음악을 연주하는 사람들이 있었습니다. 이들은 타이타닉 호의 8인조 밴드였는데 이들의 리더인 월러스 하틀리는 감리교 신자였습니다. 이들은 배가 침몰하기 10분전까지 배 위에서 "내 주를 가까이 하게 함은(새찬송가 338장, 통일찬송가 364장)"을 연주했습니다. 이들이라고 그 순간 두렵지 않았을까요? 무섭고 두려웠을 것입니다. 하지만 그들은 끝까지 하나님을 찬양했고 주변의 사람들에게 연주로 끝까지 용기를 주었습니다.

아우슈비츠 강제 수용소라고 들어보았나요? 독일의 히틀러가 유대인들을(이스라엘 사람) 학살하기 위해 폴란드에 만들었던 강제 수용소입니다. 독일은 유대인들을 독가스를 실험하는 목적으로 사람들을 무차별적으로 죽이기 시작했습니다. 하루에 1,500~2,000명 가량의 사람들이 죽었습니다.

아우슈비츠 수용소에서 학살 당한 사람의 수는 약 400만명이고 그 중 유대인들은 250만명이었습니다. 이렇게 끔찍한 2차세계대전이 끝나고 연합군이 이 수용소를 조사하다가 수용소 한쪽 벽에 이렇게 쓰여진 글을 보았습니다. "God is here(하나님은 여기에 계십니다)" 독가스로 주변의 사람들이 하루에 수 천명씩 죽어나가는 그 순간에 믿음의 사람들은 "하나님은 도대체 어디에 계십니까?"가 아니라 "하나님은 지금 여기에 계십니다."라고 믿음의 고백을 했던 것입니다. 침몰하는 타이타닉 호에서 끝까지 하나님을 찬양했던 하틀리와 아우슈비츠 수용소에서 "하나님은 여기에 계십니다." 라고 고백했던 믿음의 사람들은 최악의 상황에서도 하나님을 믿었습니다.

<정답> : 최악의 상황에서도 하나님을 믿음

4. 성경 속으로 Go Go

1. 억울한 상황에서도 요셉은 어떻게 침착하게 행동할 수 있었을까요? ○을 채워봅시다.

하나님께서 생명을 ○○하시려고
나를 당신들보다 먼저 보내셨나이다 (창세기 45장 5절)

하나님께 ○를 지으리이까?(창세기 39장 9절)
○○○께서 요셉과 함께 하심이라(창세기 39장 23절)

티칭포인트 | 어느날 요셉은 자신이 꾼 꿈을 형들에게 이야기했고 꿈 이야기를 들은 형들은 요셉을 미워했습니다. 꿈의 내용이 "형들의 곡식 단이 요셉의 곡식 단에 절하는 것과 해와 달과 열한 별이 요셉에게 절하는 것"이었기 때문입니다. 이 꿈의 내용은 형들과 부모가 요셉에게 절을 할 것이라는 내용이었습니다. 그러니 이 꿈 이야기를 들은 형들은 화를 내었고 요셉을 미워했습니다. 요셉이 꾼 꿈은 단지 사람들이 자면서 꾸는 꿈이 아니었고 하나님께서 앞으로 되어질 일에 대해 미리 알려주신 것이었습니다. 형들은 단지 꿈 이야기를 듣고 화를 내었지만 요셉은 그 꿈이 하나님으로부터 왔

다는 사실을 믿었습니다. 얼마 후 요셉이 들에 있는 형들을 방문했고 형들은 요셉을 구덩이에 넣었다가 애굽으로 가는 상인들에게 팔고 아버지 야곱에게는 악한 짐승이 물어 죽였다고 거짓말을 했습니다. 요셉은 애굽의 친위대장(경호대장) 보디발에게 팔려갔지만 그곳에서도 요셉은 하나님이 자신과 함께 함을 굳게 믿었습니다. 형들에게 배신당하고 하루 아침에 노예 신분이 되었는데도 하나님이 함께 하신다고 요셉은 믿었던 것입니다. 하나님께서는 요셉을 형통하게 하셨고 보디발의 집에 복을 주셨습니다. 하지만 보디발 아내의 유혹에도 하나님께 죄를 짓지 않기 위해 거절했고 그로 인해 억울한 누명을 쓰고 감옥에 갇혔습니다. 그 순간에도 하나님은 요셉과 함께 하셨고 요셉은 하나님을 믿었으며 하나님은 요셉에게 은혜를 주셨습니다.

어느날 요셉이 있던 감옥에 바로에게 포도주를 바치던 신하와 빵을 바치던 신하가 갇혔고 그들의 꿈을 해석해주었지만 포도주를 바치던 신하는 요셉을 잊어버리고 말았습니다. 그런 순간에도 요셉은 좌절하지 않았습니다. 결국 바로의 꿈을 해석해주고 요셉은 애굽의 총리가 되었습니다. 가뭄이 되어 양식을 구하러 온 형들은 요셉 앞에서 절을 하게 되었습니다. 요셉의 꿈이 이루어지는 순간이었습니다. 요셉을 만난 형들은 반가움도 잠시뿐 요셉에게 잘못 행동한 것 때문에 두려워 했습니다. 하지만 요셉은 형들이 자신을 애굽에 보낸 것이 아니라 하나님께서 자신과 가족들의 생명을 구원하시려고 자신을 먼저 애굽에 보내셨다고 고백합니다.

<정답> : 구원, 죄, 여호와

2. 하나님께서 나를 향한 선하신 계획을 가지고 있다고 믿는 신앙을 무엇이라고 할까요? 초성을 보고 맞춰 보세요

섭리신앙

티칭포인트 | 요셉은 자신이 애굽의 노예로 끌려가고 보디발의 아내에게 누명을 쓰고 감옥에 갇히고 포도주 바치던 신하가 자신을 잊어버리는 모든 것이 하나님의 섭리임을 인정하고 고백했습니다. 하나님께서 붙드시고 인도하시는데 어떻게 자신에게 안좋은 일만 생길 수 있는가?라며 요셉은 하나님을 원망하지 않았습니다. 오히려 힘들고 어려운 순간에도 함께 하시는

하나님을 바라보았고 믿었으며 앞으로 벌어질 하나님의 선하심을 기대하며 인내했습니다.

<정답> : 섭리

티칭포인트 | 섭리라는 말을 학생들에게 설명하기란 쉽지 않습니다. 하지만 이렇게 이야기해 보면 어떨까요? 섭리는 전능하신 하나님께서 항상 동일한 능력으로 하시는 모든 일이라고 할 수 있습니다. 쉽게 이야기하면 하나님께서 세상을 창조하시고 그냥 내버려두신 것이 아니라 하나님의 전능하신 능력으로 하나 하나 주관하시고 붙드시고 인도하시고 보호하신다는 뜻입니다. 태양이 뜨고 지는 것을 우리는 자연법칙이라고 생각하지만 태양이 우주의 한 공간에서 벗어나지 않고 항상 그 자리에 있고 지구 역시 항상 동일한 속도로 공전과 자전을 하는 것은 하나님께서 다스리시기 때문에 가능한 것입니다. 세상에 우연은 없습니다. 이 세상에 일어나는 모든 일들은 다 하나님과 관련하여 일어납니다. 이 세상의 모든 일들이 다 하나님의 손길에서 나온다는 것이 바로 섭리입니다.

5. 성경 Action

1. 하나님께서는 왜 억울한 일을 당하게 하실까요?

티칭포인트 | 단단한 쇠를 만들려면 뜨거운 불에 넣었다가 차가운 물에 넣었다가를 반복해야 하고 수천 번의 망치질을 해야 합니다. 살면서 좋은 일 꽃길만 걷고 싶은 것이 우리의 마음입니다. 하지만 역경과 어려움이 없다면 절대로 건강하게 자랄 수 없습니다. 행복하고 즐거운 일만 가득하다면 하나님께서 나를 도와주고 계신다고 느끼지 못할 것입니다. 가만히 있어도 근심 걱정 없이 잘 살고 있는데 하나님을 생각할까요? 하나님께서는 우리에게 어려움을 주시고 그 어려움에서 건져주심으로 하나님의 보호와 인도를 경험하게 하십니다. 운동선수들이 평상시에 열심히 운동을 하는 것은 나중을 위해 단련하는 것입니다.

지금 당장은 힘들겠지만 결국 자신을 강하게 단련하는 방법임을 알기 때문에 오늘의 힘든 훈련을 이겨낼 수 있는 것입니다. 신앙생활도 마찬가지입니다. 하나님께서는 오늘의 어려움을 통해 더욱 하나님을 바라보며 의지하게 하시는 것이고 그로 인해 우리의 신앙은 한 단계 성장할 수 있는 것입니다.

2. 억울한 상황에서 불신앙의 모습을 선택하지 않고 믿음의 선택을 하려면 어떻게 해야 할까요?

티칭포인트 | 결코 내 힘으로 하나님을 바라보고 믿음의 선택을 할 수 있는 것은 아닙니다. 그래서 우리는 기도해야 합니다. 억울하고 힘든 일을 당해도 하나님을 원망하지 않는 마음을 달라고 기도해야 하고 이 힘든 일 속에 하나님의 뜻이 분명히 있음을 알고 그 뜻을 발견하고 깨닫게 해달라고 기도해야 합니다. 내 입에서 원망과 불평이 나오지 않고 하나님께서 반드시 선한 길로 인도하실 것이라고 기도해야 합니다. 그렇다면 우리는 억울한 상황에서도 불신앙의 모습이 아니라 믿음의 모습으로 설 수 있을 것입니다.

6. 함께 기도하기

요셉은 가장 사랑하는 가족들에게 억울한 일을 당했지만 그 모든 일들이 하나님께로부터 왔음을 믿었습니다. 지금 내가 겪는 아픔, 힘듦, 어려움이 나를 한 단계 성장시키는 훈련이라고 생각하며 나를 선하고 좋은 길로 인도하시는 하나님만 바라볼 수 있도록 나에게 믿음을 주세요. 예수님의 이름으로 기도합니다. 아멘.

7과 미워도 다시 한 번

외울 말씀 | "당신들은 두려워하지 마소서 내가 당신들과 당신들의 자녀를 기르리이다 하고 그들을 간곡한 말로 위로하였더라" (창 50:21)

공과 목표 |

1. 우리는 미움을 선택하거나 용서를 선택할 수 있음을 알 수 있다.
2. 친구를 미워하는 것보다 용서하는 것이 하나님의 뜻임을 깨달을 수 있다.
3. 하나님께서 나를 항상 아름답고 좋은 길로 인도하심을 믿는다면 친구를 용서할 수 있다.

배울내용 | 오늘은 요셉이 하나님의 인도하심을 깨닫고 형들을 용서한 모습을 통해 용서가 하나님의 뜻이라는 사실을 배울거예요.

공과 설명 |

나에게 잘못한 사람에 대해 우리는 얼만큼 용서를 해줘야 할까요? 베드로가 어느날 예수님께 물었습니다. "예수님,누가 나에게 잘못을 하면 7번 용서하면 될까요?" 7번을 용서하는 것도 쉽지는 않은 일입니다. 베드로는 7번 정도 용서한다면 대단한 일이라 생각하며 예수님께 물었을 것입니다.

하지만 예수님은 "70번씩 7번이라도 용서를 해 주어라."라고 이야기를 하셨습니다. 이 말은 490번 용서하라는 말이 아니라 끝까지 참고 용서하라는 말씀이었습니다. 과연 이 일이 가능할까요? 나에게 잘못한 사람을 몇 번 용서해 주는 것은 할 수 있습니다. 그런데 나에게 반복적으로 잘못한 사람을 계속 믿어주고 용서해주는 것은 결코 쉽지 않습니다. 또한 나에게 큰 아픔과 상처를 준 사람이라면 더더욱 용서하기 쉽지 않습니다. 그런데 성경은 우리에게 용서할 것을 계속 이야기합니다. 그래서 용서는 내가 할 수 있는 것이 아닙니다. 용서한다고 생각하고 마음을 먹는다 해도 막상 상대를 만나면 예전 기억이 생각나 화가 나고 용서하지 못하게 됩니다. 용서는 화가 나는데 그냥 참고 넘어가는 것이 아니라, 마음 속 깊은 곳에서 아무렇지 않음을 느끼며 기억 속에서 완전히 지우는 것입니다. 그렇지않는다면 두고 두고 기억이 날 때마다 분노의 감정이 생길 수밖에 없습니다. 그러니 용서는 결코 내가 할 수 있지 않고 하나님께서 은혜를 주셔야 할 수 있습니다. 하나님께서 은혜를 주시면 용서하고 싶지 않아도 용서할 수밖에 없습니다. 내가 예수님 때문에 죄 용서 받고 구원을 받았는데 나에게 잘못한 친구를 용서하지 못하는 것은 말이 되지 않습니다.

요셉은 자신을 죽이려고 했고 애굽에 종을 팔아버린 매정한 형들을 진심으로 용서했습니다.

요셉이 용서할 수 있었던 이유는 하나님께서 자신을 인도하셨다는 사실을 믿었기 때문이라는 것을 성경을 통해 살펴보겠습니다.

1. 성경을 공부해요

용서를 선택한 사람은 누구인지 성경을 찾아 적어보세요. 아래 말씀을 찾아 읽고 ◌을 채워봅시다.

1. 사사기 8장 2절 ◌◌◌
2. 사무엘하 19장 23절 다윗
3. 사도행전 15장 37절 ◌◌◌

<정답> : 기드온, 바나바

사사기 8:2 기드온이 그들에게 이르되 내가 이제 행한 일이 너희가 한 것에 비교되겠느냐 에브라임의 끝물 포도가 아비에셀의 맏물 포도보나 낫지 아니하냐

기드온은 이스라엘 백성들을 괴롭히는 미디안 군대를 300명의 용사로 싸워 이겼습니다. 전쟁에 승리하고 돌아온 기드온에게 에브라임 지파가 불평을 했습니다. 왜 전쟁에 자신들을 부르지 않았는지를 따지는 것이었습니다. 전쟁의 승리의 공이 기드온에게만 돌아가는 것이 못마땅한 불평이었습니다. 그런데 기드온이 에브라임 사람들에게 도움을 요청하지 않은 것이 아니었습니다. 사사기 7장 24절을 보면 기드온은 에브라임 사람들에게 내려와서 미디안을 공격해 주기를 부탁했습니다. 하지만 그들은 전쟁에 동참하지 않았습니다. 이런 상황에서도 기드온은 에브라임 사람들에게 화를 내지 않고 오히려 겸손하게 이야기했습니다. 기드온은 에브라임의 떨어진 포도가 아비에셀(기드온의 고향)의 수확한 상등급의 포도보다 훨씬 낫다며 에브라임을 높여 주었던 것입니다. 에브라임의 괘씸한 행동에 기드온이 화를 내도 이상하지 않았지만 기드온은 분노대신 에브라임을 용서하며 부드럽게 대해주었습니다.

<정답> : 기드온

사무엘하 19:23 왕이 시므이에게 이르되 네가 죽지 아니하리라 하고 그에게 맹세하니라

시므이는 베냐민 지파 게라의 아들로 사울 왕의 친척입니다. 다윗이 압살롬의 반란을 피해 바후림에 이르렀을 때 그는 다윗에게 돌을 던지며 저주하였습니다(삼하 16:5-8). 그 일로 인해 다윗의 신하 아비새가 그를 죽이려 했지만 다윗은 아비새를 말립니다. 왜냐하면 하나님께서 시므이를 통해 자신을 저주하게 하신 것이라 생각했고 지금 당하는 원통함을 나중에 하나님께서 선으로 갚아주실 것이라고 믿었기 때문이었습니다(삼하 16:9-12). 나중에 압살롬이 죽고 다윗이 궁으로 돌아오자 시므이는 다윗에게 자신의 잘못을 시인하며 용서를 빌었고 다윗은 시므이를 죽이지 않고 용서해 주었습니다(삼하 19:16-20).

<정답> : 다윗

사도행전 15:37 바나바는 마가라 하는 요한도 데리고 가고자 하나

바나바의 조카 마가요한은 마가복음의 저자입니다. 바울과 바나바는 자신들의 사역을 마치고 예루살렘에서 안디옥으로 마가를 데려갔습니다(행 12:25). 이후 마가는 바울과 바나바가 1차 전도여행을 떠날 때 같이 동행을 합니다. 그러나 개인적인 문제로 인하여 밤빌리아의 버가에서 중도에 되돌아 오고 말았습니다(행 13:13). 마가가 중간에 돌아가는 바람에 바울과 바나바의 전도사역에 차질이 생겼을 것입니다. 나중에 제2차 전도여행을 떠날 때 바나바는 마가를 함께 데리고 가자고 했고 바울은 거절했습니다. 결국 이 문제로 둘은 심히 다투었고, 바울은 실라를 데리고 소아시아로, 바나바는 마가를 데리고 구브로로 전도여행을 떠났습니다(행 15:36-41). 나중에 바울은 마가를 향해 '나의 일에 유익한 자'라고 부르며 인정해 주었고(딤후 4:11), 사도 베드로도 마가를 '내 아들 마가'(벧전 5:13)라고도 불렀습니다. 바나바가 마가를 용서하고 받아주지 않았다면 어쩌면 지금의 마가는 없었을 수도 있습니다. 하지만 바나바는 마가의 잘못을 용서해 주었고 다시 사역할 수 있는 기회를 주었으며 결국 많은 사역자들의 동역자, 교회의 중요한 지도자가 되었습니다.

<정답> : 바나바

2. 몸풀기(릴레이 중심잡기)

릴레이로 중심잡기 게임을 해 봅시다.

[게임방법]

① 각티슈(긴 것) 2개, 생수병 500ml, 초시계를 준비합니다.

② 각티슈 2개를 쌓습니다. 그리고 엄지손가락 위에 올려 놓습니다. 그리고 쓰러지지 않게 중심을 잡습니다. 초시계로 기록을 잽니다.

③ 이제 생수병을 거꾸로 세우고 검지와 중지를 붙이고 그 위에 올려 놓습니다. 생수병이 쓰러지지 않게 중심을 잡고 초시계로 기록을 잽니다.

④ 이 게임은 두 팀으로 나누어 릴레이로 진행이 되며 팀원 전체 기록을 합산합니다. 초시계는 한 사람이 끝나면 중단을 누르고 다른 사람이 시작하면 시작을 누르면 시간이 합산이 됩니다.

[게임멘트]

가장 기록이 좋은 친구는 누구인가요? 가장 기록이 저조한 친구는 누구인가요? 이 게임은 팀 합산 기록이 중요합니다. 그래서 잘했다고 자랑하고 못했다고 그사람에게 뭐라고 해서는 안됩니다. 그런데 막상 우리 팀이 지면 기록이 제일 나쁜 친구 때문에 졌다는 생각이 들까요? 안들까요? 들겠지요? 이런 생각이 들면 그 친구를 미워하는 마음이 생길 수 있습니다. 하지만 우리는 친구를 미워하는 것이 아니라 용서하는 마음을 가져야 합니다. 도저히 용서하지 못할 것 같은 상황에서도 기쁘게 용서를 선택한 요셉의 이야기를 통해 용서가 하나님 앞에서 옳은 일이라는 사실을 살펴보기로 해요.

3. 생각해보기

어떤 사람이 100억이라는 돈을 빚을 졌습니다. 갚을 능력이 없는 이 사람에게 100억의 빚을 없애주었습니다. 이 사람의 기분이 어땠을까요? 빈칸에 그림으로 기분을 표현해 보세요.

학생들에게 100억이라는 돈은 큰 돈이라 어느 정도의 값어치가 있는지 잘 모를 수도 있습니다. 100억의 가치가 어느 정도인지 선생님들이 학생들에게 잘 설명해 주시면 좋을 것 같습니다. 이렇게 큰 돈은 평생 벌어도 갚을 수 없습니다. 그러니 누군가 이 빚을 갚아주거나 더 이상 빚을 갚지 않아도 된다면 마음이 어떨까요? 뛸 듯이 기쁠 것입니다. 얼굴에서 미소가 떠나지 않을 것입니다.

이것이 바로 용서 받은 사람의 마음입니다. 상대방에게 잘못을 해서 마음이 힘들었는데 용서를 구하고 용서를 받는다면 마음이 힘들었던 것을 떨쳐낼 수 있습니다

4. 성경 속으로 Go Go

1. 요셉은 형들의 시기 때문에 애굽의 종으로 팔려갔습니다. 만약 내가 요셉이었다면 어떤 선택을 했을 것 같나요? 아래와 같은 선택을 했을 경우 어떤 일이 일어날 것 같은지 이야기해 보세요.

복수를 선택한다면?	용서한다면?

티칭포인트 | 요셉은 야곱이 노년에 얻은 11번째 아들이었습니다. 요셉의 어머니 라헬을 야곱은 무척 사랑했습니다. 야곱은 자신이 사랑했던 여인이 낳은 아들인 요셉을 다른 아들보다 더 사랑했습니다. 그래서 야곱은 다른 형제들보다 요셉에게 좋은 옷을 입혔습니다. 요셉은 형들의 잘못을 아버지에게 일러 바쳤고 그 때문에 형들은 요셉에게 인사도 하지 않았습니다(창 37:4 "편안하게 말할 수 없다"라는 말은 인사조차 하지 않았다는 뜻입니다). 또한 요셉이 자신이 꾼 꿈(형들의 곡식 단이 자신의 곡식 단에 절하고 하늘의 해와 달과 열 한 별이 자신을 향해 절하는 꿈)을 이야기한 후 형들의 미움은 더욱 컸습니다. 이 모습을 보면 요셉의 행동이 형들을 자극시켰다고 볼 수도 있습니다. 하지만 형들은 정도를 지나쳐 요셉을 죽이려고 했습니다. 이때 유다가 죽이지는

말고 상인에 팔자는 제안을 했고 요셉을 애굽으로 가는 상인에게 팔아버렸습니다. 가족에게 버림받고 하루 아침에 노예의 신분이 되어 버린 요셉의 마음은 어땠을까요? 만약 나라면 형들에 대해 어떤 마음을 품었을까요?

"어떻게든 내가 살아남아서 형들을 만난다면 이 복수를 꼭 해주고 말거야." 이런 악한 마음을 품을지도 모릅니다. 하지만 요셉은 이런 악한 마음대신 하나님께서 형들과 아버지를 위해 자신을 먼저 애굽에 보내신 것이라고 믿었습니다. 아버지 야곱이 죽자 형들은 요셉이 자신들에게 복수하지 않을까 두려웠습니다. 왜냐하면 아버지 때문에 요셉이 참고 있었다고 생각했기 때문입니다. 하지만 요셉은 이런 형들을 다시 한 번 안심시킵니다. 형들의 가족을 끝까지 책임지겠다고 안심하라고 이야기합니다.

요셉은 용서를 선택했고 형들과 화평을 이루었습니다. 만약 내가 요셉과 같은 상황이었고 용서대신 복수를 선택했다면 아마 형들의 자녀들에게 나중에 복수를 당했을 수도 있고 이스라엘 백성들이 애굽의 보호를 받으며 지낼 수도 없었을 것입니다.

하지만 요셉과 똑같이 용서를 선택한다면 형들과 화평할 수 있을 것이고 애굽에서 보호를 받으며 큰 민족으로 성장할 수 있을 것입니다.

2. 요셉이 형들을 용서할 수 있었던 이유를 성경을 찾아 _____을 채우고 ◌를 채워 보세요.

요셉은 자신의 고난을 하 ◌◌의 섭◌로 보았기 때문에 형들을 용서할 수 있었어요.

<정답> : 하나님, 섭리

하나님이 생명을 구원하시려고 나를 당신들보다 먼저 보내셨나이다 (창45장 5절)

당신들은 나를 해하려 하였으나 하나님은 그것을 선으로 바꾸사 오늘과같이 많은 백성의 생명을 구원 하게 하시려 하셨나니(창 50장 20절)

<정답> : 구원

티칭포인트 | 요셉이라고 인간적인 속상함과 분노가 없었을까요? 형들이 자신을 죽이려고 했다가 애굽으로 가는 상인에게 자신을 팔았던 기억은 유쾌한 기억은 아니었을 것입니다. 그래도 요셉은 형들을 만났을 때 곧바로 분노하고 복수하려고 하지 않았습니다. 오히려 형들이 지난 과거와 달라졌는지 자신의 일에 대해 반성과 회개를 하고 있는지 알고 싶어했습니다.

형들은 요셉의 여러 번의 시험을 통해 진심을 이야기했고 과거 요셉의 일을 반성하고 뉘우치고 있다는 사실을 알았습니다. 그 후 요셉은 자신의 정체를 밝히고 형들을 맞이했습니다. 그리고는 형들에 의해서 자신이 애굽에 온 것이 아니라, 하나님께서 형들을 통해 자신을 애굽으로 오게 하셨다고 믿었습니다. 왜냐하면 애굽에 와서도 자신과 함께 하시는 하나님을 경험했고 하나님께서 자신과 자신이 있는 곳에 형통과 복을 주셨음을 체험했기 때문입니다. 만약 요셉이 애굽에 온 것이 하나님의 뜻이 아니었다면 하나님께서 요셉을 붙드시고 도와주시지 않으셨을 것입니다.

그러니 애굽에서 매 순간 하나님이 함께 하심을 경험했던 요셉은 하나님께서 자신을 이곳에 보내셨다고 믿을 수밖에 없었습니다. 하나님의 섭리는 내가 인정하고 싶다고 해서 인정하는 것이 아니라, 오늘 나에게 주어진 모든 일들은 하나님께서 허락하셨기 때문이다고 믿을 때 하나님의 섭리를 고백할 수 있는 것입니다. 오늘 내게 일어나는 모든 일은 하나님께서 나에게 주시는 가장 좋은 것임을 믿어야 합니다. 그것이 내 생각에 좋지 않은 것이라고 생각이 들지라도 말입니다. 하나님께서는 분명 이 모든 것을 선하게 바꾸실 것입니다. 이 사실을 믿는 것이 바로 하나님의 섭리를 믿는 것이라고 할 수 있습니다.

5. 성경 Action

1. 용서하지 못하는 사람이 있나요? 그 사람에게 용기를 내어 용서 쿠폰을 전해 볼까요?

용서하고 싶어도 쑥스럽고 부끄러워서 말하지 못하는 경우도 있습니다. 용서의 쿠폰을 선물과 함께 살짝 내밀어 보면 어떨까요? 선물은 화가날 때 꽉꽉 씹을 수 있는 카라멜, 젤리가 좋겠지요?

2. 용서와 복수 중 하나님께서는 우리가 어떤 선택을 하기를 원하실까요? 예수님께 용서 받은 것 3가지를 생각해 봅니다.

당연히 하나님께서는 이웃을 용서하기를 원하실 것입니다. 원수까지도 사랑하라하셨고 이웃이 잘못을 했을 때 일흔 번식 일곱 번이라고 용서하라고 하셨기 때문입니다. 우리가 내 이웃에 대해 용서해야 하는 이유는 나도 하나님께 용서를 받은 사람이기 때문입니다.
나는 예수님께 무엇을 용서받았나요? 용서받은 것을 이야기해보고 용서하지 못하는 누구 누구를 용서하겠다고 속으로 다짐하고 기도해 봅시다.

6. 함께 기도하기

요셉은 항상 자신과 함께 하시는 하나님을 발견했고 믿었고 도우심을 체험했습니다. 그리고 자신을 가장 선한 길로 인도하신다는 것을 믿었습니다. 나도 하나님께서 나를 가장 좋은 길로 인도하고 계시다는 사실을 믿게 해 주세요. 지금 당장 내가 생각하기에 좋은 일이 아니라할지라도 하나님을 원망하지 않고 하나님의 뜻이 무엇인지 알 수 있는 지혜를 주세요. 예수님의 이름으로 기도합니다. 아멘.

8과 도망자 모세

외울 말씀 | “바로가 이 일을 듣고 모세를 죽이고자 하여 찾는지라 모세가 바로의 낯을 피하여 미디안 땅에 머물며 하루는 우물 곁에 앉았더라” (출 2:15)

공과 목표 |

1. 내 힘으로 하는 신앙은 언제나 넘어질 수 있음을 알 수 있다.
2. 하나님의 말씀을 통해서만 믿음의 회복이 일어날 수 있음을 깨달을 수 있다.
3. 크고 작은 갈등 속에서 항상 주님의 뜻을 선택하며 살 수 있다.

배울내용 | 오늘은 도망자였다가 하나님의 은혜로 회복되어 이스라엘의 인도자가 된 모세를 통해 하나님의 은혜는 우리를 회복시키시고 앞으로 나아가게 한다는 사실을 배울 거예요.

공과 설명 |

성공과 실패라고 할 때 보통 사람들은 무엇을 성공이라고 하고 실패라고 할까요? 돈도 잘 벌고 사람들에게 인기도 있고 영향력이 있으면 성공했다고 사람들에게 무시당하고 돈도 못벌고 인기도 영향력도 없으면 실패했다고 말합니다. 그렇다면 성경에서는 무엇이 성공이고 무엇이 실패라고 할까요?

성경은 단지 잘되고 못되고를 성공과 실패의 원인으로 말하지 않습니다. 성경은 끝까지 하나님과 함께 하는 사람을 성공했다고 말하고 결국 하나님과 함께 하지 못한 사람을 실패했다고 말합니다. 예수님의 이름으로 병든 사람도 고치고 기적이 일어날 때는 하나님과 함께 하려는 사람들이 몰려듭니다. 하지만 매맞고 감옥에 갇히고 욕을 먹으면 하나님과 함께 하는 사람들이 없습니다.

모두 멀리 멀리 도망을 쳐버립니다. 왜냐하면 지금 당장 아무런 소망이 없어 보이기 때문입니다. 환경과 상황이 자신에게 불리하게 되면 믿음의 선택보다는 인간적인 선택을 하는 경우가 많습니다. 그것은 성경 속 믿음의 사람들도 마찬가지입니다. 환경과 상황이 좋지 않은데 변함없이 끝까지 그 자리에 있는 사람은 거의 없었습니다. 자신이 있어야 할 믿음의 자리를 떠난 사람들을 향해 성경은 여전히 믿음의 사람들이라고 부르고 그들에게서 그리스도인이라는 이름을 빼앗지 않았습니다. 그리스도인이라도 흔들리지도 않고 변함없이 믿음의 자리에 기둥처럼 서 있어야 하는 것은 아닙니다. 우리도 흔들리고 자리를 벗어날 때도 있습니다. 하지만 크고 작은 갈등 속에서도 여전히 우리의 선택은 하나님이고 하나님의 뜻입니다. 자리를 벗어났다가도 다시 믿음의 자리로 돌아오는 것이 믿음이라는 사실을 모세의 모습을 통해 살펴보겠습니다.

1. 성경을 공부해요

도망을 갔다가 다시 회복된 성경의 사람들은 누구인가요?
아래 말씀을 찾아 읽고 ◌을 채워봅시다.

1. 열왕기상 19장 3절 엘리야
2. 요나 3장 4절 ◌◌
3. 디모데후서 4장 11절 ◌◌

<정답> : 요나, 마가

열왕기상 19:3 그가 이 형편을 보고 일어나 자기의 생명을 위해 도망하여 유다에 속한 브엘세바에 이르러 자기의 사환을 그 곳에 머물게 하고

북이스라엘의 죄악이 점점 심해졌고 하나님께서는 엘리야를 통해 3년 넘게 비를 내리지 않으셨습니다. 그래도 아합을 비롯해 북이스라엘 백성들은 회개하지 않았습니다. 오히려 엘리야는 "이스라엘을 괴롭게 하는 자"라는 소리를 들었습니다. 왜냐하면 비가 오지 않는 이유가 엘리야 때문이라고 생각했기 때문입니다. 엘리야는 아합을 향해 바알과 아세라 선지자들을 모으라고 이야기합니다. 우상과 하나님 사이에서 머뭇거리는 백성들에게 불로써 응답하는 신이 참 하나님이니 불로써 응답하는 하나님을 믿으라고 이야기합니다. 그렇게 바알 선지자 450명, 아세라 선지자 400명과 하늘에서 불이 떨어져 제물을 태우는 대결을 시작합니다. 아침부터 낮 12시까지 바알과 아세라 선지자들은 자신의 몸을 채찍으로 때려가며 춤추며 기도했지만 아무런 소용이 없었습니다. 저녁때쯤 엘리야는 제단에 물을 붓고 기도하기 시작합니다. 그러자 하늘에서 불이 떨어져 고랑의 물까지 다 태워 증발시켜버렸습니다. 이렇게 큰 승리를 거두었지만 아합의 아내인 이세벨이 이 소식을 듣고 엘리야를 죽이려고 했습니다. 그러자 엘리야는 급히 도망을 칩니다. 광야로 들어가 로뎀나무 아래에서 죽기를 구했습니다. 백성들에게 불로써 응답하는 하나님을 보였지만 여전히 하나님을 믿지 않고 우상을 섬기는 백성들의 모습에 낙담과 절망이 되었기 때문입니다. 하지만 하나님께서는 천사를 보내 떡과 물을 주어 먹게 하시고 다시 힘을 내 일어나 사역을 감당하게 하셨습니다.

<정답> : 엘리야

요나 3:4 요나가 그 성읍에 들어가서 하루 동안 다니며 외쳐 이르되 사십 일이 지나면 니느웨가 무너지리라 하였더니

앗수르는 당시 이스라엘을 괴롭히던 나라 중 하나였습니다. B.C. 722년 북이스라엘은 앗수르에 의해 사마리아 성이 함락당해 멸망을 합니다. 이런 앗수르는 이스라엘 사람들에게 원수 중의 원수였습니다. 그것은 선지자인 요나도 마찬가지였습니다. 하나님께서는 앗수르의 수도 니느웨로 가서 회개의 말씀을 선포하라고 말씀하셨지만 요나는 다시스(스페인의 항구도시)로 도망을 갔습니다. 하나님께서는 풍랑을 일으키셨고 결국 요나는 바다로 던져졌습니다. 이때 큰 물고기가 요나를 삼켰고 요나는 냄새나고 어두컴컴한 물고기의 뱃 속에서 철저하게 회개하기 시작했고 물고기 뱃 속에서 나오자마자 니느웨로 달려가 회개의 말씀을 선포하기 시작했습니다.

<정답> : 요나

디모데후서 4:11 누가만 나와 함께 있느니라 네가 올 때에 마가를 데리고 오라 그가 나의 일에 유익하니라

마가는 바나바의 조카로 바울과 바나바의 1차 선교여행에 동행했습니다. 하지만 버가에서 갑자기 예루살렘으로 혼자 돌아왔습니다. 마가가 중간에 돌아왔기 때문에 선교는 차질을 빚을 수밖에 없었고 나중에 2차 선교여행을 떠날 때 바울은 마가를 동참시키는 것을 한사코 반대했습니다. 하지만 바나바는 마가를 용서해 주었고 마가를 데리고 구브로로 선교여행을 떠났고 바울은 실라를 데리고 소아시아로 떠났습니다. 그 후 마가는 성숙한 신앙인이 되었고 바울은 마가를 향해 "나의 일에 유익한 자(딤후 4:11)"라고 했고 베드로는 마가를 "나의 아들(벧전 5:13)"이라고 불렀습니다. 마가는 마가복음을 기록한 저자가 되었습니다. 한 때 도망자였던 마가는 회개 후 크게 쓰임받는 사람이 되었습니다.

<정답> : 마가

2. 몸풀기(휴지심 세우기)

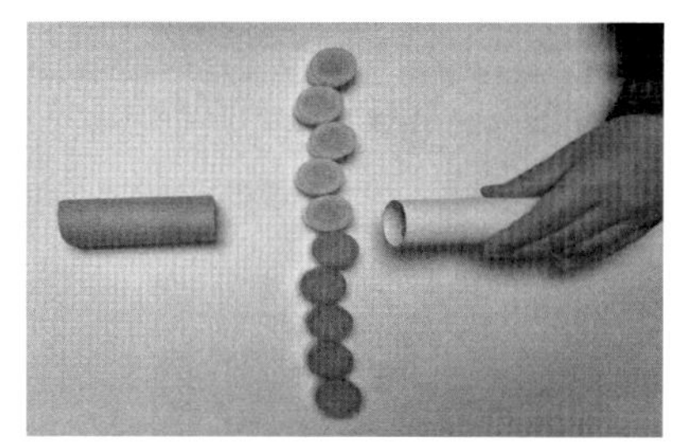

몸풀기 게임으로 휴지심 세우기 게임을 합니다.

[게임방법]

① 휴지심 2개를 준비합니다. 두 가지 색 스티커를 앞 뒤로 붙인 종이(색연필, 싸이펜으로 종이에 그려도 됩니다. 다른 색깔의 병뚜껑 두 개를 테이프로 붙여도 됩니다.)을 한 사람당 5개씩 준비합니다.

② 이제 동시에 휴지심을 가로로 떨어뜨립니다. 휴지심을 위에서 가로로 떨어뜨리면 튕겨서 세로로 세워지게 됩니다.

③ 휴지심이 세워지면 스티커를 뒤집습니다. 휴지심을 빨리 빨리 떨어뜨려 휴지심을 세워야 합니다. 자신의 색 스티커로 10개를 다 뒤집으면 승리합니다.

[게임멘트]

휴지심을 떨어뜨려 다시 일으켜 세우는 것이 생각보단 어려웠죠? 하지만 휴지심이 일으켜 세워져야지만 스티커를 뒤집을 수 있기 때문에 휴지심을 빨리 일으켜 세우는 것이 이 게임의 중요한 부분이라고 할 수 있어요. 사람이 살다보면 넘어지고 쓰러질 때가 있어요. 이 때는 너무 힘들어서 다시 일어나는 것보다 계속 누워있고 싶은 마음이 들기도 할꺼예요. 하지만 누워 있어서는 앞으로 결코 나아갈 수 없어요. 힘들어도 다시 일어나야 앞으로 달려갈 수 있어요. 도망자에서 이스라엘의 지도자로 세워진 모세의 이야기를 통해 어떻게 하면 좌절과 낙망에서 회복할 수 있는지 공과를 통해 살펴보기로 합시다.

3. 생각해보기

모세의 일과표와 나의 일과표를 만들어 비교해 봅시다. 신나고 재미 있는 일들로 가득 차 있나요? 아니면 지루하고 반복되는 일들로 가득 차 있나요?

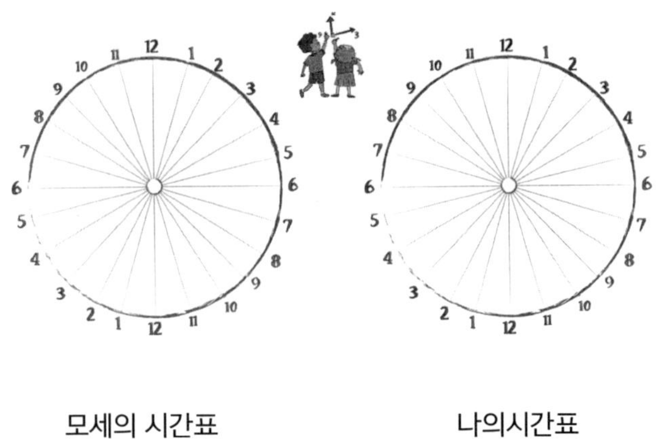

모세의 시간표　　　　나의시간표

애굽에서 사람을 죽이고 미디안 땅으로 도망을 간 모세는 그곳에서 미디안 제사장 이드로의 딸 십보라와 결혼해서 그의 양떼를 치며 40년을 지냈습니다. 모세에게 특별하고 가슴 뛰는 그런 일이 있었을까요? 매일 똑같은 일의 반복입니다. 눈을 뜨며 양을 데리고 새로운 목초지를 찾아 떠나 양을 먹이는 것이 모세의 할 일이었습니다. 여러분들의 시간표는 어떤가요? 아침에 일어나 씻고 학교에 갔다가 오후에 집에 와서 학원가고 또 집에 와서 밥 먹고 좀 쉬다가 다시 잠을 자야하는 특별하지 않는 일의 반복 아닌가요? 이렇게 다람쥐 쳇바퀴 돌 듯 사는 이런 일상이 반복이 되면 답답을 느끼게 되고 모두 이런 일상에서 도망치고 싶은 생각을 하게 될 것입니다.

4. 성경 속으로 Go Go

1. 모세는 왜 이스라엘 사람을 때리는 애굽 사람을 죽였을까요? 성경을 찾아 빈칸을 채워보세요.

자신의 손을 통해 ○○(행 7:25)

"...바로의 공주의 아들이라
칭함받기를 ○○"(히 11:24)

티칭포인트 | 모세가 태어났을 때 애굽의 바로는 태어나는 남자 아이는 모두 죽이라고 명령했습니다. 하지만 모세의 부모님은 이를 숨겼고 모세를 키웠습니다. 더 이상 모세를 키울 수 없게 되자 갈대상자에 넣어 나일강에 띄워 보냈습니다. 이를 목욕하러 나온 바로의 딸이 발견하여 자신의 양자로 삼았습니다. 모세는 그렇게 애굽의 왕궁에서 교육을 받으며 왕자의 신분으로 자랐습니다. 하지만 모세는 자신이 이스라엘 사람이라는 사실을 잊지 않았습니다. 모세는 애굽의 왕자로 살기보다는 하나님의 백성들과 함께 고난 받기를 원했습니다. 그래서 동족인 이스라엘 백성이 애굽사람에게 괴롭힘을 당하자 애굽 사람을 죽였던 것입니다.

<정답> : 구원, 거절

2. 도망자였던 모세가 다시 바로에게로 갈 수 있었던 이유는 무엇인가요? 이유를 성경에서 찾아 그림을 보고 순대로 번호를 붙여보세요.(출 3:1~4:17)

① 모세는 미디안에서 40년 동안 도망자로 살았습니다. 미디안으로 도망을 왔기 때문에 목숨은 건질 수 있었습니다. 하지만 더 이상 모세에게 소망은 없었습니다. 애굽으로 다시 돌아갈 힘도 이유도 없었습니다. 그러던 어느날 모세는 양떼를 이끌고 하나님의 산 호렙에 이르렀습니다.

② 모세는 호렙에서 신기한 광경을 보았습니다. 가시 떨기나무에 불이 붙었지만 나무가 불에 타지 않았습니다. 얼마나 신기했을까요? 뜨거운 불이 나무에 붙었는데 나무가 타서 사라지지 않았으니까요. 그래서 모세는 불타는 떨기나무 가까이 다가갔습니다. 이때 하나님께서 모세를 부르셨습니다. 그리고 "네 발에서 신을 벗으라"라고 말씀하셨습니다. 이는 모세가 겸손함으로 하나님 앞에 서 있게 하신 것입니다. 그리고 이스라엘 백성들의 고통과 부르짖음을 다 듣고 계셨음을 이야기하셨습니다. 모세를 보내 이스라엘 백성들을 구원하시겠다고 이야기를 하시지만 모세는 이제 애굽의 왕자가 아닌 도망자인 자신의 말을 믿지도 듣지 않을 것이라고 이야기합니다.

③ 그러자 하나님께서는 모세의 손에 든 지팡이를 땅에 던지라고 명령하십니다. 그러자 지팡이가 뱀이 되었습니다. 하나님께서 다시 뱀을 잡으라고 하셨고 잡았더니 지팡이가 되었습니다. 이 기적은 하나님께서 모세를 보내셨다는 증거로 보여주신 것이었습니다.

<정답> : ② ① ③

5. 성경 Action

1. 나의 하루 일과 속에 하나님과 만나는 시간을 정해보세요.

나의 하루의 시간 속에 하나님을 만나는 시간이 있나요? 아침에 일어나서 기도하거나 말씀을 보나요? 식사할 때 기도하나요?

1. 성경을 공부해요

우상들을 심판하시는 하나님을 찾아 보세요.
아래 말씀을 찾아 읽고 ○을 채워봅시다.

1. 사무엘상 5장 4절	블레셋의 신 ○○심판
2. 열왕기상 18장 38~39절	○○과 아세라 심판
3. 출애굽기 32장 19절	○○○○심판

<정답> : 다곤, 바알, 금송아지

사무엘상 5:4 그 이튿날 아침에 그들이 일찍이 일어나 본즉 다곤이 여호와의 궤 앞에서 또다시 엎드러져 얼굴이 땅에 닿았고 그 머리와 두 손목은 끊어져 문지방에 있고 다곤의 몸뚱이만 남았더라

블레셋과 이스라엘 사이에 전쟁이 있었습니다. 첫 번째 전쟁에서 이스라엘은 블레셋에게 크게 패배하고 말았습니다. 이스라엘 백성들은 전쟁 패배원인이 전쟁에 언약궤를 가지고 오지 않은 것이라고 생각했고 홉니와 비느하스는 언약궤를 가지고 전쟁에 참여했습니다. 하지만 역시 이스라엘은 전쟁에 졌고 언약궤마저 블레셋에게 빼앗겼습니다. 블레셋 군대는 전쟁 전리품으로 언약궤를 가지고 돌아왔습니다. 그리고 자신들이 섬기는 신 다곤 신전 옆에 두었습니다. 이는 자신들의 신에게 전쟁의 승리 기념으로 제물을 바치는 것이었습니다. 그런데 그 다음 날 다곤 상이 넘어져있었습니다. 가만히 있는 큰 상이 저절로 넘어지는 것은 거의 불가능했습니다. 그 다음 날 다곤 상은 또 넘어져 있었고 이번에는 머리와 두 손목이 잘려져 있었습니다. 이스라엘이 전쟁에서 진 것은 하나님이 안계시기 때문이 아니라, 이스라엘의 불순종때문이었습니다. 하지만 블레셋의 신을 치신 것은 하나님만이 유일하신 하나님이심을 보여주신 사건이었습니다.

열왕기상 18:38~39 이에 여호와의 불이 내려서 번제물과 나무와 돌과 흙을 태우고 또 도랑의 물을 핥은지라 모든 백성이 보고 엎드려 말하되 여호와 그는 하나님이시로다 여호와 그는 하나님이시로다 하니

북이스라엘은 왕부터 백성까지 하나님을 겸하여 바알과 아세라를 섬겼습니다. 그래서 엘리야 선지자는 아합에게 갈멜산으로 바알과 아세라 선지자들을 모아달라고 요청합니다. 이에 바알 선지자 450명, 아세라 선지자 400명이 모였습니다. 엘리야는 백성들에게 이야기합니다. "이제 이들과 대결을 할텐데 제물을 제단에 벌여 놓고 하늘에서 불이 내려 제물을 태우는 신이 진짜 하나님이니까 하나님과 바울 사이에서 머뭇거리지 말고 선택하라." 아침부터 저녁까지 바알,아세라 선지자들이 자신의 몸에 상처를 내며 신을 불렀지만 아무런 반응이 없었습니다. 엘리야는 제단위에 물을 붓고 주변에도 물이 흐르는 도랑을 팠습니다. 그리고 기도합니다. "하나님 내게 응답하소서. 이 백성에게 여호와가 하나님이라는 사실을 알게 하소서." 그러자 하늘에서 불이 내려와 제단의 제물과 돌, 흙, 물까지 모두 태워버렸습니다. 이 장면을 본 백성들은 "여호와 그가 진짜 하나님이다."라고 외쳤습니다. 하나님께서는 바알과 아세라를 섬기는 백성들에게 자신만이 유일한 참 하나님이시라는 사실을 보여주셨습니다.

출애굽기 32:19 진에 가까이 이르러 그 송아지와 그 춤 추는 것들을 보고 크게 노하여 손에서 그 판들을 산 아래로 던져 깨뜨리니라

모세가 시내산에 십계명을 받으러 간 사이 백성들은 불안에 떨기 시작했습니다. 지금까지 모세는 하나님의 대리자였습니다. 하나님은 보이지 않았지만 모세를 통해 하나님의 기적들을 체험했었습니다. 모세가 옆에 있을 때에는 두렵지 않았습니다. 하나님께서 자신들과 함께 하신다는 사실을 믿었습니다. 그런데 모세가 산에 올라간지 40일이 넘자 백성들은 불안 초조했습니다. 급기야 아론을 설득해 금송아지 형상을 만들었습니다. 그렇게 만들어진 금송아지를 향해 아론은 "너희를 애굽 땅에서 인도하여 낸 너희의 신이로다."라고 외쳤습니다. 백성들은 눈에 보이는 하나님을 원했습니다. 하나님께서 불, 구름 기둥으로 함께 하셨지만 그것은 보지 않고 오로지 눈에 보이는 형상만을 원했습니다. 모세가 산에서 내려오자마자 금송아지를 부수고 그것을 가루를 내어 백성들에게 마시게 했습니다. 레위인들은 자신들의, 형제, 친구, 이웃 3,000명을 죽였습니다. 이것은 금송아지를 섬긴 이들의 죄악에 대한 심판이었습니다.

2. 몸풀기(구슬 탈출 게임)

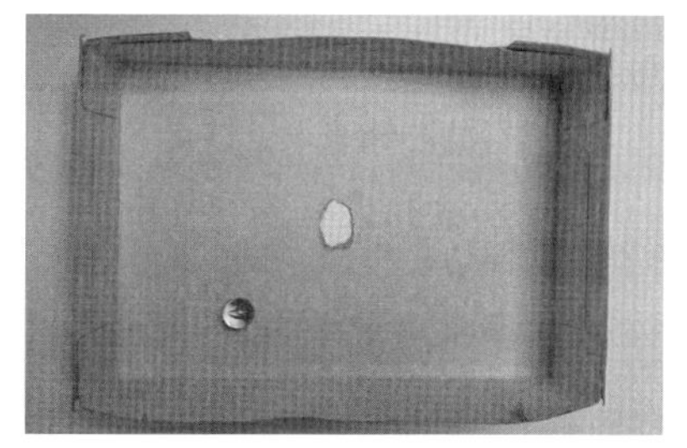

구슬 탈출 게임을 합니다.

(내 힘으로 탈출하는 것은 매우 어렵습니다. 하지만 하나님께서 함께 하시고 도와주시면 우리는 어떤 상황도 믿음으로 이길 수 있습니다.)

[게임방법]

① 구슬을 담을 수 있는 상자, 구슬(탁구공)을 준비합니다.

② 상자 밑바닥에 구멍을 뚫습니다. 그리고 구슬(탁구공)을 상자 안에 넣습니다.

③ 상자를 이리 저리 흔들어서 구슬(탁구공)을 구멍 안으로 통과시킵니다.

④ 휴지심 여러개를 상자 안에 붙여 휴지심 안으로 구슬(탁구공)을 통과시키면 게임의 난이도를 높일 수 있습니다. 초시계를 가지고 시간을 기록합니다.

[게임멘트]

구슬 탈출 게임을 해보니까 어떤가요? 생각보다 쉽지는 않죠? 어떤 부분이 가장 힘들고 어려웠나요? 내가 원하는 방향으로 구슬(탁구공)을 움직이지 않는 것이 힘들었어요. 그래요. 내 생각대로 내 마음대로 구슬이 움직여 준다면 구멍을 통과하는 것이 어렵지 않았을거에요. 이처럼 이스라엘 백성들 스스로의 힘으로 애굽을 탈출한다는 것은 마치 구슬보다 좁은 구멍을 통과하는 것처럼 불가능한 것이었어요. 하지만 하나님께서 큰 능력으로 기적을 보여주셨고 자신의 백성들을 애굽에서 탈출시키십니다. 자신의 백성을 구원하시는 하나님의 놀라운 일들을 오늘 공과를 통해 배워봅시다.

3. 생각해보기

기독교와 다른 종교와의 차이점이 있을까요? 있다면 어떤 것이 다를까요? 여러분들의 생각을 이야기해 보세요.

신을 믿고 신의 뜻을 따라 살아가라고 가르치고 기도하고 경전을 읽고 선행을 베푼다는 측면에서 모든 종교는 똑같다고 생각할 수 있습니다.

하지만 기독교와 다른 종교가 다른 가장 큰 이유는 하나님은 살아계신 유일하신 신이지만 다른 종교의 신들은 인간이 만들어낸 존재이며 인간이 깎아만든 형상에 불과하다는 것입니다. 어떤 나무는 장작으로 사용하고 어떤 나무는 우상의 형상을 만들어 비는 것이 우리의 모습입니다. 기독교는 하나님께서 자신의 백성들인 우리를 찾아 오신 것이고 종교는 인간이 스스로 신을 찾아가는 것입니다. 인간이 신을 찾지만 결국 인간이 만들어낸 형상에 불과한 신은 우리를 지키지도 보호하지도 인도하지도 못합니다.

4. 성경 속으로 Go Go

1. 10가지 재앙은 애굽의 신들에게 벌을 주신 의미를 가지고 있습니다(민 33:4). 선생님께 관련된 이야기를 들어보고 10가지 재앙의 순서를 성경을 찾아 적어보세요.(출 7~11장)

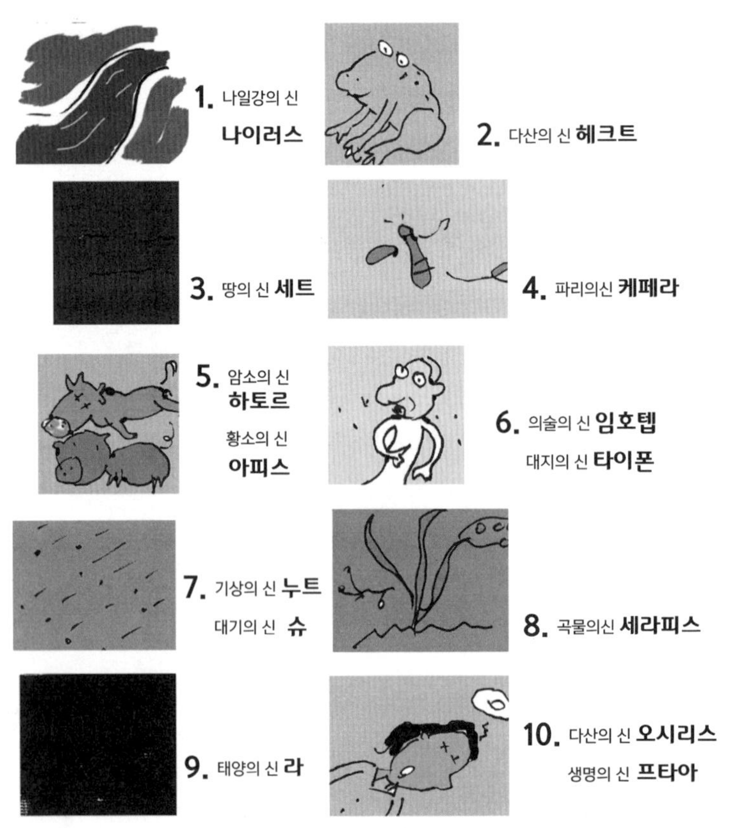

10가지 재앙순서

① 피
② 개구리
③ 이
④ 파리
⑤ 가축 돌림병
⑥ 악성 종기
⑦ 우박
⑧ 메뚜기
⑨ 흑암
⑩ 장자의 죽음

[민]33:4 애굽인은 여호와께서 그들 중에 치신 그 모든 장자를 장사하는 때라 여호와께서 그들의 신들에게도 벌을 주셨더라

[출]12:12 내가 그 밤에 애굽 땅에 두루 다니며 사람이나 짐승을 막론하고 애굽 땅에 있는 모든 처음 난 것을 다 치고 애굽의 모든 신을 내가 심판하리라 나는 여호와라

[사]19:1 애굽에 관한 경고라 보라 여호와께서 빠른 구름을 타고 애굽에 임하시리니 애굽의 우상들이 그 앞에서 떨겠고 애굽인의 마음이 그 속에서 녹으리로다

티칭포인트 | 칼빈은 민수기 주석에서 이렇게 이야기합니다. "애굽의 신들이 그 땅의 보호자인 척했으나 바로와 그의 군사들만 멸망을 받은 것이 아니라 그들의 신들 역시 수치를 당했다. 그리하여 그들의 온갖 미신이 잘못이며 어리석은 것으로 반박당하고 정죄되었다. 하나님께서는 애굽의 우상들을 심판하심으로 이스라엘 자손들이 속아왔던 모든 미신적인 것들이 헛된 것들임을 보이셨다."

하나님께서 애굽에 내린 10가지 재앙은 이유가 있는 재앙이었습니다. 의미없이 무작위로 애굽에 벌을 내리신 것이 아니라 재앙에는 애굽의 신들을 벌하시는 의미가 담겨져 있었습니다. 10가지 재앙이라고 해서 애굽에 10명의 신만 있었던 것은 아닙니다. 10가지 재앙은 애굽의 대표적인 신들을 향한 벌이었고 결국 이 재앙으로 하나님께서는 애굽 사람과 이스라엘 사람, 주변 나라에 하나님이 어떤 분이시고 이방인들이 섬기는 우상의 존재가 어떠한가를 보여주셨습니다.

10가지 재앙을 순서대로 살펴보면 피-개구리-이-파리-가축 돌림병(개역성경에는 악질)-악성종기(개역성경에는 독종) - 우박 - 메뚜기 - 흑암 - 장자의 죽음입니다. 재앙의 맨 첫글자만 외우면 쉽게 외울 수 있습니다.

첫 번째 재앙은 피 재앙으로 모세가 지팡이로 나일강을 치자 나일강은 피로 변했습니다. 그로 인해 강의 물고기가 죽고 물에서는 냄새가 났습니다. 성경의 기적을 믿지 않

는 자유주의 신학자들은 이 기적을 붉은 색 모래가 떠내려와 나일강이 피로 변한 것처럼 보였다고 말합니다. 그로 인해 물고기가 죽고 물고기가 죽어 썩으니 물에서 냄새가 났다고 말합니다. 이 기적은 나일강을 주관하는 신인 나이러스를 벌하신 재앙이었습니다.

두 번째 재앙은 개구리 재앙으로 모세가 물 위로 손을 내밀자 나일강에서 개구리들이 올라왔습니다. 당시 애굽사람들은 나일강이 범람해서 개구리들이 육지로 많이 올라오면 풍년이라고 생각했습니다. 그래서 그들은 개구리를 신성하게 여겼는데 애굽사람들은 개구리 모습을 한 다산의 신 헤크트를 섬겼습니다. 하나님께서 바로 이 헤크트라는 신을 벌하신 것입니다.

세 번째 재앙은 이 재앙으로 땅의 티끌을 지팡이로 치자 이로 변했습니다. 이 기적에 대해 자유주의 신학자들은 개구리가 죽고 부패하니까 자연스럽게 이, 파리, 가축 돌림병, 사람 몸에 악성 종기 등이 나타난 것이라고 이야기합니다. 이 재앙은 땅의 신 세트를 벌하신 것이었습니다.

네 번째 재앙은 파리 재앙으로 이스라엘 백성들이 거하는 고센 땅에는 파리가 안생겼고 애굽땅에만 파리 떼가 생겼습니다. 파리 재앙은 파리, 풍뎅이의 신 케페라를 벌하신 것입니다.

다섯 번째 재앙은 가축 돌림병 재앙으로 이 재앙 역시 고센 땅의 이스라엘 백성들의 가축에는 생기지 않았고 애굽 땅의 가축에게만 돌림병이 생겼습니다. 가축 돌림병 재앙은 소를 신성하게 여기는 애굽 사람들의 암소의 신 하토르, 황소의 신 아피스를 벌하신 것입니다.

여섯 번째 재앙은 악성 종기 재앙으로 모세가 화덕의 재를 하늘에 뿌리자 동물들과 사람 몸에 붙어 악성 종기가 되었습니다. 악성 종기 재앙은 애굽의 의술의 신 임호텝을 벌하시는 것입니다.

일곱 번째 재앙은 우박 재앙으로 고센 땅에는 내리지 않았고 애굽 땅에만 내렸습니다. 우박만 내린 것이 아니라 불덩이로 함께 섞여 내려 밭의 가축, 채소를 모두 상하게 했습니다. 우박 재앙은 애굽의 기상의 신 누투, 대기의 신 슈를 벌하신 것입니다.

여덟 번째 재앙은 메뚜기 재앙으로 모세가 애굽 땅 위에 손을 내밀자 메뚜기 떼가 올라왔고 우박으로 인해 상하지 않은 밭의 모든 것을 먹어 치웠습니다. 메뚜기 재앙은 곡물의 신 세라피스를 벌하신 것입니다.

아홉 번째 재앙은 흑암 재앙으로 모세가 하늘을 향해 손을 내밀자 3일 동안 애굽 땅이 흑암이 되었습니다. 고센 땅에는 빛이 있었지만 애굽 땅에는 온통 흑암 뿐이었습니다. 흑암 재앙은 태양의 신 라를 심판하신 것입니다.
열 번째 재앙은 장자의 죽음 재앙으로 문 앞의 문설주(문틀의 좌우 기둥)와 인방(문틀 기둥과 기둥 사이에 가로로 놓여 있는 나무)에 어린 양의 피를 바르지 않는 집에는 장자가 죽었습니다. 장자의 죽음은 다산의 신 오시리스, 생명의 신 프타아, 신의 아들이자 대리자인 바로를 벌하신 것입니다.

<정답> : 피, 개구리, 이, 파리, 가축 돌림병, 악성 종기, 우박, 메뚜기, 흑암, 장자의 죽음

2. 하나님께서 "바로의 마음을 완악하게 하셨다"라는 말은 어떤 의미일까요? 서로 이야기 해 봅시다.

티칭포인트 | "하나님께서 바로의 마음을 완악하게 하셨다"라는 말을 하나님께서 바로의 마음에 속삭이셔서 바로가 악한 마음을 갖게 되었다는 것으로 이해해서는 안됩니다. 우리가 죄를 깨닫고 회개할 수 있는 이유는 하나님께서 죄를 깨닫게 하시고 회개할 마음을 주시기 때문입니다. 하나님께서 우리에게 이런 은혜를 주시지 않는다면 우리는 결코 죄를 깨달을 수도 없고 회개할 수도 없습니다.
그래서 성경은 하나님께서 회개할 마음을 주시지 않는 것을 죄의 유혹을 받아 살도록 내버려 두셨다고 표현합니다. 따라서 "하나님께서 바로의 마음을 완학하게 하셨다." 라는 표현은 바로가 죄를 깨닫지 못하게 하신 것이고 회개하지 못하게 하신 것입니다. 니느웨에서 요나가 복음을 전했을 때 왕부터 백성까지 재에 앉아 슬피 울며 회개를 했습니다. 이들은 하나님께서 죄를 깨닫고 회개하게 하셨기 때문입니다. 하지만 바로에게는 죄를 깨닫고 회개할 마음을 주시지 않으셨습니다. 이것은 바로를 향한 형벌이었고 심판이었습니다.

<정답> : 깨닫지, 회개, 내버려

5. 성경 Action

1. 예배보다 말씀 읽는 것보다 기도하는 것보다 더 좋아하는 것을 적어 보세요.

우리는 하나님을 우선시하며 살기 보다 내가 좋아하는 것들을 먼저 선택하며 살아갑니다. 하나님을 뒤로하고 우리가 선택하는 것들은 과연 무엇인가요? 결국 내가 좋아하는 것, 세상적인 것들만 하며 살아갑니다. 예배를 드리는 것과 내가 하고 싶은 것들 중 갈등을 했던 것이 있다면 언제였는지 무엇때문이었는지 친구들과 이야기를 나누어 봅시다. 또한 예배를 포기하고 내가 하고 싶은 것들을 선택했을 때 어떤 마음이었는지도 나누어 봅시다.

2. 하나님보다 더 사랑했던 것들을 회개하고 하나님만 섬기고 사랑하겠다고 고백해 봅시다.

우리는 내 삶의 주인은 나라고 생각합니다. 그런데 주인인 내가 내 삶에서 선택할 수 있는 것이 무엇이 있을까요? 나라, 부모님, 성별, 외모, 생일, 성격 등 내가 선택해서 가질 수 있는 것들이 있나요? 우리는 살면서 이것을 먹을까? 저것을 먹을까? 이것을 할까? 저것을 할까? 정도의 선택만 하며 살아갑니다. 우리 인생에 아무 것도 아닌 것들만 선택하면서 말이지요. 내 인생에 중요하지 않는 것들을 선택하고 그것에 내 마음을 온전히 빼앗긴채 살아갑니다. 세상의 것이 내 인생을 바꾸어 줄 수 있는 것처럼 보이지만 애굽의 신들처럼 아무 것도 할 수 없는 무능한 것임을 우리는 깨달아야 하합니다. 오직 하나님만 믿고 섬기고 순종하겠다고 고백하는 친구들이 되길 바랍니다.

6. 함께 기도하기

하나님께서 자신의 백성들인 이스라엘 백성들은 인도 보호해 주셨지만 하나님을 부인하고 믿지 않았던 애굽 사람들과 그들이 믿는 신들은 벌하셨다는 이야기를 배웠습니다. 세상의 것이 좋아보이고 대단해 보이지만 하나님 앞에서는 아무 것도 아니라는 사실을 깨닫고 오직 하나님만 믿고 섬기며 사랑하는 우리가 될 수 있도록 도와주세요. 예수님의 이름으로 기도합니다. 아멘.

10과 바다가 갈라졌다고?

외울 말씀 | "모세가 바다 위로 손을 내밀매 여호와께서 큰 동풍이 밤새도록 바닷물을 물러가게 하시니 물이 갈라져 바다가 마른 땅이 된지라" (출 14:21)

공과 목표 |
1. 예수님을 믿어도 두렵고 어려운 순간이 생긴다는 사실을 알 수 있다.
2. 그럼에도 하나님을 믿는다면 불평이 아닌 감사를 할 수 있음을 깨달을 수 있다.
3. 지금도 하나님께서 나를 보호하시고 인도하신다는 사실을 믿음으로 고백할 수 있다.

배울내용 | 오늘은 하나님께서 애굽의 군대로부터 불, 구름 기둥으로 보호하시고 홍해를 갈라 구원하신 사건을 통해 어렵고 두려운 상황에서도 불평대신 감사와 기도로 나아 가야 한다는 사실을 배울거예요.

공과 설명 |
혹시 야구를 좋아하나요? 야구에 이런 말이 있습니다. 야구는 9회말 2아웃부터라는 말이 있습니다. 한 명만 아웃시키면 게임은 끝이 나지만 아직 아웃이 되지 않았기 때문에 역전할 기회가 있다는 말입니다. 그래서 9회말 2아웃이라도 포기하지 않고 최선을 다하라는 뜻입니다. 내 힘으로 도저히 되지 않을 때, 내 뜻대로 되지 않을 때 우리는 좌절하고 낙망합니다. 그러면서 왜 나한테만 이런 일이 생기지? 라며 불평을 하게 됩니다. 일이 잘 되지 않고 안좋은 일이 생겼는데 불평대신 감사할 수 있는 사람은 많지 않습니다. 그런데 불평을 한다고 상황이 나아질까요? 원망하고 욕한다고 괜찮아지나요? 악한 말을 내뱉고 불평을 해도 달라지고 나아지는 것은 아무 것도 없습니다.
성경은 "우리가 사방으로 우겨쌈을 당하여도 싸이지 아니하며 답답한 일을 당하여도 낙심하지 아니하며"(고후 4:8)라고 말합니다. 이 말씀의 뜻은 그리스도인들은 사방에서 압박을 받아도 눌리지 않고 난처한 일에 빠져도 절망하지 않는다는 것입니다. 왜그럴까요? 우리 안에 예수 그리스도라는 보화를 가지고 있기 때문입니다. 그리스도인이라고 우겨쌈을 당하지 않는 것이 아닙니다. 난처하고 억울한 일이 생기지 않는 것도 아닙니다. 이런 일이 생길지라도 스트레스 받고 절망하지 않는다는 말씀입니다. 하나님께서 우리를 가장 좋은 길로 인도하시고 붙드신다는 사실을 홍해 사건을 통해 살펴보겠습니다.

1. 성경을 공부해요

하나님 되심을 보여 주신 기적들을 성경에서 찾아 보세요.
아래 말씀을 찾아 읽고 ◌을 채워봅시다.

1. 여호수아 6장 20절 ◌◌◌◌
2. 열왕기하 19장 35절 18만 5천명 죽음
3. 열왕기하 4장 35절 ◌◌가 살아남

<정답> : 여리고성, 아이

여호수아 6:20 이에 백성은 외치고 제사장들은 나팔을 불매 백성이 나팔 소리를 들을 때에 크게 소리 질러 외치니 성벽이 무너져 내린지라 백성이 각기 앞으로 나아가 그 성에 들어가서 그 성을 점령하고

성경에는 수많은 기적들이 기록되어 있습니다. 성경에 기록된 기적의 이유는 하나님의 하나님되심을 우리에게 증거하시기 위함입니다. 예수님께서 기적을 베푸신 이유도 자신의 신성을 드러내기 위함이었습니다. 그래서 성경을 하나님의 말씀으로 믿지 못하는 사람들은 성경의 기적을 그저 교훈적 이야기로만 생각하려고 합니다. 여리고성이 무너진 사건도 그렇습니다. 고대전쟁 중 가장 힘든 싸움이 바로 공성전(성 안에서 전투하며 버티는 것)입니다. 성 안에 있는 병력의 몇 배나 되는 병력을 가지고도 이길 수 없는 싸움이 바로 공성전이었습니다. 여리고성은 돌로 성벽을 약 4~5m를 쌓고 그 위에 진흙 벽돌로 2.4m정도를 쌓아 올렸고 이중 성벽 구조로 되어 있었습니다(IVP 구약성경배경주석 참조). 이렇듯 여리고성은 천혜의 요새였습니다. 사람의 힘으로는 결코 함락시킬 수 없을 것 같던 여리고성이 이스라엘 백성들이 언약궤를 앞세워 하루에 한 바퀴를 돌고 일곱째 날에는 7바퀴를 돌고 일제히 함성을 질러 무너뜨렸습니다. 과학자들은 소리의 공명이 무너뜨렸다고 말을 하기도 하지만 성경은 하나님의 하나님 되심을 보여준 기적으로 우리에게 이야기하고 있습니다.

<정답> : 여리고성

열왕기하 19:35 이 밤에 여호와의 사자가 나와서 앗수르 진영에서 군사 십팔만 오천 명을 친지라 아침에 일찍이 일어나 보니 다 송장이 되었더라

북이스라엘은 B.C. 722년 앗수르에 의해 멸망을 당합니다. 그 후 앗수르는 남유다도 계속해서 공격을 했습니다. 앗수르는 점점 기울어가고 바벨론이 신흥강자로 떠오르고 있었지만 그래도 여전히 앗수르는 남유다에게 위협적인 존재였습니다. 유다를 공격한 앗수르에게 히스기야 왕은 성전과 왕궁 곳간에 있는 은과 성전 문의 금과 기둥에 입힌 금을 모두 벗겨 앗수르에게 주었습니다(왕하 18:16).

하지만 앗수르 왕은 금과 은을 받고 물러가지 않았습니다. 군대장관 랍사게를 통해 이스라엘과 하나님을 모욕하며 저주를 퍼부었습니다. 이에 히스기야는 옷을 찢고 성전에 들어가 기도하기 시작합니다. 지금 앗수르는 18만명이 넘는 병사들로 예루살렘을 포위하고 있고 언제 쳐들어와도 이상하지 않는 상황이었습니다. 그런데 히스기야는 아무런 준비도 못한채 기도만 하고 있었습니다. 바로 이 때 하나님의 놀라운 기적이 일어납니다. 밤 사이 하나님의 사자가 앗수르 군사들을 죽이기 시작했습니다. 히스기야가 아침에 일어나보니 앗수르 군대 18만 5천명이 모두 죽어 있었습니다. 히스기야나 남유다가 한 일은 기도하는 것 밖에 없었습니다. 기도할 때 하나님께서는 기적을 베푸셔서 전능하신 하나님이심을 우리에게 보여주셨습니다.

<정답> : 앗수르 군대 18만 5천명이 죽음

열왕기하 4:35 엘리사가 내려서 집 안에서 한 번 이리 저리 다니고 다시 아이 위에 올라 엎드리니 아이가 일곱 번 재채기 하고 눈을 뜨는지라

기적이 많이 기록된 성경에서도 죽었다가 살아난 기적은 많이 없습니다. 구약에서는 사르밧 과부의 아들과 수넴 여인의 아들을 살린 기적이 기록되어 있고 신약에서는 회당장 야이로의 딸, 나인성 과부의 아들, 베다니의 나사로, 여제자 다비다, 유두고 등 5명이 기록되어 있습니다. 현대 의학이 발달하면서 많은 과거 불치의 병들을 고칠 수 있게 되었고 사람들의 수명도 길어졌습니다. 하지만 죽음은 현대의 과학과 의학으로도 막을 수 없습니다. 죽음 앞에서 인간은 아무것도 할 수가 없는 것입니다. 본문은 수넴 여인의 아들이 죽었다가 다시 살아났음을 이야기합니다. 엘리사는 자신을 환대했던 수넴 여인이 늦은 나이에 얻은 아들이 죽었다는 소식을 들었습니다. 귀한 아들이 죽었지만 수넴 여인이 할 수 있는 것은 아무것도 없었습니다. 수넴 여인은 엘리사를 찾아왔고 엘리사는 쉬지 않고 달려 와서 죽은 아이를 살려냈습니다. 이 기적은 선지자 엘리사가 위대했기 때문에 일어났던 것이 아니라, 엘리사를 통해 역사하시는 하나님의 능력때문이었음을 보여줍니다. 하나님께서는 죽음도 이기시는 능력이 자신에게 있음을 이 기적을 통해 알려 주신 것입니다.

<정답> : 아이가 살아남

2. 몸풀기(실 위에 공 잡기 게임)

몸풀기 게임으로 실 위에 공 잡기 게임을 합니다.

[게임방법]

① 두꺼운 실 60cm와 탁구공, 종이컵을 준비합니다. 종이컵은 크기별로 3,4개 정도 준비하면 난이도를 다르게 하며 게임을 진행할 수 있습니다.

② 실 양쪽을 묶어 원을 만들어 줍니다. 그리고 두 줄이 된 실 양쪽 끝을 한 사람씩 잡습니다. 그리고 종이컵은 실 아래에 놓습니다. 위치는 진행할 때마다 다르게 해도 괜찮습니다.

③ 탁구공이 떨어지지 않을만큼 실 간격을 벌리고 탁구공을 실 위에 올려 놓습니다. 경사에 의해 탁구공이 아래로 내려가는데 종이컵이 있는 위치에서 실 양쪽으로 좌우로 벌립니다. 그러면 탁구공이 종이컵 안으로 들어가게 됩니다.

④ 번갈아 가며 종이컵에 누가 탁구공을 많이 넣는지 대결을 합니다. 종이컵의 크기를 다르게 해서 난이도를 조절할 수 있습니다.

[게임멘트]

실을 양쪽으로 벌리지 않으면 탁구공은 그대로 실을 타고 아래로만 내려갈 뿐이에요. 그리고 정확한 타이밍에 공을 종이컵에 떨어뜨리는 것도 쉽지 않았죠? 성경에서 홍해가 갈라져 이스라엘 백성들이 마른 땅으로 걸어간 것은 기적입니다. 물이 갈라진 것도 놀라운 기적이지만 정확한 타이밍에 물이 다시 덮어 애굽사람들이 죽임을 당한 것도 엄청난 기적이지요. 홍해의 기적을 통해 우리를 위해 일하시는 하나님을 살펴보도록 하겠습니다.

3. 생각해보기

아래와 같은 상황이 발생이 되면 어디에 연락을 해야 하나요?
상황과 연락처를 맞게 연결해 보세요.

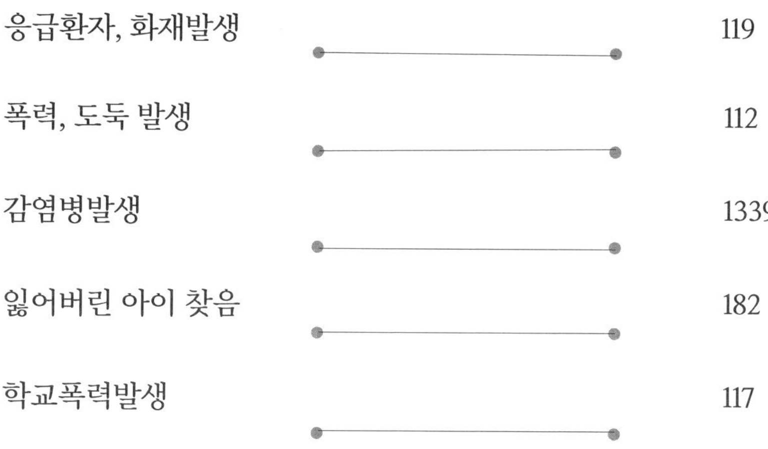

우리는 살면서 많은 응급상황을 맞이합니다. 각 상황별 응급상황이 발생했을 때 도움을 받을 수 있는 연락처입니다. 친구들과 응급상황이 발생하면 어디에 연락을 해야하는지 맞춰봅시다. 핸드폰을 이용해 학생들이 응급번호를 찾아 보거나 보기에 있는 것 외에도 다른 응급상황 시 도움을 줄 수 있는 연락처를 찾아 보는 것도 좋습니다.

4. 성경 속으로 Go Go

1. 앞에는 홍해가 뒤에는 이집트 군대가 있습니다. 이스라엘 백성들은 어떻게 행동했는지 성경을 찾아 적어봅시다. 그리고 나라면 어떻게 행동을 했을 것 같은지 이야기를 나누어 봅니다.

이스라엘 백성들 반응

"...우리를 ○○○ 두라 우리가 애굽 사람을 ○○ 것이라..." (출애굽기 14장 12절)

티칭포인트 | 430년의 애굽에서의 노예 생활을 마치고 이스라엘 백성들은 애굽에서 나왔습니다. 사람들은 애굽의 바로와 모든 신들을 이기신 하나님을 찬양했고 모두 기뻐했습니다. 하지만 그 기쁨도 잠시 그들 앞을 큰 홍해가 가로막고 있었습니다. 그런데 이번에는 마음이 바뀐 바로가 이스라엘 백성들을 다시 잡으려고 군대를 끌고 쫓아왔습니다. 이 장면을 본 이스라엘의 사람들의 마음은 어땠을까요? 이런 상황에서는 긍정적인 반응이 많을까요? 부정적인 반응이 많을까요? 당연히 부정적 반응이 많았습니다. "망했다. 큰 일이다. 괜히 나왔어." 출애굽기 14장 10~12절까지를 읽어보면 이스라엘 백성들의 반응을 볼 수 있습니다. 학생들과 함께 읽어 보세요.

12절에서 이스라엘 백성들은 모세와 아론에게 자신들을 내버려 두라고 이야기하고 애굽으로 다시 돌아가 애굽사람들을 섬기겠다고 말합니다. 애굽으로 다시 돌아가면 좋은 일이 생길까요? 아마 이전보다 더 힘들고 괴로운 일이 많아질텐데도 이스라엘 백성들은 지금 당장의 어려움을 벗어나기 위해 이런 어리석은 선택을 하려고 했습니다. 이스라엘 백성들이 처한 상황을 설명해 주시고 이런 상황에 학생들이 있었다면 어떤 행동을 할 것 같은지 물으시고 함께 이야기를 나누어 봅시다.

<정답> : 내버려, 섬길

2. 두려워 하는 백성들에게 모세를 어떻게 이야기했는지 성경을 찾아 빈칸을 채워 보세요.

티칭포인트 | 이스라엘 백성들은 두려워했지만 모세는 용기를 냈습니다. 왜냐하면 자신을 부르시고 10가지 재앙을 통해 애굽의 신들과 바로를 벌하시는 하나님을 믿었기 때문입니다. 두려워하는 백성들에게 모세가 외치는 장면이 출애굽기 14장 14절입니다. 말씀을 읽고 모세가 이렇게 이야기할 수 있었던 이유를 생각해봅니다.

모세는 하나님을 믿었기 때문에 하나님께서 자신들을 위해 싸우실 것을 알았습니다.

믿음은 하나님이 존재한다는 사실만 인정하는 것뿐만 아니라 지금 나를 위해 하나님께서 일하신다는 것을 믿는 것이 믿음입니다. 학생들에게 오늘도 우리를 위해 일하시는 하나님이시라는 사실을 이야기해줍니다.

<정답> : 여호와, 싸우시리니

3. 두려움에 떠는 이스라엘 백성들에게 하나님께서는 어떤 기적을 통해 지켜 주셨는지 성경말씀을 찾아보고 서로 이야기해봅시다.(출 14:24, 21, 28)

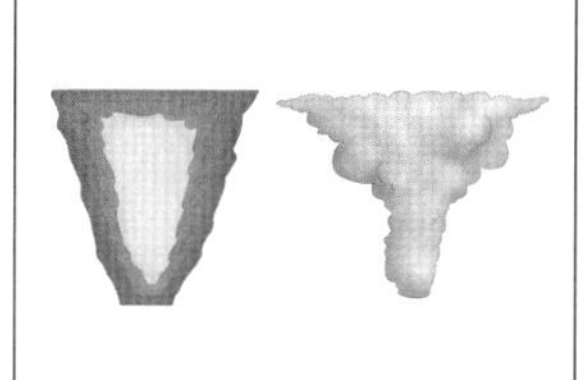

티칭포인트 | 지금까지 10가지 재앙을 통해 애굽의 신들과 바로를 심판하신 사실을 목격했음에도 이스라엘 백성들은 애굽의 군대를 보고 무서워했습니다. 과거 하나님이 도우신 것은 기억하지 못했고 지금 눈 앞에 있는 어려움때문에 우리는 불신앙을 선택하게 됩니다. 그래서 하나님은 이스라엘 백성들에게 아침에는 구름기둥, 밤에는 불기둥으로 호위하시면서 하나님은 이스라엘 백성들을 계속 지키시고 계시다는 사실을 알려주셨습니다. 그리고 앞서 가던 구름 기둥을 뒤로 옮겨 바로의 군대를 막아주셨습니다. 하나님께서는 홍해를 가르셔서 길을 만들어 주셔서 이스라엘 백성들이 무사히 건널 수 있게 해 주셨고 이스라엘 뒤를 쫓아오던 바로의 군대는 물 속에 갇혀 죽게 되었습니다.

두려움에 떨면서 하나님을 외면한 이스라엘 백성들을 하나님께서는 외면하지 않으셨고 끝까지 도우셨고 구원해 주셨다는 사실을 강조해 주시기 바랍니다.

<정답> : 불과 구름 기둥으로 지켜주셨고, 물이 갈라져 마른 땅이 되게 하셨고, 바로의 군대를 심판하셨다.

5. 성경 Action

1. 어려움을 만나고 두려움이 생기면 나는 어떤 행동을 하나요?

보통 사람들은 어려움을 만나고 두려움이 생기면 부정적인 생각과 행동을 하게 됩니다. 그것은 믿음이 있는 사람들도 마찬가지입니다. 믿음이 있는 사람들도 어려움과 두려움 속에서 갈등을 합니다. 그럼에도 항상 하나님의 뜻을 선택하며 나아가는 것이 믿는 사람들의 모습이지요. 최근 어렵고 두려운 일이 있었는지, 그 안에서 신앙적 갈등이 있었는지 학생들과 이야기를 나눕니다. 그리고 믿음이 있는 우리는 갈등 속에서도 항상 하나님의 뜻을 구하며 그것을 선택하는 것임을 이야기합니다.

2. 나는 불평과 감사 중 무엇을 선택하며 살아가고 있나요? 불평 대신 하나님을 신뢰할 수 있는 마음을 달라고 기도합니다.

힘들고 어려운 일을 만나면 감사보다는 불평이 먼저 나올 수 있습니다. "왜 나에게만 이런 일이 생길까?" 우리가 하나님께 집중하지 않고 기도하지 않으면 우리의 마음이 불평으로 기우는 것을 막을 수 없습니다. 어렵고 힘든 일이 나에게 오는 것을 막을 수는 없지만 그런 일을 만났을 때 우리가 불평 대신 감사의 고백을 하는 것은 할 수 있습니다. 그것은 바로 하나님께 기도할 때 가능합니다. 불평대신 하나님을 믿는 마음을 달라고 옆에 있는 친구들과 손을 잡고 함께 기도합니다. 기도가 끝나면 교사가 마무리 기도합니다.

6. 함께 기도하기

우리의 과거를 생각해보면 하나님께서 도와주시지 않은 것이 하나도 없어요. 그런데도 오늘 만나는 어려움 때문에 또 하나님을 불신하고 불평의 말을 하게 되요. 오늘도 이 어려움 속에서 나를 건지실 것을 믿을 수 있는 마음을 주시고 도우시는 하나님을 체험하게 도와주세요. 예수님의 이름으로 기도합니다. 아멘.

11과 하늘에서 음식이 내린다면?

외울 말씀 | "그들에게 만나를 비 같이 내려 먹이시며 하늘 양식을 그들에게 주셨나니" (시 78:24)

공과 목표 |

1. 일상적인 모든 생활도 하나님의 은혜라는 사실을 알 수 있다.
2. 만족함과 감사가 없으면 불평할 수밖에 없다는 사실을 깨달을 수 있다.
3. 내게 주어진 모든 것이 하나님의 은혜라는 사실을 믿음으로 고백할 수 있다.

배울내용 | 오늘은 만나와 메추라기를 보내셔서 이스라엘 백성들을 보살펴주신 사건을 통해 신앙의 익숙함에 빠지면 불평하게 되지만 하나님의 은혜를 체험하면 감사할 수 있다는 사실을 배울거예요.

공과 설명 |

기적이 무엇일까요? 기적은 요즘도 일어나고 있을까요? 뉴스를 보면 간발의 차이로 사고를 모면한 사람, 높은 곳에서 떨어졌는데도 아무런 상처없이 멀쩡한 사람 등 기적과 같은 일들이 많이 일어납니다. 지구의 무게는 $6X10^{24}$kg입니다. 이렇게 무거운 지구가 우주에 떠 있고 매일 하루 한 바퀴씩 자전을 합니다. 어디서 에너지를 공급받아 돌수 있는 것일까요? 이렇듯 우리 주변에는 기적과 같은 일들이 너무 많습니다. 하지만 우리는 이런 기적 같은 일들을 보며 매일 신기해하지 않습니다. 왜냐하면 기적이 계속 반복이 되면 그것은 더 이상 기적이 아니라 일상이 되기 때문입니다. 지구가 계속 도는 것은 당연한 일이고 지구가 잠깐 멈추면 이젠 그것은 기적이되는 것입니다. 그런데 지구가 계속 멈추어 있으면 더 이상 멈추어 있는 것이 기적이 아닐 것입니다. 배고파하는 이스라엘 백성들에게 하나님께서는 하늘에서 만나라는 음식을 내려 주셨습니다.

처음에 이 사건은 놀라운 기적이었습니다. 모두가 이 기적을 바라보며 하나님의 놀라운 은혜를 찬양했습니다. 그런데 시간이 흐르자 하늘에서 내려오는 만나는 당연한 것이 되었고 이제는 만나만 먹는 것이 지겨워졌습니다. 그래서 사람들은 만나만 먹는 것에 불만을 가졌고 모세와 아론을 공격하기 시작합니다. 아무 것도 하지 않았음에도 이스라엘 백성들은 만나를 먹을 수 있었습니다. 그리고 만나는 다른 사람들에게는 내리지 않고 오직 이스라엘 백성들에게만 주셨습니다. 정말 대단하고 놀라운 기적이 아닐까요? 그런데도 이스라엘 백성들은 감사보다는 불평을 선택했습니다. 사람들이 불만과 불평을 이야기하는 이유는 다른 사람보다 없어서가 아니라, 만족하지 못하기 때문입니다. 만족함이 없는 사람에게 감사는 없습니다. 감사를 잃어버린 사람이 할 수 있는 것은 오직 불평과 불만뿐이라는 사실을 만나 사건을 통해 살펴보겠습니다.

1. 성경을 공부해요

기적을 통해 하나님께서 자신의 백성들을 먹이신 사건을 성경에서 찾아 보세요.

1. 열왕기상 17장 16절　　　통의 가루와 병의○○ 이 떨어지지 않음
2. 열왕기하 4장 43절　　　○○○ 20개, 채소 한 자루
3. 요한복음 6장 13절　　　○○○○

<정답> : 기름, 보리떡, 오병이어

열왕기상 17:16 여호와께서 엘리야를 통하여 하신 말씀 같이 통의 가루가 떨어지지 아니하고 병의 기름이 없어지지 아니하니라
북이스라엘 왕 아합의 죄악으로 인해 하나님께서는 3년 6개월 동안 비나 이슬이 내리지 않게 하셨습니다. 한 사람의 죄악으로 인해 수많은 사람들이 가뭄의 고통을 당하게 되었습니다. 가뭄은 많은 사람들을 힘들게 했고 특히 남편 없이 혼자서 아이를 키우는 여자들의 경우는 더 힘이 들 수밖에 없었습니다. 당시는 농업 사회라 여자가 경제 생활을 하는 것이 쉽지 않았기 때문입니다. 하나님께서는 엘리야에게 사르밧이라는 동네에 살고 있는 한 과부의 집에 들어가서 지내라고 하셨고 엘리야는 말씀에 순종하여 과부의 집으로 갔습니다. 과부는 자신의 가족들을 보살피기도 힘든 와중에도 엘리야 선지자를 섬겼습니다. 마지막 남은 밀가루와 기름 조금으로 엘리야를 위한 떡을 만들어 대접했고 하나님께서는 가뭄이 끝날 때까지 과부의 집에 밀가루와 기름이 떨어지지 않는 기적을 베풀어 주셨습니다.
<정답> : 가루와 기름이 떨어지지 않음

열왕기하 4:43 그 사환이 이르되 내가 어찌 이것을 백 명에게 주겠나이까 하나 엘리사는 또 이르되 무리에게 주어 먹게 하라 여호와의 말씀이 그들이 먹고 남으리라 하셨느니라 엘리야의 뒤를 이어 엘리사가 선지자가 되었습니다. 당시 북이스라엘의 길갈에는 엘리사 선지자의 제자들이 모여 살았습니다. 이때에도 가뭄이 있었고 가뭄으로 인해 선지자의 제자들 역시 힘든 하루를 살았습니다.

이때 어떤 사람이 제자들에게 보리떡 20개와 한 자루의 채소를 가져다 주었습니다. 하지만 100명이 넘는 사람들에게 이 정도의 음식의 양은 턱없이 부족한 것이었습니다. 하지만 엘리사는 종들에게 음식을 나누어 주라고 명령하였고 하나님께서는 보리떡 20개와 한 자루의 채소로 100명 넘는 사람들이 먹고 남는 기적을 보여주셨습니다.

<정답> : 보리떡 20개, 채소 한 자루

요한복음 6:13 이에 거두니 보리떡 다섯 개로 먹고 남은 조각이 열두 바구니에 찼더라

구약에 엘리사 선지자의 보리떡 20개의 기적이 있었다면 신약에는 예수님께서 보리떡 5개와 물고기 2마리로 5천명이 넘는 사람들을 먹이는 기적이 있습니다. 일명 오병이어라고 하는 기적입니다. 예수님의 말씀을 듣고자 모인 사람들에게 예수님께서 하늘의 기적을 통해 먹이신 사건입니다. 음식을 먹고 배부른 사람들은 예수님께 더욱 열광할 수밖에 없었습니다. 예수님만 따라다니면 굶을 걱정은 없었으니까요. 그래서 사람들은 예수님을 왕으로 삼으려고 했습니다. 그런 사람들에게 예수님은 오병이어의 참 뜻을 알려주십니다. 오병이어의 기적은 체험하고 하루가 지나면 사람들은 또 배고플 수밖에 없습니다. 하지만 예수님은 영원히 배고프지 않는 살아있는 떡이 있음을 이야기합니다. 바로 자신이 하늘에서 내려온 산 떡임을 이야기합니다. 한 마디로 오병이어는 생명의 떡인 예수님을 모르면 우리는 만족함 없이 항상 배고파하며 살아갈 수밖에 없음을 보여준 기적입니다.

<정답> : 오병이어

2. 몸풀기(색깔휴지 잡기)

공중에서 색깔 휴지를 잡아 볼까요?

(공중에서 떨어지는 수 많은 휴지들 중에 색깔이 칠해져 있는 휴지만 잡기)

[게임방법]

① 각티슈를 준비합니다. 한 장씩 동그랗게 말아서 놓습니다. 그리고 화장지 공에 빨간색과 검정색을 칠합니다. 색을 칠한 여러 개의 공을 준비합니다.

② 화장지 공을 바구니에 담고 그것을 하늘로 높이 던집니다.
③ 검정색 공을 피해 빨간색공이나 흰 색 공만 잡습니다. 자신이 잡을 수 있는 만큼 공중에서 재빠르게 잡으면 됩니다. 땅에 떨어진 것을 잡으면 안됩니다.
④ 색깔을 더 다양하게 해서 난이도를 높여도 됩니다. 색칠하는 것이 힘들면 색테이프를 감아 사용해도 괜찮습니다.

[게임멘트]

자신이 원하는 공을 잡는 것이 쉬웠나요? 어려웠나요? 내가 원하는 휴지를 못잡았을 때 나의 마음과 말은 어땠나요? 불평하거나 원망의 말은 아니었나요? 공을 뿌린 사람에게 "공을 너무 높이 던져서 공이 퍼졌다.", "색 공이 한 쪽에 몰려 있었다."라고 말하는 친구는 없었나요? 결과가 좋으면 상관없지만 결과가 맘에 안들면 불평하고 원망하는 것이 사람의 모습이에요. 이처럼 이스라엘 백성들도 음식이 없었을 때에는 만나에 감사했지만 점점 만나만 먹다보니 지겨워졌고 만나를 하찮은 음식이라고 표현하며 불평했습니다. 결국 만족함이 없으면 그 어떤 상황에서도 우리는 감사할 수 없음을 성경을 통해 살펴보겠습니다.

3. 생각해보기

왜 우리는 이런 모습을 보면서도 놀라지 않을까요?(기적이 반복되면 일상이 됩니다.)

살면서 기적을 체험한 적이 있나요? 혹시 이런 것을 기적이라고 생각해 본 적이 있나요? 아침에 해가 동쪽에서 떠서 저녁에 서쪽으로 지는 것은 기적일까요? 지구는 원형입니다. 지구 아래쪽이 양 옆에 있는 사람들은 어떻게 떨어지지 않고 붙어 있는 걸까요? 중력 때문에 그런 것인데 이것은 기적일까요? 사람도 동물도 모두 숨을 쉬어야 살아갈 수 있습니다. 매일 숨을 쉬고 우리에게 필요한 공기가 계속 만들어지는 것은 기적일까요?

하늘에서 비가 내리고 바람이 부는 것은 어떤가요? 기적처럼 느껴지나요? 우리는 살면서 이런 일이 기적처럼 다가오지는 않습니다. 왜 그럴까요? 이런 일은 매일 우리에게 일어나기 때문입니다. 우리가 호흡하고 하루 하루 건강하게 사는 것이 기적처럼 느껴지지 않는 것은 그것은 매일 반복해서 우리에게 일어나는 일이기 때문입니다. 처음에는 기적처럼 느껴지겠지만 그것에 계속 반복이 되면 어느새 기적은 우리의 일상이 되어 아무런 감동도 감격도 없게 되는 것이지요.

4. 성경 속으로 Go Go

1. 배가 고픈 이스라엘 백성들은 어떤 행동을 했나요? 성경을 찾아 읽어 보고 서로 이야기해 봅시다.(출애굽기 16장 2~3절)

티칭포인트 | 배가 너무 고팠던 적이 있나요? 배가 고픈데 먹을 것이 없으면 어떤가요? 화가 나지요? 이스라엘 백성들이 애굽을 나와 가나안까지는 약 640km 정도됩니다. 시간으로는 대략 200만명의 사람들이 걸어서 2~3개월 정도 걸립니다. 분명 이스라엘 백성들은 애굽에서 나올 때 충분한 음식을 가지고 나왔습니다. 하지만 이스라엘 백성들이 가데스바네아에서 가나안 땅을 정탐할 때 불신앙의 죄를 지었고 결국 광야에서 40년 동안을 헤매게 되었습니다. 시간이 흐르면서 가지고 나온 음식은 다 먹었고 광야에서 음식을 구하기는 너무 힘들었습니다. 사람들은 점점 배가 고파졌고 화가 나기 시작했습니다. 자연스럽게 힘들었지만 그래도 애굽에서 지내던 때가 생각이 났고 이스라엘 백성들은 모세와 아론을 원망하기 시작했습니다.

<정답> : 원망

2. 불평하는 이스라엘 백성들에게 하나님께서는 어떤 기적을 베푸셨는지 성경을 찾아 빈칸을 적어보세요.(출 16:13~14, 31)

티칭포인트 | 모세와 아론을 원망한 것은 결국 하나님께 원망한 것이라 할 수 있습니다. 하나님께서는 자신에게 원망하는 이스라엘 백성들을 벌하시지 않고 오히려 은혜를 베풀어 주셨습니다. 하늘에서 음식이 떨어지기 시작한 것입니다. 아침에 나가면 온 땅에 달콤한 과자 맛이 나는 음식이 떨어져 있었습니다. 사람들은 그것을 주워서 요리를 해서 먹었습니다. 또 고기가 필요하다고 하는 사람들에게는 메추라기를 저녁에 보내셔서 먹게 하셨습니다.

<정답> : 만나, 메추라기

3. 성경을 찾아 읽고 질문에 답을 이야기 해 봅시다. (출애굽기 16장 20~22)

① 햇볕이 뜨겁게 쬐면 만나는 어떻게 되었나요?
② 안식일에는 몇 오멜을 거두었나요?
③ 아침까지 남겨 둔 만나는 어떻게 되었나요?

티칭포인트 | 하나님께서는 이스라엘 백성들에게 만나를 한 오멜씩 거두게 하셨습니다. 한 오멜은 약 2.2L정도가 됩니다. 큰 생수병에 가득찬 정도의 양이라고 생각하면 됩니다. 그런데 욕심이 많은 사람들은 한 오멜 넘게 거두었습니다. 이들은 왜 한 오멜 넘게 거두었을까요? 혹시나 하는 마음 때문입니다.

내일 만나가 내리지 않는다면 남겨 두었다가 먹으려고 했던 것이지요. 이렇게 많이 거둔 만나는 다음 날 스러졌습니다. 녹아서 없어졌다는 뜻입니다. 평일에는 한 오멜씩 거두다가 안식일이 되기 전에는 두 오멜을 거두었습니다. 왜냐하면 안식일에는 만나가 내리지 않았기 때문입니다. 하나님께서는 그 날 거둔 만나는 그 날 다 먹도록 하셨습니다. 그렇지 않고 남겨둔 만나는 다음 날 냄새가 나고 벌레가 생겨 먹을 수 없었습니다.

<정답> : 스러짐, 두, 냄새나고 벌레 생김

5. 성경 Action

1. 40년 동안 한 가지 음식만 먹는다면 어떨까요? 누구라도 불평하겠지요? 그런데 이스라엘 백성들의 불평은 음식에 대한 것이 아닙니다. 그렇다면 무엇에 대한 불평이었는지 이야기해 보세요.

평생 한 가지 음식만 먹고 산다면 무엇을 먹고 살고 싶나요? 학생들의 이야기를 들어봅니다. 그런데 이스라엘 백성들의 원망과 불평은 음식에 대한 원망과 불평이 아니었습니다.

2. 신앙생활이 익숙해진 나는 매일 어떤 선택을 하며 살아가고 있나요?

힘들고 어려운 일을 만나면 감사보다는 불평이 먼저 나올 수 있습니다. "왜 나에게만 이런 일이 생길까?" 우리가 하나님께 집중하지 않고 기도하지 않으면 우리의 마음이 불평으로 기우는 것을 막을 수 없습니다. 어렵고 힘든 일이 나에게 오는 것을 막을 수는 없지만 그런 일을 만났을 때 우리가 불평 대신 감사의 고백을 하는 것은 할 수 있습니다. 그것은 바로 하나님께 기도할 때 가능합니다. 불평대신 하나님을 믿는 마음을 달라고 옆에 있는 친구들과 손을 잡고 함께 기도합니다. 기도가 끝나면 교사가 마무리 기도합니다.

6. 함께 기도하기

하나님, 오늘 내가 누리는 모든 것이 하나님의 은혜라는 사실을 기억하고 하나님께 감사하는 마음을 주세요. 익숙함에 빠져 하나님께 불평하지 않고 내게 주신 것에 만족하며 살아갈 수 있는 은혜도 허락해 주세요. 예수님의 이름으로 기도합니다. 아멘.

12과 예배? 재미가 없다고?

외울 말씀 | "제사장 아론의 손자 엘르아살의 아들 비느하스가 내 질투심으로 질투하여 이스라엘 자손 중에서 내 노를 돌이켜서 내 질투심으로 그들을 소멸하지 않게 하였도다" (민 25:11)

공과 목표 |

1. 예배는 재미를 위해서 드리는 것이 아니라는 사실을 알 수 있다.
2. 예배는 하나님께서 원하시는대로 드리는 것임을 깨달을 수 있다.
3. 기쁨과 감격이 넘치는 예배를 드릴 수 있다.

배울내용 | 오늘은 이스라엘 백성들이 모압의 여자들과 우상숭배를 하는 모습을 본 비느하스가 하나님의 질투하심으로 그들을 죽인 사건을 통해 예배는 재미로 드리는 것이아니라 그리스도인들이 마땅히 드려야 하는 것이라는 사실을 배울거예요.

공과 설명 |

우리 아이들이 핸드폰과 유튜브 영상에 몰입하는 이유가 무엇일까요? 재미있기 때문입니다. 재미있는 일은 시간이 어떻게 지나갔는지 모르고 계속해서 또 하고 싶어합니다. 하지만 지루하고 재미없는 일은 10분이 10시간처럼 길게 느껴집니다. 그래서 우리는 내가 좋아하는 것, 하고 싶은 것, 재미있고 흥미 있는 일을 좋아합니다. 반대로 내가 싫어하고 재미없고 지루한 일은 하고 싶어 하지 않습니다.

예배는 지루한 것인가요? 재미있는 것인가요? 예배가 지루하게 느껴지는 것은 관심과 사랑이 없기 때문입니다. 지루하고 재미가 없다고 생각하니 졸거나 떠들 수밖에 없고 예배에 참여하는 것을 주저하게 됩니다. 하지만 하나님에 대한 관심이 있고 사랑이 있는 사람에게 예배는 결코 지루하지 않습니다.

비느하스 사건은 이스라엘의 불신앙을 잘 보여주는 사건입니다. 구약에서 하나님께 드리는 제사는 동물을 죽여 피를 빼고 반으로 갈라 하나님께 태워 드리는 번제입니다. 어쩌면 이스라엘 백성들에게 하나님께 드리는 제사는 재미없는 일일 수 있습니다. 하지만 하나님은 이스라엘 백성들에게 명령하셨고 이스라엘 백성들은 그 말씀에 순종을 한 것입니다. 그런데 이방인의 제사는 이스라엘과 달랐습니다. 그들의 제사는 사람들의 눈과 마음을 자극하기 좋았습니다. 사람들이 좋아하는 음악, 춤 등의 의식이 있었고 제사장들은 여러 가지 퍼포먼스를 사람들에게 보여주었습니다.

그러니 이방인들에게 제사는 축제였고 재미였습니다. 이런 이방인의 제사를 목격한 이스라엘 백성들의 지도자들은 마음을 빼앗겼고 우상에게 하는 제사에 동참을 했던 것입니다. 예배는 재미로 드리는 것이 아니라 믿음으로 드려야 한다는 사실을 비느하스의 모습을 통해 살펴보겠습니다.

1. 성경을 공부해요

온 맘으로 하나님을 예배한 인물들을 성경에서 찾아보세요.
아래 말씀을 찾아 읽고 ◌을 채워봅시다.

1. 사무엘하 6장 16절	◌◌
2. 느헤미야 8장 6절	◌◌◌◌ 백성
3. 사도행전 1장 14절	여자들과 마리아와 예수님의 아우들

<정답> : 다윗, 이스라엘

사무엘하 6:16 여호와의 궤가 다윗 성으로 들어올 때에 사울의 딸 미갈이 창으로 내다보다가 다윗 왕이 여호와 앞에서 뛰놀며 춤추는 것을 보고 심중에 그를 업신여기니라

언약궤는 하나님의 임재의 상징입니다. 하나님께서는 언약궤 뚜껑(속죄소)의 그룹과 그룹의 날개 사이에 임하셔서 이스라엘 백성들을 만나 주신다고 하셨습니다.

[출]25:22 거기서 내가 너와 만나고 속죄소 위 곧 증거궤 위에 있는 두 그룹 사이에서 내가 이스라엘 자손을 위하여 네게 명령할 모든 일을 네게 이르리라

이런 언약궤를 제사장인 홉니와 비느하스(오늘의 주인공과 동명이인)가 전쟁에 부적처럼 들고 나갔다가 블레셋에 빼앗긴 채 약 80~100년이 흘렀습니다. 그런 언약궤를 다윗 때에 다시 돌아왔으니 얼마나 기뻤을까요? 그런데 다윗만 기뻤던 것 같습니다. 다른 사람들 특히 다윗의 아내 미갈은 언약궤가 돌아온 기쁨보다 체면이 먼저였습니다. 다윗은 옷이 벗겨지는 것도 모른 채 하나님 앞에서 기뻐하고 찬양하며 예배를 드렸습니다.

<정답> : 다윗

느헤미야 8:6 에스라가 위대하신 하나님 여호와를 송축하매 모든 백성이 손을 들고 아멘 아멘 하고 응답하고 몸을 굽혀 얼굴을 땅에 대고 여호와께 경배하니라

하나님께 범죄한 이스라엘이 바벨론에 포로로 끌려간지 70년만에 다시 예루살렘으로 3차에 걸쳐 돌아왔는데 이것을 포로귀환이라고 이야기합니다. 1차는 스룹바벨, 2차는 에스라, 3차는 느헤미야의 지도 아래 돌아왔습니다. 에스라는 성경을 가르치는 학자였습니다. 에스라는 백성들에게 하나님의 말씀을 읽고 가르치기 시작했습니다. 에스라는 사람들을 광장에 새벽부터 불러 모았습니다. 그리고는 낮 12시까지 성경을 읽고 가르치기를 반복했습니다. 이렇게 긴 시간동안 성경을 배운다구요? 요즘 같으면 사람들이 다 도망갔을지도 모릅니다. 하지만 이스라엘 백성들은 꼼짝도 하지 않고 그 자리에 앉아 말씀을 경청했습니다. 이뿐 아니라 두 손을 들고 "아멘 아멘"하며 하나님께 경배했습니다. 70년만에 포로 생활에서 돌아와 하나님을 예배한다는 것이 얼마나 큰 감동이었을까요? 이스라엘 백성들은 온 맘으로 하나님을 경배하며 예배했습니다.

<정답> : 이스라엘 백성

사도행전 1:14 여자들과 예수의 어머니 마리아와 예수의 아우들과 더불어 마음을 같이 하여 오로지 기도에 힘쓰더라

예수님께서는 죽음을 이기시고 3일만에 부활하셨습니다. 그리고 40일 동안 이 땅에서 제자들을 만나 가르치시다가 하늘로 승천하셨습니다. 그러면서 성령을 사모하며 충만함으로 받으라고 명하셨습니다. 그래서 11명의 제자들은 여자들과 예수님의 어머니 마리아, 예수님의 동생들과 같이 힘써 기도했습니다. 그들은 기도하고 또 기도했습니다. 이때 성령께서 각 사람에게 임하셨고 이들은 성령의 충만함을 받았습니다. 기도하자고 하면 우리의 반응은 어떤가요? 눈을 뜨고 장난치고 아무런 생각없이 앉아 있기도 하고 정말 성령님께서 내 마음에 함께 하시기를 간절히 원하고 바라며 기도하고 있나요? 온 맘으로 예배하고 기도할 때 하나님께서는 성령의 충만함을 누리게 해 주십니다.

2. 몸풀기(진짜 가짜 주사위 게임)

몸풀기 게임으로 진짜 가짜 주사위 게임을 합니다.

[게임방법]

① 윷놀이 판과 1인당 말 5개씩, 주사위, 주사위가 들어갈 만한 작은 통을 준비합니다.
② 규칙은 간단합니다. 주사위를 상대방이 보지 못하게 작은 통 안에서 굴립니다. 그리고 통 안의 주사위 숫자를 이야기합니다. 이때 주사위 숫자 그대로를 이야기해

도 되고 거짓말을 해서 다른 숫자를 이야기해도 됩니다.

③ 이때 상대방은 진짜인 것 같으면 "인정", 거짓말 같으면 "확인"이라고 이야기합니다. "인정"이라고 하면 주사위 숫자만큼 굴린 사람의 말이 이동합니다. 그런데 거짓말인 것 같아 "확인"이라고 말하면 통 안의 주사위를 확인합니다. 확인을 했는데 숫자가 진짜이면 주사위 굴린 사람의 말은 숫자의 2배 만큼 전진하고 확인을 요청한 사람의 말은 판에서 제거합니다. 만약 숫자가 가짜라면 주사위 굴린 사람의 말 하나를 판에서 제거하고 확인을 요청한 사람의 말은 숫자만큼 전진합니다.

④ 말 5개가 한 바퀴를 돌아 들어오면 게임은 승리합니다. 편을 짜서 진행하면 더 재미 있습니다.

[게임멘트]

주사위를 굴려 나온 숫자대로 부르지 않고 거짓말로 다른 숫자를 언제 불렀나요? 나에게 유리하게 하기 위해서 거짓말을 했을 거에요. 이처럼 사람들은 자신에게 유리하거나 재미가 있다면 조금의 불편함이나 거짓말 정도는 괜찮다고 생각합니다. 이스라엘 백성들이 바알브올에게 제사를 한 것은 어쩌면 자극적인 일이었을 수도 있습니다. 하지만 우리는 자극적이고 재미있는 것보다 하나님께서 우리에게 원하시는 것이 무엇인지 분별할 수 있는 지혜를 성경을 통해 배워 보겠습니다.

3. 생각해보기

여러분들은 무엇을 할 때 가장 재미있고 무엇을 할 때 가장 재미가 없나요?

학생들에게 질문을 한다면 다양한 대답이 나오겠지만 그래도 놀 때가 가장 재미있고 공부할 때가 재미없다고 이야기할 것입니다. 내가 좋아하는 게임을 하거나 좋아하는 드라마, 영화 등을 보면 재미가 있지만 좋아하지 않는 게임, 뉴스 같은 것을 보면 결국 재미 없다고 느낍니다. 학생들이 어느 정도 이야기를 하면 "재미있는 것과 재미없는 것" 중 어느 것을 하고 싶은지 질문해보세요. 그 이유가 무엇인지 들어봅니다.

4. 성경 속으로 Go Go

1. 모압 사람들이 섬긴 우상은 무엇이고 그들의 제사와 하나님께 드리는 제사는 어떻게 다를까요? 성경을 찾아 적어보세요.

ㅂ ㅇ ㅂ ㅇ 의

제사(민수기 25장 3절)

ㅂ ㅈ

(출애굽기 29장 18절)

티칭포인트 | 아론이 죽고 이스라엘 백성들은 모압으로 이동을 했습니다. 모압 사람들은 많은 우상을 섬겼는데 그 중에 바알브올이라는 우상을 섬겼습니다. 바알브올은 "브올에서 섬긴 바알"이라는 뜻인데 한 마디로 모압 땅의 브올에서 섬기는 우상이라는 의미입니다. 바알브올은 다산과 출산을 주관하는 농경의 신입니다. 그러니 사람들은 풍요를 기원하기 위해 바알에게 많은 제사를 드렸습니다. 모압 사람들이 어떻게 제사를 드렸는지 정확하게 알 수는 없지만 엘리야 선지자와 바알, 아세라 선지자들이 갈멜산에서 번제단에 불로 응답하는 신이 진짜 하나님이라는 대결을 할 때 바알과 아세라 선지자들은 단 주변을 뛰놀았습니다. 한 마디로 춤을 추며 큰 소리로 외쳤다는 뜻입니다.

[왕상]18:26 그들이 그 쌓은 제단 주위에서 뛰놀더라

티칭포인트 | 그리고는 칼과 창으로 자기 몸에 상처를 내어 피가 나게하는 방식으로 제사를 드렸습니다. 하지만 이스라엘 백성들이 하나님께 드리는 제사는 무엇인가요? 동물을 죽여 반으로 가르고 불에 태워 냄새를 피워 드리는 방법인 번제였습니다. 동물을 죽이기 때문에 성막에는 피 비린내가 가득했을 것이고 핏자국도 많았겠지요? 또 동물을 불에 태웠기 때문에 그을리는 냄새와 고기 익는 냄새들이 가득했을 것입니다. 그러니 이런 방식의 제사가 재미있었을까요? 기대감이 있었을까요?

[출]29:18 그 숫양 전부를 제단 위에 불사르라 이는 여호와께 드리는 번제요 이는 향기로운 냄새니 여호와께 드리는 화제니라

티칭포인트 | 누가봐도 재미없을 것 같은 동물 제사를 하나님은 왜 명령하셨을까요? 그것은 제사가 가지고 있는 의미때문이었습니다. 우리는 죄인인데 이 죄를 우리 힘으로 해결할 수가 없습니다. 그래서 외부로부터의 도움을 받아야 하는데 그 분은 바로 중보자 예수 그리스도이십니다. 예수님께서 우리의 죄를 용서하시는 방법은 자신의 피를 흘려서 대신 갚아주는 것입니다. 피는 생명입니다. 자신의 생명을 다해 우리를 구원하신 것입니다. 구약에는 아직 예수님께서 태어나지 않으셨기 때문에 상징적인 모습으로 동물의 희생제사를 하나님께서 명령하신 것입니다. 내가 제단에서 죽어야하는데 그리스도께서 나 대신 죽으셨다는 사실을 번제단에 올려진 동물을 바라보며 기억하기를 원하셨습니다. 그러니 번제를 볼 때마다 우리는 내가 저 자리에 있어야 하지만 하나님은 은혜를 베푸셨고 나는 나음을 입었음을 고백해야 하는 것입니다.

<정답> : 바알브올, 번제

2. 우상을 섬기는 일에 가담한 시므온 지파의 지도자는 누구이고 우상숭배로이스라엘은 어떤 벌을 받았나요? 성경을 찾아 빈칸에 알맞은 말을 적어보세요.(민 25:9~14)

지도자 이름 □□□

벌 □□

티칭포인트 | 바알브올에 가담한 사람은 일반인도 아니고 한 지파의 지도자였던 시므리였습니다. 시므리는 우상을 섬기고 모압의 여인들과 먹고 마시는 것도 모자라 모압 여인을 다른 이스라엘 백성들이 모두 보는 앞에서 자신의 집으로 데리고 들어갔습니다. 시므리는 하나님도 백성도 두려워하지 않았습니다. 하나님께서는 이스라엘 백성들이 하나님을 버리고 우상을 섬긴 일에 진노하셨고 그 댓가로 염병(전염병)이 돌게 하셨고 그 병으로 24,000명의 사람이 목숨을 잃었습니다.

<정답> : 시므리, 염병

3. 비느하스는 어떤 선택을 했는지 성경을 찾아 적어보고 만약 나라면 어떤 선택을 할 것인지 이야기해 보세요!(민 25:7~8, 11)

비느하스의 선택	***나의 선택(왜?)***
하나님의 ○○○ 으로 ○○	

티칭포인트 | 하나님과 백성을 두려워하지 않는 시므리의 행동을 보고 분노한 사람이 있습니다. 그의 이름은 비느하스였습니다. 비느하스는 아론의 손자였습니다. 비느하스는 시므리를 따라 집에 들어가서 모압 여인과 시므리를 창으로 찔러 죽였습니다. 이런 비느하스의 행동을 보시고 하나님께서는 "자신의 질투심으로 질투했다."라고 말씀하셨습니다. 이 말의 뜻은 "비느하스가 나의 분노로부터 이스라엘 백성을 구해냈다."라는 뜻입니다.

만약 그 자리에 내가 있었다면 나는 어떤 행동을 했었을까요? "시므리가 잘못한 것은 맞지만 굳이 내가 나서서 뭐라고 할 필요가 있나?" 이렇게 생각하고 소극적인 모습을 보이지 않을까요? 이 말씀을 이렇게 오해해서는 안됩니다. 하나님의 명령이라면 살인해도 정당화 되는 건가요? 이 말씀은 살인의 정당성을 말하는 것이 아닙니다. 오늘날 하나님께서 우리에게 살인을 하라고 명령하시지 않습니다. 이 말씀은 세상의 그 무엇보다 하나님을 더 사랑하고 섬기는 준비가 되어 있는가?를 물어보는 말씀입니다. 그러니 우리는 하나님의 말씀대로 살지 않는 이들에게 하나님의 말씀대로 살아야 한다고 이야기할 수 있는가?로 적용해야 합니다.

<정답> : 질투심, 질투

5. 성경 Action

1. 예배가 재미있나요? 예배는 왜 드려야 할까요?

선생님들은 예배가 재미 있으신가요? 학생들은 예배가 재미 있을까요? 분명 예배에는 재미의 요소가 있어야 합니다. 하지만 예배가 무조건 재미만 따라가서는 안됩니다. 예배는 하나님께서 우리에게 말씀하신대로 드려야 합니다. 예배는 우리를 구원하신 하나님께 감사를 고백하는 것이고 하나님을 찬양하는 시간입니다. 그래서 예배는 내 기분 내키는대로 드리는 것이 아니라 어느 순간, 어느 환경에서도 하나님께 예배를 드려야 하는 것이 우리의 의무라고 할 수 있습니다.

2. 예배가 지루하고 재미 없다고 느껴지는 순간 나는 어떤 선택을 해야 할까요? 어떤 선택이 하나님 앞에서 옳은 선택일까요?

예배가 재미있다면 드리지 말라고 해도 예배를 드리겠지만 예배가 재미없다고 느껴지면 우리는 예배를 빠지고 드리지 않게 될 것입니다. 예배가 매번 재미있을 수는 없겠지요? 예배는 재미 때문에 드리는 것이 아니라, 하나님을 믿는 하나님의 사람들이 마땅히 드려야할 의무이기 때문에 드리는 것임을 우리를 깨달아야 합니다.

6. 함께 기도하기

하나님, 감사와 감동과 감격이 넘치는 예배를 하나님께 드릴 수 있도록 나의 마음과 생각을 지켜주세요. 하나님께서 무엇을 좋아하시고 원하시는지를 깨달아 그대로 순종하며 예배하는 예배자가 되게 도와주세요. 예수님의 이름으로 기도합니다. 아멘.

13과 똑같은 불이잖아

외울 말씀 | "아론의 아들 나답과 아비후가 각기 향로를 가져다가 여호와께서 명령하시지 아니하신 다른 불을 담아 여호와 앞에 분향하였더니" (레 10:1)

공과 목표 |

1. 예배는 내 마음대로가 아니라 하나님의 뜻을 따라 드리는 것임을 알 수 있다.
2. 예배는 하나님을 영화롭게(영광을 돌려드리는) 하는 것임을 깨달을 수 있다.
3. 신령과 진정으로 하나님께 예배드릴 수 있다.

배울내용 | 오늘은 아론의 아들인 나답과 아비후가 하나님이 명령하신 불이 아닌 다른 불을 가지고 향을 피우다 죽임을 당한 사건을 통해 예배는 하나님께서 우리에게 명령하신 그대로 순종하며 드려야 한다는 사실을 배울거예요.

공과 설명 |

성경을 보면 하나님께서는 사람에게 하나 하나 자세히 가르쳐 주시면서 무조건 그대로 하기를 명령하신 것이 있습니다. 그것은 바로 예배에 대한 부분입니다. 하나님께서는 성막의 규격, 재료부터 제사에 쓰이는 기구의 모양, 재료, 양까지 모두 정확하게 알려주셨습니다. 그냥 대충 큰 틀만 말씀하시고 나머지는 알아서 하라고 하셔도 되는데 왜 하나님은 자세하게 예배에 대해 말씀하시는 것일까요? 예배는 드리는 사람보다 받는 하나님이 중요하다는 사실을 말씀하고 있는 것입니다. 제사장들은 아침 저녁으로 성소 안의 분향단에서 향을 피워야 했습니다. **[출]30:7 아론은 아침마다 등잔을 살피러 오면서 그 제단 위에 향기로운 향을 피워야 한다. [출]30:8 아론은 저녁에 등잔불을 켤 때에도 그 때마다 향을 피워야 한다. 그래서 너희는 대대로 날마다 여호와 앞에서 향이 피어 오르게 하여라.(쉬운성경)** 향을 피울 때 향도 아무런 향을 피우는 것이 아니라 하나님께서 명령하신대로 만든 향만 피워야 했고 불도 아무 불로 향을 피우는 것이 아니라, 번제단의 불만 이용해서 향을 피워야 했습니다.

[출]30:34 여호와께서 모세에게 이르시되 너는 소합향과 나감향과 풍자향의 향품을 가져다가 그 향품을 유향에 섞되 각기 같은 분량으로 하고 [출]30:35 그것으로 향을 만들되 향 만드는 법대로 만들고 그것에 소금을 쳐서 성결하게 하고 [출]30:36 그 향 얼마를 곱게 찧어 내가 너와 만날 회막 안 증거궤 앞에 두라 이 향은 너희에게 지극히 거룩하니라(쉬운성경) [레]16:12 향로를 가져다가 여호와 앞 제단 위에서 피운 불을 그것에 채우고 또 곱게 간 향기로운 향을 두 손에 채워 가지고 휘장 안에 들어가서(쉬운성경) 이렇게 하나님께서 까다롭고 구체적으로 명령하신 이유는 예배를 아무도 함부로 대하지 못하게 하시려는 것이었고 예배는 이 정도로 정성과 온 마음으로 드려야 함을 알려주신 것입니다. 나답과 아비후 사건을 통해 예배에 대해 소홀했을 때 어떻게 되는지 성경을 통해 살펴보겠습니다.

1. 성경을 공부해요

예배는 하나님께서 명령하신대로만 드려야 합니다. 하나님의 명령하신 예배의 방법을 성경에서 찾아보세요.

1. 출애굽기 30장 34절 ○ 제작법
2. 출애굽기 37장 1절 ○○○ 제작법
3. 역대상 28장 19절 ○○ 설계도

<정답> : 향, 언약궤, 성전

출애굽기 30:34 여호와께서 모세에게 이르시되 너는 소합향과 나감향과 풍자향의 향품을 가져다가 그 향품을 유향에 섞되 각기 같은 분량으로 하고

하나님께서는 성소의 분향단에서 피울 향의 제조법까지 모세에게 알려주셨습니다. 섞을 향의 재료와 들어갈 부재료까지 어떤 것을 써야 하는지 명령하셨습니다. 또한 하나님께서 알려주신 향 제조법 대로 사람들을 위해 만들지 말 것을 말씀하셨습니다. 자신들이 향을 맡으려고 하나님께서 알려주신 제조법 대로 향을 만들면 백성중에서 끊어질 것이라는 무서운 경고를 하셨습니다. 제사에 쓰는 향을 구별하심으로 하나님께서는 예배를 드릴 때 우리가 얼마나 마음과 신경을 써야 하는지를 알려주신 것입니다.

<정답> : 향 제작법

출애굽기 37:1 브살렐이 조각목으로 궤를 만들었으니 길이가 두 규빗 반, 너비가 한 규빗 반, 높이가 한 규빗 반이며

하나님께서는 모세에게 말씀하셨습니다. "내가 유다 지파 훌의 손자 브살렐과 오홀리압 통해 성막을 짓겠다." 하나님께서는 브살렐과 오홀리압에게 재능을 주셨고 성막을 비롯해 각종 기구와 기물들을 만들었습니다. 브살렐과 오홀리압은 자신의 생각대로 성막과 각종 기구, 기물들을 만들지 않았고 모세가 시내산에서 본 모양대로 모세가 일러준대로 만들었습니다. 하나님께서는 성막의 기둥의 재료와 규격, 모양, 궤의 재료와 규격과 모양 등을 정확하게 알려주셨습니다. 하나님께서는 브살렐과 오홀리압에게 성령과 지혜를 주셔서 성막을 짓게 하셨습니다.

<정답> : 언약궤 제작법

역대상 28:19 다윗이 이르되 여호와의 손이 내게 임하여 이 모든 일의 설계를 그려 나에게 알려 주셨느니라

다윗은 자신은 백향목으로 지은 좋은 궁에 거하는데 하나님의 궤는 아직도 성막의 휘장에 있는 것이 마음 아팠습니다. 그래서 하나님의 궤가 있을 성전을 짓기로 마음을 먹었고 하나님께서는 다윗에게 성전의 모양을 보여주시면서 그대로 만들도록 하셨습니다. 다윗 당시는 여전히 주변 세력들과의 전쟁이 많았기 때문에 성전을 지을 수 없었고 그의 아들 솔로몬 때 이스라엘의 태평성대를 이루게 되는데 이 때 성전을 짓도록 하셨습니다. 솔로몬은 돈이 많다고 주변에 유능한 사람들이 많다고 자신의 생각대로 마음대로 성전을 짓지 않았습니다. 아버지 다윗으로부터 받은 성전의 설계도대로 성전을 건축했습니다. 성전의 규격은 다윗이나 솔로몬의 생각이 아니라 하나님께서 보여 주신대로였습니다.

<정답> : 성전 설계도

2. 몸풀기(같은 그림 찾기)

몸풀기 게임으로 같은 그림 찾기를 합니다.

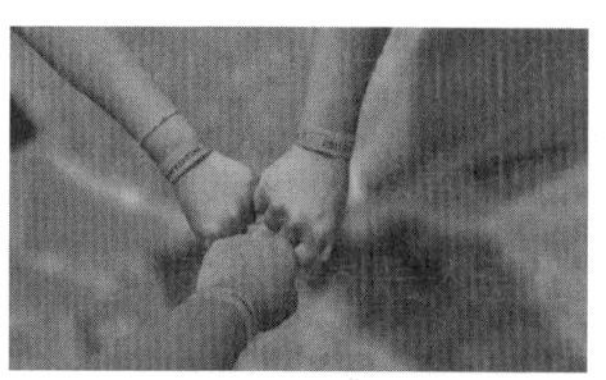
(원본사진)

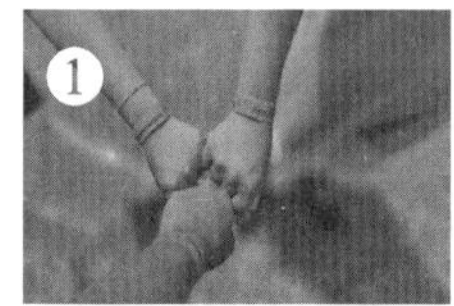

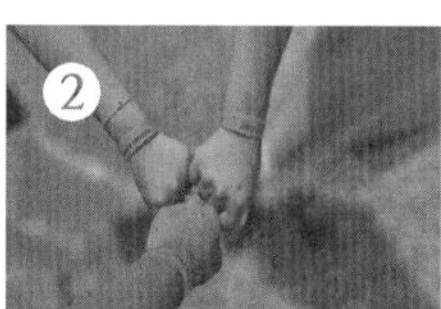

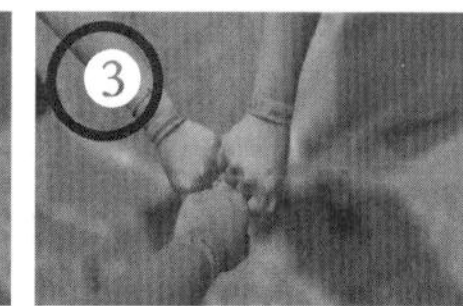

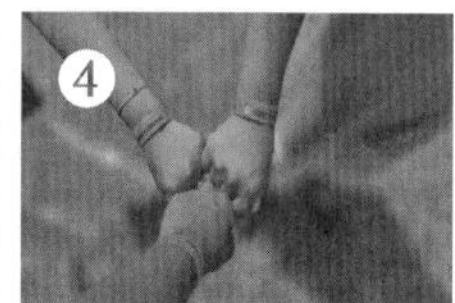

[게임방법]

① 다른 그림 찾기가 아니라 여러 개의 그림 중 보기의 그림과 같은 그림을 찾는 게임입니다.

② 다양하고 많은 같은 그림 찾기를 하시고 싶다면 네이버, 구글 검색창에서 검색하시면됩니다.

[게임멘트]

대충 그림을 보면 모든 그림이 똑같아 보였지요? 그런데 자세히 집중해서 보니까 다른 부분을 발견할 수 있었어요. 이처럼 이단과 교회, 천주교와 교회는 대충보면 다 똑같아 보여요. 그들도 예배를 드리고 찬양을 하고 기도를 하니까요. 하지만 성경을 잘 배우고 말씀에 귀를 기울이면 우리와 이단, 천주교가 어떻게 다른지 알 수 있어요. 우리는 내가 원하는 방법이 아니라 하나님이 원하시는 방법으로 예배하고 살아야 함을 성경을 통해 살펴보겠습니다.

<정답> : 3번

3. 생각해보기

천주교의 미사와 기독교의 예배는 같은 것일까요? 다른 것일까요? 자신의 생각을 이야기해 보세요.

우리 기독교는 예배라고 하고 천주교는 미사라고 말합니다. 미사와 예배의 형태를 보면 많이 다르지 않습니다. 찬양하고 기도하고 말씀을 듣습니다. 또한 성찬식도 합니다. 겉만 봐서는 무엇이 다른지 구분하기가 쉽지는 않습니다. 미사는 예배가 아니라 희생제사입니다. 천주교의 미사는 그리스도의 희생 제사의 재현이라고 할 수 있습니다. 하지만 히브리서는 예수님의 희생은 단번의 희생으로 우리의 구원을 이루셨다고 분명히 말씀하고 있습니다. 그러니 예수님께서 오늘 우리를 위해 또 다시 십자가에 달려 죽으시는 희생이 반복되어 일어나지 않습니다. 우리는 예수님의 희생을 기억하며 예배에 감사로 나아가는 것입니다. 천주교와 기독교는 많은 부분이 다른데 그 중에 가장 다른 것이 바로 구원관입니다.

기독교도 천주교도 예수 그리스도를 믿는 믿음으로 구원 받음을 이야기합니다. 하지만 우리는 날마다 주시는 은혜를 의지해서 하나님께 나아간다고 고백하지만 천주교는 그리스도께서 한 번 은혜를 주시면 우리는 그 은혜를 기준 삼아 내 힘으로 헤쳐나가야 한다고 말합니다. 그래서 행위와 선행 등이 강조될 수밖에 없는 것입니다. 왜냐하면 내 힘으로 구원을 향해 달려가야 하니까요. 이 외에도 다른 부분들이 많지만 많은 부분을 학생들에게 전달하기가 어렵기 때문에 이 두가지 정도만 학생들에게 설명해도 충분할 것 같습니다.

4. 성경 속으로 Go Go

1. 하나님께서 명령하신대로 성막의 기구와 성막을 두루는 천을 만든 사람들은 누구인지 성경을 찾아 적어보세요.(출애굽기 35:30~35)

금, 은, 놋, 보석 제작	*조각, 세공, 천짜기*
브살렐	오홀리압

티칭포인트 | 하나님께서는 모세에게 성막에 관련된 모든 것을 작업할 것을 지시하셨습니다. 성막을 짓는 작업은 정교한 솜씨를 필요로 하는 섬세한 작업이었습니다. 지금까지 아무도 성막을 본적도 만들어 본적도 없는 사람들이었습니다. 그것은 모세도 마찬가지였습니다. 그래서 하나님께서 모세에게 성막의 모양을 보여 주셨고 또 성령의 충만함을 받은 사람들은 택하셨는데 이들을 인도했던 사람이 브살렐과 오홀리압이었습니다. 하나님께서는 이들에게 재능을 주셨고 성령의 충만을 주셨습니다. 브살렐과 오홀리압은 자신들을 도와주는 여러 사람들과 함께 정교하게 성막을 만들어 갔습니다.

<정답> : 브살렐, 오홀리압

2. 나답과 아비후는 왜 죽임을 당했을까요? 본문 말씀을 읽고 대답해 보세요.

티칭포인트 | 아론에게는 4명의 아들이 있었습니다. 하나님께서는 아론과 그의 4명의 아들에게 제사장이라는 직책을 주셨습니다. 제사장은 번제를 드리고 성소에서 향을 피우고 불을 켰으며 진설병 떡을 새롭게 교체했습니다. 진설병의 떡은 안식일마다 교체를 했고 번제는 매일 향 피우기, 불 켜기는 아침 저녁으로 해야했습니다. 5명의 제사장들이 매일 이와 같은 일을 해야했고 적은 양의 일은 아니었습니다. 어느날 나답과 아비후가 성소에 들어가 향에 불을 피우려 했습니다. 그런데 이들은 하나님께서 명령하신 불이 아닌 다른 불을 향로에 담아서 들어갔습니다. 하나님께서 명령하신 불은 제단에서 항상 타고 있는 그 불이었습니다. 제사장들은 성소에 들어가기 전에 향로에 제단의 불을 담아 들어가서 등대의 불을 켜고 향을 피워야 했습니다. 그런데 이들은 제단의 불이 아닌 다른 불을 향로에 담아 들어가 향을 피웠던 것입니다. 그랬더니 불이 하나님 앞에서 나와 나답과 아비후를 태워버렸습니다. 제단의 불이 아닌 다른 불로 향을 피운 것이 죽을만큼 잘못한 일이었을까요? 너무 과한 벌이 아니었나 생각이 들기도 합니다. 나답과 아비후는 제사장이었습니다. 다른 그 누구보다 하나님의 명령을 잘 수행해야 하는 사람들입니다. 그런 그들이 하나님의 명령을 정면으로 어겨버렸습니다. 그런데 이를 가만히 내버려둔다면 다른 율법들도 가볍게 생각할 수 있었기 때문에 하나님께서 강한 본보기를 보여주셨던 것입니다.

<정답> : 하나님께서 명령하지 않은 다른 불을 담아 분향했기 때문에

3. 하나님께서 제사장에게 명령하신 말씀입니다. 빈 칸을 알맞게 채워보세요.

또 여호와에게 ○○○ 하는 제사장들에게 그 몸을 ○○○하게 하라 나 여호와가 그들을 칠까 하노라(출애굽기 19:22)

향로를 가져다가 여호와 앞 ○○ 위에서 피운 불을 그것에 채우고 또 곱게 간 향기로운 ○을 두 손에 채워 가지고 ○○ 안에 들어가서(레위기 16:12)

티칭포인트 | 이스라엘 백성들이 시내산에 도착했습니다. 하나님께서는 시내산에 내려오 셨다는 증거로 시내산에 연기가 가득했고 큰 소리가 있었습니다. 연기가 가득하고 큰 소리가 나면 궁금증이 생기기 마련입니다. 그래서 하나님은 모세에게 말씀하셨습니다. 궁금하다고 시내산에 가까이 오는 백성이 있지 않도록 하라고 말입니다. 그리고 모세에게 말씀하셨습니다.
하나님께 가까이 나아가는 제사장들은 자신의 몸을 성결하게 유지하라고 하셨습니다. 성결하게 하는 것이 무엇일까요? 하나님의 말씀을 지키고 율법을 행하는 것이었습니다. 그런 제사장이 하나님의 일을 하는데 자신을 성결하게 하지 않으면 안되는 것입니다. 나답과 아비후는 자신의 모습을 한 번 점검했어야 했고 정말 하나님의 뜻대로 하고 있는지 살펴봐야 했습니다. 하지만 나답과 아비후는 이번 한 번이 무슨 일이 있겠어?라는 안일한 생각으로 하나님의 뜻을 외면했고 범죄하고 말았습니다.

<정답> : 가까이, 성결히 / 제단, 향, 휘장

5. 성경 Action

1. 나에게 예배란 무엇인가요?

우리에게 예배는 무엇인가요? 절대로 빠져서는 안되는 나에게 가장 중요한 것인가요? 아니면 바쁘고 일정이 있으면 언제든지 빠질 수 있는 그런 것인가요? 예배는 내 상황, 내 맘대로 드려다 안드렸다 하는 것이 아닙니다. 예배는 우리 삶의 목표이자 목적입니다. 하나님은 우리를 다른 일을 시키기 위해 부르시지 않았습니다. 오직 하나님께 예배하는 자로 부르셨습니다. 그 무엇과도 바꿀 수 없는 것이 예배라고 나는 당당히 외칠 수 있나요?

2. 오늘 내가 하나님께 드린 예배의 모습은 어떠한가요? 어떤 예배를 하나님께서 가장 기뻐하실까요?

나는 오늘 하나님께서 기뻐하시는 모습으로 예배를 드렸나요? 예배 시간에 집중하지 못하고 떠들고 장난치고 딴 생각에 사로잡히지는 않았나요? 하나님께서 기뻐하시는 예배는 무엇일까요? 요한복음 4장 24절은 우리에게 "영과 진리로 예배할지니라"라고 말합니다. 영은 성령을 의미하고 진리는 말씀을 의미합니다. 그러니 성령의 충만함으로 말씀에 근거해서 드리는 예배가 하나님께서 받으시는 참 예배인 것입니다.

6. 함께 기도하기

하나님, 내 마음대로 예배를 드렸다가 안드렸다하지 않도록 도와주세요. 무슨 일이 있어도 어떤 일이 있어도 하나님을 예배하는 것을 최우선순위에 둘 수 있는 마음에 허락해 주세요. 예수님의 이름으로 기도합니다. 아멘.

14과 도저히 참을 수가 없어

외울 말씀 | “그들이 모여서 모세와 아론을 거슬러 그들에게 이르되 너희가 분수에 지나도다 회중이 다 각각 거룩하고 여호와께서도 그들 중에 계시거늘 너희가 어찌하여 여호와의 총회 위에 스스로 높이느냐” (민 16:3)

공과 목표 |

1. 권위에 순종하는 것이 믿음이라는 것을 알 수 있다.
2. 권위는 하나님께로부터 온다는 사실을 깨달을 수 있다.
3. 권위자들에게 감사하며 순종할 수 있다.

배울내용 | 오늘은 고라, 다단, 아비람, 온이 모세와 아론에게 반기를 들고 하나님께서 이들을 벌 주신 사건을 통해 권위는 하나님께로부터 온다는 사실과 우리는 그 권위에 순종해야 한다는 사실을 배울거예요.

공과 설명 |

요즘 학생들은 꼰대라는 말을 자주 사용합니다. 옛날에는 고리타분한 선생님이나 아버지를 향한 비속어로 사용되었는데 요즘은 자신의 말만 주장하고 옳다고 강요하는 사람들 전체를 지칭해서 부릅니다. 왜 요즘 학생들은 어른들이나 다른 사람들의 말을 잘 들으려고 하지 않을까요? 다른 사람들의 조언을 들으면 잘 할 수 있을텐데 말이죠. 아마 그것은 자신들도 잘 할 수 있다는 생각에서 나오는 행동때문이지 않을까요?

어른들의 도움 없이도 난 잘 할 수 있어라고 생각하니까 어른들의 이야기가 간섭처럼 느껴질 수 있기 때문입니다. 나도 이만큼 잘할 수 있고 능력이 있는데 왜 저 사람 말을 들어야 하지?

이 생각이 가득찬 사람이 바로 고라, 다단, 아비람, 온이었습니다. 고라는 레위지파였고 다단, 아비람, 온은 르우벤 지파였습니다. 고라는 레위지파 중 고핫 자손이었는데 이들이 하는 역할은 성막이나 기구를 어깨에 메고 운반하는 것이었습니다. 자신도 레위지파 사람인데 왜 아론의 가문만 제사장을 하고 자신들은 성막과 기구나 나르는 일만 해야 하는지 이해가 되지 않았습니다. 또한 다단, 아비람, 온은 12지파 중 장자인 르우벤 지파인데 자신들이 이스라엘의 지도자가 되어야 옳다고 생각했습니다.

이런 생각에 가득 찬 고라, 다단, 아비람, 온은 세력을 만들어 모세와 아론에게 반기를 들었습니다. 결국 이들은 자신에게 주어진 역할과 상황에 스스로 만족하지 못했고 불평하며 대적했습니다. 불평과 원망은 결국 범죄로 이어질 수밖에 없습니다. 모세와 아론은 이들의 반기에 대해 어떻게 대처를 했는지 성경을 통해 살펴보겠습니다.

1. 성경을 공부해요

하나님께서 세우신 권위 앞에 도전한 사람들을 성경에서 찾아 보세요.

1. 민수기 12:1 ○○○, 아론
2. 사무엘상 13:9 ○○
3. 사무엘하 16:13 ○○○

<정답> : 미리암, 사울, 시므이

민수기 12:1 모세가 구스 여자를 취하였더니 그 구스 여자를 취하였으므로 미리암과 아론이 모세를 비방하니라

하나님께서는 이스라엘 백성들에게 이방 사람들과의 혼인을 금지하셨습니다. 왜냐하면 이방 사람들이 우상을 섬기는 행동을 보고 이스라엘 백성들도 하나님을 떠나 우상을 섬길 것을 아셨기 때문입니다. 그런데 이스라엘의 지도자인 모세가 구스(이디오피아) 여자와 결혼을 한 사실을 모세의 누나와 형인 미리암과 아론이 비방을 했습니다. 본을 보여야할 모세가 본이 되지 못했다는 것이지요. 그런데 모세는 이미 미디안 땅으로 도망 갔을 때 미디안 제사장 이드로의 딸인 십보라와 결혼을 했습니다. 그러면 모세는 십보라를 두고 또 이방 여인과 결혼을 한 것일까요? 그것은 아닙니다. 십보라는 미디안 사람인데 성경에는 미디안과 구스 지역을 같은 의미로 사용하는 경우가 많습니다. 그래서 미리암과 아론은 십보라와의 결혼을 가지고 모세를 비방했던 것입니다.
<정답> : 미리암, 아론

사무엘상 13:9 사울이 이르되 번제와 화목제물을 이리로 가져오라 하여 번제를 드렸더니

사울은 이스라엘의 초대 왕입니다. 왕이 된 사울은 블레셋과 많은 전투를 했습니다. 이스라엘 백성들은 항상 전쟁에 나가기 전에 하나님께 제사를 드리고 나갔습니다. 이것은 전쟁은 하나님께 속했음을 고백하는 모습입니다. 이 제사는 왕이 직접할 수 없고 제사장만이 해야 했습니다. 그래서 사울은 사무엘이 올 때까지 기다려야 했습니다. 하지만 초조한 사울 왕은 사무엘이 늦게 오자 자신이 번제를 드리겠다고 제물을 가지고 오라고 했습니다. 그리고 자신이 사무엘을 대신해서 제사를 드리는 죄를 범했습니다. 자신이 왕이기 때문에 제사장만이 드리는 제사도 드릴 수 있다고 생각했던 것이지요.

<정답> : 사울

사무엘하 16:13 다윗과 그의 추종자들이 길을 갈 때에 시므이는 산비탈로 따라가면서 저주하고 그를 향하여 돌을 던지며 먼지를 날리더라

다윗은 자신의 아들 압살롬이 반란을 일으켰고 압살롬을 피해 도망을 가는 중이었습니다. 아들이 아버지를 죽이려는 답답한 상황 속에 다윗을 쫓아다니며 비방했던 사람이 있었습니다. 이 사람은 시므이라는 사람으로 죽은 사울 왕의 친척이었습니다. 시므이는 다윗이 사울의 왕위를 뺏었다고 생각을 해서 다윗을 계속 저주했습니다. 다윗이 왕이 된 것은 사울의 범죄 때문에 하나님께서 사울 대신 다윗을 왕을 삼아 주신 것이었지만 시므이의 생각은 달랐던 것이지요. 자신이 싫어한 다윗이지만 그래도 한 나라의 왕인 다윗을 시므이는 쫓아가면서 저주를 했습니다.

<정답> : 시므이

2. 몸풀기(달고나 게임)

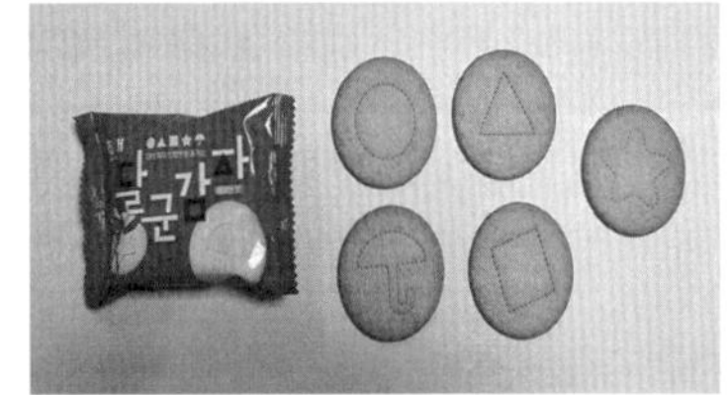

몸풀기 게임으로 달고나 게임을 합니다.

[게임방법]

① 설탕을 녹여 하는 뽑기는 번거롭기 때문에 달고나 과자를 이용해 게임을 진행합니다(마트에서 달군감자를 구매합니다).

② 모양은 동그라미, 세모, 네모, 별, 우산 총 다섯 종류가 들어 있습니다. 이 중 우산과 별이 어렵고 나머지는 비교적 쉽게 모양을 잘라낼 수 있습니다.

③ 우산 모양을 한 명, 별 모양을 한 명에게 주고 나머지 사람들은 네모, 세모, 동그라미를나누어 줍니다.

[게임멘트]

우산이나 별을 선택한 친구있나요? 많이 없네요. 왜 선택하지 않았나요? 실패할 확률이 많기 때문이죠? 대부분의 친구들이 네모, 세모, 동그라미를 선택을 했네요. 그래도 어려운 우산, 별을 선택한 친구도 있네요. 우산, 별을 선택해서 실패한 친구 중 "내 것이 네 것보다 더 어렵잖아. 나도 네 것을 하면 잘 할 수 있어"라고 말한 친구는 없었나요? 사람들은 남이 하는 것은 쉽고 좋아보이고 내가 하는 것은 어렵고 힘들다고 생각을 해요. 하지만 집중해서 최선을 다하면 반드시 성공할 수 있을 거에요. 나에게 맡기신 것을 믿음으로 최선을 다해 감당하는 것이 하나님이 원하시는 것임을 성경을 통해 배워 봅시다.

3. 생각해보기

리더가 되었을 때 좋은 점과 힘든 점을 이야기 해 볼까요?

리더의 힘든 점	***리더의 좋은 점***
예) 결정에 대한 책임	예) 주변의 인정

학생들에게 리더가 되고 싶은지를 질문합니다. 만약 되고 싶다면 왜 리더가 되고 싶은지도 물어봅니다. 리더가 되면 다른 사람들에게 인정도 받고 혜택도 받는 장점이 있습니다. 그런데 결정에 대한 압박, 실패에 대한 부담 등의 어려운 점도 있습니다. 정답은 없고 학생들의 이야기들을 들어 봅니다.

4. 성경 속으로 Go Go

1. 모세와 아론에게 반기를 든 사람들은 누구인가요? 성경을 찾아서 적어보세요.(민수기 16:1~2)

① 레위 자손 이스할의 아들 :

② 르우벤 자손 엘리압의 아들 :

③ 르우벤 자손 벨렛의 아들 :

④ 이스라엘 지휘관 :　　명

티칭포인트 | 레위 지파의 고라와 르우벤 지파의 다단, 온, 아비람이 모여 모세와 아론에게 반기를 들었습니다. 고라는 자신도 레위 지파인데 왜 제사장이 될 수 없는가?에 대해 불만을 가지고 있었습니다. 고라의 이런 불만은 다른 족장들에게도 번졌고 250명의 사람들도 자신들도 제사장의 일을 할 수 있다고 반란을 일으켰습니다. 다단, 아비람, 온은 모세의 권위에 도전했습니다. 자신들이 12지파 중 장자 지파인데 지도자를 레위 지파의 모세가 하는 것이 불만이었습니다. 그래서 이들은 불평하며 반기를 들었습니다.

<정답> : 고라, 다단, 아비람, 온, 250명

2. 이들은 왜 모세와 아론에게 반기를 들었을까요? 성경을 읽고 채워보세요.(민 16:3, 13, 10)

○○○ 높이려느냐
○이 되려느냐?

○○○ 직분을
구하느냐?

티칭포인트 | 고라, 다단, 아비람, 온의 반란은 "누가 더 큰가", "왜 너는 나보다 더 큰 역할을 맡고 있지?"를 따지는 불평때문이 일어난 것입니다. 이들은 모세에게 와서 따졌습니다. 왜 스스로 높이고 우리의 왕이 되려 하는가? 하지만 모세 스스로 높인적도 왕이 되려고 한 적도 없었습니다. 하나님께서 모세를 높이셨고 이스라엘의 지도자가 되게 하신 것입니다.

<정답> : 스스로, 왕, 제사장

3. 레위 지파였던 고라의 가족들은 무슨 일을 하는 사람들이었나요? 성경을 찾아 기록해 봅시다.

이스라엘의 하나님이 이스라엘 회중에서 너희를 구별하여 자기에게 가까이 하게 하사 여호와의 ○○에서 ○○하게 하시며 회중 앞에 서서 그들을 대신하여 ○○○하심이 너희에게 작은 일이겠느냐(민수기 16장 9절)

티칭포인트 | 고라는 레위 지파로 성막에서 일하는 사람들이었습니다. 이들은 성막과 기구들을 어깨로 메고 운반하는 역할을 맡고 있었습니다. 그러다보니 멋있는 옷을 입고 제사를 드리는 제사장이 하는 일이 멋있어 보였을 것입니다. 모세는 이들에게 이렇게 이야기합니다. "하나님께서 성막에서 봉사하게 하시고 사람들을 섬기게 하신 것이 작은 일인가?" 하지만 고라는 성막을 메고 운반하고 또 멈추면 다시 성막을 치고 제사 기구들을 설치하는 역할을 보잘 것 없는 것으로 여겼던 것입니다. 많은 고핫 자손들도 이 역할을 담당했지만 불평하지 않았습니다. 고라만 이 일에 불만을 가졌고 반란을 일으켰던 것입니다.

<정답> : 성막에서 봉사, 섬기게

5. 성경 Action

1. 나에게 주어진 일에 대해 감사할 때가 많은가요? 불평할 때가 많은가요?

선생님이나 부모님이 여러분에게만 심부름을 시킨 적이 있나요? 다른 친구도 있고 형, 동생, 누나도 있는데 꼭 나만 시키면 기분이 어떤가요? 불평이 나올 수밖에 없겠지요? 그런데 선생님이나 부모님이 나에게 심부름을 시키는 이유는 그 만큼 내가 믿음직스럽다는 의미 아닐까요? 그렇다면 불평대신 감사할 수 있지 않을까요?

2. 도저히 참을 수 없을 때 어떤 선택을 하는 것이 하나님 앞에서 옳은 선택일까요?

감사할 수 없고 불평과 원망이 가득할 때 우리는 어떻게 해야 할까요? 악한 말을 시원하게 내뱉는 우리의 모습을 하나님께 보시면 과연 기뻐하실까요? 예수님도 로마 군인들의 괴롭힘을 참으셨습니다. 우리의 죄 때문에 말이지요. 그렇다면 우리도 도저히 참을 수 없다고 느끼는 그 순간에 주님을 생각하고 기도함으로 하나님이 기뻐하시는 옳은 행동을 할 수 있어야 합니다.

6. 함께 기도하기

하나님, 오늘 나에게 맡기신 일을 감사함으로 할 수 있게 도와주세요. 하나님께 원망하며 불평하기보다는 만족함으로 섬길 수 있게 해주세요. 예수님의 이름으로 기도합니다. 아멘.

15과 나도 선지자라고

외울 말씀 | "모세가 구스 여자를 취하였더니 그 구스 여자를 취하였으므로 미리암과 아론이 모세를 비방하니라" (민 12:1)

공과 목표 |

1. 각자에게 주신 역할이 모두 다르다는 사실을 알 수 있다.
2. 나에게 맡겨진 역할에 최선을 다하는 것이 믿음임을 깨달을 수 있다.
3. 내게 주어진 자리에서 감사와 기쁨으로 행동할 수 있다.

배울말씀 | 오늘은 미리암과 아론이 모세가 이방 여인과 결혼한 사실로 비방한 사건을 통해 하나님께서는 각자의 역할을 주셨고 우리는 그 역할에 감사하며 살아야 한다는 사실을 배울거예요.

공과 설명 |

사람의 몸에 가장 중요한 부분이 어디일까요? 보통 뇌, 심장, 폐 등이라고 말합니다. 왜냐하면 뇌, 심장, 폐가 제 기능을 못하면 사람은 죽을 수밖에 없기 때문입니다. 그렇다고 우리 몸에 필요없는 기관이 있을까요? 하나님께서 인간을 창조하실 때 다 제 기능을 하도록 알맞게 창조하셨습니다. 손톱이 없으면 물건을 제대로 잡을 수 없고 발톱이 없으면 걸음을 제대로 걸을 수 없습니다. 우리 몸에는 보잘 것 없어 보여도 없어도 되는 것들은 없습니다. 이처럼 교회에도 여러 사람들이 여러 역할을 하고 있습니다. 어떤 사람은 심장의 기능을, 어떤 사람은 팔, 다리 등의 역할을 합니다. 심장과 같은 역할은 대단해 보이고 손톱, 발톱과 같은 역할을 하는 사람은 상대적으로 빛이 나지 않습니다. 하지만 교회에는 모두가 다 필요한 역할들이고 모두 없어서는 안되는 소중한 존재들입니다. 그러니 우리는 서로 질투하고 비방할 필요가 없습니다. 나에게 주어진 일을 최선을 다해 하고 감사하는 것이 필요합니다. 하지만 모세의 누나 미리암과 형 아론은 동생이 자신들보다 높은 위치에 있는 것이 못마땅했고 이방 여인과의 결혼을 시비삼아 모세의 권위에 도전을 했습니다. 옆에서 보기에는 모세의 일이 쉬워 보였을 수도 있습니다. 그런데 모세가 하나님께 기도했던 내용들을 보면 정말 말할 수 없는 괴로움이 있었다는 사실을 알 수 있습니다.

[민]11:14 책임이 심히 중하여 나 혼자는 이 모든 백성을 감당할 수 없나이다 모세는 누나와 형의 도전을 어떻게 해결했을까요? 성경을 통해 모세의 선택과 지혜로움을 살펴보겠습니다.

1. 성경을 공부해요

다른 사람들을 저주했던 사람들을 성경에서 찾아 보세요.

1. 열왕기하 2장 23절　　작은 ○○들
2. 느헤미야 4장 3절　　도비야의 저주
3. 사도행전 13장 45절　　○○○

<정답> : 아이, 유대인

열왕기하 2:23 엘리사가 거기서 벧엘로 올라가더니 그가 길에서 올라갈 때에 작은 아이들이 성읍에서 나와 그를 조롱하여 이르되 대머리여 올라가라 대머리여 올라가라 하는지라

엘리사는 자신의 스승인 엘리야가 하늘로 승천한 것을 목격한 뒤 벧엘로 돌아옵니다. 그런데 벧엘의 아이들이 엘리사의 머리를 가지고 "대머리"라고 놀렸습니다. 이에 엘리사는 아이들을 저주했고 곰이 나와 아이들을 죽였다고 성경을 기록하고 있습니다. 너무 잔인하고 엘리사의 행동이 심했다는 생각이 듭니다. 엘리사를 비웃는 것은 단지 개인을 비웃는 것이 아닙니다. 당시 북이스라엘은 하나님께로부터 완전히 돌아선 극악한 죄악의 도시였습니다. 벧엘에는 금송아지 우상이 있었습니다. 벧엘 사람들은 금송아지를 만들어 하나님을 조롱했습니다. 당연히 아이들도 어려서부터 어른들로부터 하나님을 조롱하고 무시하는 행동을 배웠을 수 밖에 없었을 것입니다. 그러니 하나님의 선지자였던 엘리사를 향한 조롱은 하나님을 향한 조롱이었던 것입니다. 엘리사를 선지자로 삼으셨고 보내신 분이 하나님이시기 때문입니다.

<정답> : 아이

느헤미야 4:3 암몬 사람 도비야는 곁에 있다가 이르되 그들이 건축하는 돌 성벽은 여우가 올라가도 곧 무너지리라 하더라

느헤미야가 성벽을 중건한다는 소식을 들은 산발랏은 불안했습니다. 왜냐하면 이미 산발랏은 예루살렘에서 큰 영향력을 끼치고 있었습니다.

그런데 만약 성벽이 중건되고 유대인들이 성전에서 하나님을 예배하며 하나님의 말씀에 충실한 공동체를 이룬다면 자신의 영향력 아래에 이들을 둘 수 없음을 잘 알고 있었기 때문에 산발랏은 어떻게 해서라도 예루살렘 성벽 중건을 막아야 했습니다. 그래서 산발랏은 암몬 사람 도비야를 통해 느헤미야와 유대인들에게 저주를 쏟아 붓고 온갖 방해 공작으로 훼방을 놓습니다.

<정답> : 도비야

사도행전 13:45 유대인들이 그 무리를 보고 시기가 가득하여 바울이 말한 것을 반박하고 비방하거늘

회심한 바울은 바나바와 함께 구브로에서 비시디아 안디옥으로 가 복음을 전했습니다. 바울은 안디옥의 회당에서 설교를 통해 복음을 증거했습니다. 복음을 들은 사람들은 두 가지로 반응했습니다. 이방인들은 복음을 듣고 호의적인 반응을 보였습니다. 이들은 바울의 설교를 더 듣고 싶어했고 다음 안식일에 말씀을 듣고자 모였습니다. 그 결과 많은 이방인들이 구원을 얻었습니다. 그런데 바울의 설교를 들은 유대인들은 시기와 분으로 가득찼습니다. 그리고 바울과 바나바를 반대하며 비방했습니다. 바울의 선교를 방해했습니다. 유대인들은 성의 권력자들을 선동하여 바울 일행을 핍박했고 쫓아내려 했습니다. 그럼에도 바울 일행은 주눅들지 않았고 발에서 먼지를 털고 다른 곳으로 이동했습니다.

<정답> : 유대인

2. 몸풀기(나도 잘 할 수 있어 게임)

몸풀기 게임으로 나도 잘할 수 있어 게임을 합니다.

[게임방법]

① 한 사람당 종이컵 6개를 준비합니다. 그리고 색깔 스티커를 준비해서 종이컵에 1부터 6까지 숫자에 맞게 스티커를 부착합니다.

② 교사는 종이컵 모양으로 된 숫자를 출력해서 준비해 놓습니다. 학생들은 종이컵을 자신 앞에 일렬로 놓습니다.

③ 교사는 종이컵 모양 숫자를 자신이 원하는 대로 배치합니다. 배치가 끝난 뒤 교사는 시작을 외치고 구령 소리와 함께 학생들은 종이컵을 교사가 배치한 숫자 모양대로 배치합니다.

[게임멘트]

하나도 틀리지 않고 모두 성공한 친구 있나요? 선생님이 만든 모양을 그대로 잘할 수 있을 것 같았죠? 그런데 실수가 있었던 이유는 무엇일까요? 다른 친구보다 먼저 하려다 실수가 생겼지요? 아마 천천히 하면 실수하는 친구는 없을 거에요. 또 옆에서 지켜보는 친구들은 "왜 저것도 못하지?"라는 생각이 들 수 있어요. 남이 하면 쉬워 보일 수 있어요. 남들이 쉽게 하니까 나도 쉽게 잘할 수 있다고 착각해서는 안되요. 각자 잘 할 수 있는 부분이 다를 수 있어요. 우리는 내가 잘할 수 있는 부분을 역할분담을 해서 최선을 다해 하는 것이 중요하다는 사실을 성경을 통해 배워 봅시다.

3. 생각해보기

우리 신체는 모두 다른 기능을 합니다. 그림을 보고 각 신체의 기능을 이야기해 봅시다.

우리 신체에서 어디가 제일 중요하다고 생각하나요? 머리, 심장, 폐, 이런 것을 선택한 친구는 왜 이것이 제일 중요하다고 생각하지요? 다른 신체 기관은 없어도 생명에 지장은 없지만 심장, 머리, 폐는 생명과 연결이 되기 때문이지요? 그렇다면 신체 중에 없어도 되는 것이 있을까요? 그런 신체는 한군데도 없어요.
눈이 중요하다고 눈만 100개 있다고 생각해 보세요. 그리고 신체 기관들이 서로 잘났다고 싸우면 될까요? 발이 신발만 신고 다녀서 답답하다고 이제는 신발을 안신고 다니겠다고 하면 물구나무를 서서 손으로 신발을 신고 다닐 수 있을까요? 이처럼 교회도 마찬가지에요. 물론 중요한 역할을 감당하는 사람들도 있지만 그렇다고 교회에서 모든 사람들이 중요한 역할을 하겠다고 나서면 교회도 건강하게 자랄 수 없게 되는 것입니다. 교회에서도 각자에게 맡겨진 역할을 잘 감당할 때 비로소 건강한 교회가 될 수 있습니다.

4. 성경 속으로 Go Go

1. 모세를 비방한 사람들은 누구이고 무슨 일 때문에 비방했는지 성경을 찾아서 적어 보세요.(민수기 12:1)

① 모세를 비방한 사람은 누구인가?

② 왜 모세를 비방하였나?

티칭포인트 | 오랜 광야 생활에 지친 이스라엘 백성들이 이번에는 고기가 먹고 싶다고 모세를 원망했습니다. 그러자 모세는 기도했고 하나님께서는 메추라기를 보내 주셨습니다. 그런데 사람들은 메추라기를 욕심을 부려 잔뜩 잡았습니다. 적게 잡은 사람이 10호멜(약 22L)을 잡았으니 엄청난 양의 메추라기를 잡았던 것입니다. 이들이 이렇게 많이 잡은 이유는 욕심때문이었습니다. 이 일이 있은 후 얼마 지나지 않아 이제는 모세의 누나인 미리암과 형인 아론이 모세를 찾아와 비방했습니다. 백성들이 원망하고 불평하는 것도 참기 힘든 고통이었는데 가족들마저 모세를 비방했으니 모세에게는 참기 힘든 고통이었을 것입니다. 미리암과 아론은 모세가 구스(아프리카의 이디오피아) 여인을 아내로 맞이한 것을 가지고 비방합니다.

이 구스 여인은 모세가 또 장가를 든 것이 아니고 애굽에서 미디안으로 도망쳤을 때 미디안 제사장 이드로의 딸 십보라와 결혼했는데 바로 십보라가 구스 여인이었습니다.(몇몇 신학자들은 십보라가 성경에 등장하지 않고 십보라와 결혼한지 40년이 흐른 뒤 결혼을 문제삼는 것이 타당하지 않다는 이유로 구스 여인이 다른 여인이라고 이야기하기도 합니다. 하지만 광야 생활에서 지도자인 모세가 갑자기 이방여인과 결혼을 했다는 것은 더 납득하기가 어렵습니다. 2절에서 미리암이 진짜 문제를 삼고 있는 것이 구스 여자와 결혼이 아니라 자신들도 모세와 동등한 선지자라는 사실을 강조한 것을 보면 구스 여자와의 결혼은 그저 시비꺼리였을 뿐이라는 것을 알 수 있습니다.)
성경은 구스와 미디안을 같은 지역으로 표현을 합니다.(합 3:7) 내가 본즉 구산의 장막이 환난을 당하고 미디안 땅의 휘장이 흔들리는도다 그런데 2절에서는 갑자기 다른 이야기를 합니다. "하나님께서 모세 너하고만 이야기하셨나? 우리하고도 말씀하셨다. 우리도 선지자고 제사장이야" 미리암과 아론은 동생인 모세 혼자 지도자로서 영향력이 커지는 것이 못마땅했습니다. 자신들도 모세만 못하지 않다고 생각했습니다. 모세와 동등한 위치, 역할을 받은 자격이 있다고 생각했던 것입니다.

<정답> : 미리암, 아론, 구스 여자를 취함

2. 아론과 미리암은 누구이고 이들의 직책은 무엇이었는지 성경을 보고 빈칸을 적어보세요.

> 너는 이스라엘 자손 중 네 ○ 아론과 그의 아들들 곧 아론과 아론의 아들들 나답과 아비후와 엘르아살과 이다말을 그와 함께 네게로 나아오게 하여 나를 섬기는 ○○○ 직분을 행하게 하되 (출애굽기 28장 1절)
>
> 아론의 누이 선지자○○○이 손에 소고를 잡으매 모든 여인도 그를 따라 나오며 소고를 잡고 춤추니(출애굽기 15장 20절)

티칭포인트 | 모세의 형 아론의 직책은 제사장이었습니다. 성막에서 하나님께 제사하는 역할을 감당하는 영광스러운 직책이었습니다. 레위 지파 중에서도 오직 아론의 가문에서만 제사장이 될 수 있었습니다.

아론은 대제사장으로서 하나님께 백성의 대표로 나아갈 수 있었던 사람이었습니다. 자손 대대로 제사장의 직분을 감당할 수 있는 것이 작은 일이라고 할 수 있을까요? 모세의 누나 미리암은 선지자였습니다. 하나님께서는 미리암을 선지자로 부르셨습니다. 하나님의 말씀을 전하고 백성들을 가르치는 선지자의 역할이 작다고 할 수 있을까요?

<정답> : 아론 - 형, 제사장 / 미리암 - 누나, 선지자

3. 모세를 비방한 결과 미리암은 어떤 벌을 받았나요? 성경을 읽고 서로 이야기 해봅시다.(민수기 12장 10절, 15절)

티칭포인트 | 미리암과 아론은 모세를 비방했고 그 결과 미리암은 나병에 걸렸습니다. 아론과 미리암이 같이 모세를 비방했는데 왜 미리암만 나병에 걸렸을까요? 그것은 미리암이 모세를 비방하는데 앞장섰기 때문입니다. 그리고 미리암의 나병은 이스라엘 백성들에게 경고하는 상징적인 것이 포함되어 있었습니다. 결국 미리암은 진 밖에 나가 7일 동안 격리를 했고 그 동안 이스라엘은 이동하지 못했습니다. 한 사람의 범죄가 온 이스라엘에게 영향력을 끼친 것입니다.

<정답> : 나병, 진영 밖에 7일 동안 갇혀 있음

5. 성경 Action

1. 교회 안에서 누구는 중요한 사람이고 누구는 중요하지 않은 사람인 것은 없습니다. 모두가 하나님의 부름을 받은 중요한 사람입니다. 나는 교회에서어떤 중요한 역할을 하고 있나요?

나는 학교, 가정, 교회에서 어떤 역할을 맡고 있나요? 나는 아직 어리니까 집에서나 교회에서 아무 것도 하지 않아도 되나요? 우리도 가정, 학교, 교회에서 구성원으로서 나에게 맡겨진 일이 있다면 최선을 다해야 합니다. 왜 나만 이런 보잘 것 없는 일을 해야 하나? 하며 불평하는 것이 아니라, 최선을 다해 내게 맡겨진 일을 해야 합니다.

2. 내가 중요한 사람이라고 생각되지 않을 때 그럼에도 우리는 교회와 예배에 대해 어떤 선택을 해야 할까요?

남들은 중요한 역할을 하는 것 같은데 나만 보잘 것 없는 사람처럼 느껴질 때 속상할 수밖에 없고 불평하고 분노할 수밖에 없습니다. 또 이런 마음이 들면 교회에 가기도 싫고 예배를 드리고 싶지도 않을 수 있습니다. 예배 드리고 싶은 마음이 아니라고 예배를 빠지는 것은 하나님께서 원하시는 모습은 아닐 것입니다. 이런 마음이 들 때 우리가 할 수 있는 것은 하나님께 기도하는 것입니다. 하나님께서 내게 이 일들을 맡기셨고 우리는 그 일에 최선을 다해 충성하는 것이 그리스도인으로서의 자세라는 사실을 기억해야 합니다.

6. 함께 기도하기

하나님, 내가 학교, 교회, 가정에서 필요한 사람이 될 수 있게 해주셔서 감사합니다. 남을 부러워하고 나의 모습, 환경을 원망하지 않고 내게 주어진 모든 것에 감사하며 살아갈 수 있도록 도와주세요. 예수님의 이름으로 기도합니다. 아멘.

16과 밥이 무섭다고?

외울 말씀 | "다만 여호와를 거역하지는 말라 또 그 땅 백성을 두려워하지 말라 그들은 우리의 먹이라 그들의 보호자는 그들에게서 떠났고 여호와는 우리와 함께 하시느니라 그들을 두려워하지 말라 하나" (민 14:9)

공과 목표 |

1. 그리스도인들도 두려울 때가 있음을 알 수 있다.
2. 하지만 그리스도인은 이 두려움을 믿음으로 이길 수 있음을 깨달을 수 있다.
3. 두려움 속에서도 믿음으로 하나님의 온전한 뜻을 선택할 수 있다.

배울내용 | 오늘은 12명의 각 지파 지도자들이 가나안 땅을 정탐하고 여호수아와 갈렙만이 믿음의 보고를 한 모습을 통해 두려움 가운데에서도 하나님을 바라볼 수 있다면 믿음의 고백을 할 수 있다는 사실을 배울거예요.

공과 설명 |

어둡고 캄캄한 곳을 혼자 지나간다면 어떨까요? 많이 무섭고 떨리겠지요? 그러면 이곳을 무섭지 않게 지나가려면 어떻게 해야 할까요? 그 방법은 나를 지켜줄 수 있는 사람과 같이 지나가는 것입니다. 부모님, 선생님의 손을 붙잡고 걸어가면 아무리 어둡고 캄캄한 곳이라도 용감하게 걸어갈 수 있습니다. 부모님과 선생님이 함께 하신다고 어둡고 캄캄한 환경이 바뀌지는 않습니다. 그렇지만 용감하게 갈 수 있는 것은 내 옆에 있는 부모님과 선생님이 계시기 때문입니다. 이스라엘 백성들이 애굽을 나온지 2년이 되었습니다. 드디어 이들은 가나안 땅 바로 앞까지 왔습니다. 백성들은 모세에게 요청을 합니다. "모세, 가나안 땅을 사람을 보내 정탐하는 것이 어떨까요? 우리가 어느 길, 어느 성으로 가야하는지 미리 살펴보면 좋을 것 같습니다." [신]1:22 너희가 다 내 앞으로 나아와 말하기를 우리가 사람을 우리보다 먼저 보내어 우리를 위하여 그 땅을 정탐하고 어느 길로 올라가야 할 것과 어느 성읍으로 들어가야 할 것을 우리에게 알리게 하자 하기에 그래서 모세는 12지파에서 대표 1명씩을 뽑아 12명을 가나안을 정탐하러 보냅니다. 40일 동안 정탐하고 돌아옵니다. 12명 모두 가나안 땅을 너무 좋고 아름다운 땅이라고 보고를 합니다. 그런데 이스라엘의 행동에 대해서는 반대의 의견을 이야기합니다. 10명의 지도자는 가나안 사람들은 네피림의 후손 아낙 자손과 같았다고 말합니다. 아낙 자손이란 몸집이 큰 사람들을 의미합니다. 이들과 자신들을 비교해 봤더니 스스로 메뚜기처럼 보잘 것 없어 보였다고 말합니다. 하지만 갈렙과 여호수아는 옷을 찢고 이야기합니다. 비록 그들이 크고 강하다고 할지라도 하나님께서 함께 하시면 그들은 우리의 먹이(밥)라고 이야기합니다. 세상에 밥을 무서워하는 사람이 있을까요? 물만 먹어도 살이 찐다고 하는 사람은 밥이 무서울수도 있습니다. 하지만 밥을 보고 진짜 공포를 느끼는 사람은 없습니다. 갈렙과 여호수아가 가나안 사람들은 우리의 밥이기 때문에 두려워할 필요가 없다고 말한 것은 가나안 사람들이 진짜 보잘 것 없기 때문이 아니라 하나님께서 우리와 함께 하시기 때문에 가나안 사람들을 신경쓸 필요가 없었기 때문입니다. 함께 하시는 하나님을 믿으면 얼마나 용기있게 결정하고 행동할 수 있는지 갈렙과 여호수아의 모습을 통해 살펴보겠습니다.

1. 성경을 공부해요

하나님께서 함께 하셔서 승리하게 하신 사건을 성경에서 찾아 보세요.

1. 사무엘상 17장 49절	○○○ 을 이김
2. 열왕기하 19장 35	이스라엘 승리
3. 출애굽기 17장 11절	○○가 ○을 올리면 승리

<정답> : 골리앗, 모세, 손

사무엘상 17:49 손을 주머니에 넣어 돌을 가지고 물매로 던져 블레셋 사람의 이마를 치매 돌이 그의 이마에 박히니 땅에 엎드러지니라

다윗이 골리앗을 물매로 이긴 사건은 교회를 다니지 않는 사람들도 알 정도로 유명한 사건입니다. 다윗과 골리앗의 싸움은 하나님의 싸움이었습니다. 하나님께서 다윗을 통해 골리앗을 이기게 하신 것입니다. 다윗이 승리할 수 있었던 것은 용맹함도 칼도 창도 아니었고 함께 하시는 하나님이었습니다. 양만 치던 어린 다윗이 블레셋 최강 장수를 이기는 것은 불가능한 일입니다. 그런데 하나님께서 다윗과 함께 하셨고 하나님은 다윗과 함께 싸워주셔서 승리하게 하셨습니다.

<정답> : 골리앗에게 승리

열왕기하 19:35 이 밤에 여호와의 사자가 나와서 앗수르 진영에서 군사 십팔만 오천 명을 친지라 아침에 일찍이 일어나 보니 다 송장이 되었더라

앗수르 왕 산헤립은 십팔만 오천 명이나 되는 군대를 끌고 남유다를 쳐들어왔습니다. 예루살렘 성을 포위하고 히스기야 왕과 백성들을 협박했습니다. 이런 위기의 순간에 누가 히스기야와 이스라엘 백성들을 구원할 수 있을까요? 산헤립은 히스기야도 하나님도 다른 외국 나라도 아니라 바로 자기 자신뿐이라는 것을 큰 소리로 외칩니다. 이런 위기의 순간에 히스기야는 하나님께 기도했고 하나님의 초자연적인 기적이 일어납니다. 밤사이 앗수르 군대 십팔만 오천명이 모두 죽었던 것입니다. 하나님께서 함께 하셨기 때문에 남유다는 앗수르로부터 구원을 받을 수 있었습니다.

<정답> : 이스라엘이 앗수르에게 승리

출애굽기 17:11 모세가 손을 들면 이스라엘이 이기고 손을 내리면 아말렉이 이기더니
애굽에서 나와 광야 생활을 하던 이스라엘을 아말렉이 공격했습니다. 아말렉과의 전쟁은 이스라엘 백성들이 애굽에서 나와 했던 첫 번째 전쟁이었습니다. 이스라엘 백성들은 애굽에서 노예로 살았습니다. 한 번도 군사 훈련을 받아 본적도 없었습니다. 그런 그들이 아말렉과의 전쟁을 해야했던 것입니다. 군사력으로만 본다면 이스라엘이 아말렉을 이길 수 없었습니다. 그래서 하나님께서는 모세에게 지팡이를 잡고 산 위에 서라고 하셨습니다. 모세는 지팡이를 잡고 손을 들어올렸습니다. 모세가 지팡이를 잡았다는 것은 하나님만 의지하겠다는 의지입니다. 모세가 팔이 아파 더 이상 들고 없게 되자 아론과 훌이 모세의 팔을 붙잡고 섰습니다. 모세는 이들의 도움으로 해가 지도록 손을 들고 있었고 아말렉과의 전쟁에서 승리할 수 있었습니다. 아말렉과의 전쟁 승리는 결코 사람의 힘으로 이루어낸 것이 아니라, 함께 하시는 하나님께서 주신 승리라고 할 수 있습니다.
<정답> : 모세가 손을 올리면 아말렉에게 승리

2. 몸풀기(동전 알까기)

몸풀기 게임으로 동전 알까기를 합니다.

[게임방법]

① 10원짜리 20개, 500원짜리 2개, 바둑판을 준비합니다. 각자 10원짜리 10개, 500원짜리 1개를 바둑판에 자유롭게 올려 놓습니다.

② 바둑판 위에 동전이 하나도 없으면 승리합니다.

[게임멘트]

10원짜리를 많이 갖고 있는 것과 500원짜리 1개를 갖고 있는 것 중 어느 것이 더 든든한 마음이 들었나요? 500원짜리죠? 10원짜리로 500원자리를 튕겨내는 것은 어렵기 때문이에요. 500원짜리를 갖고 있으면 자신이 실수만 하지 않는다면 쉽게 승리할 수

있어요. 10원짜리가 아무리 많아도 500원짜리 1개를 이기기가 쉽지 않아요? 하나님은 500원짜리 동전과는 비교할 수 없는 엄청난 힘을 가지신 분이에요. 하나님과 싸워 이길 수 있는 사람은 아무도 없어요. 우리와 함께 하셔서 모든 것을 이기게 하시는 하나님을 말씀을 통해 배워 봅시다.

3. 생각해보기

음식이 무서운 사람은 누구일까요? 여러분들은 무엇을 무서워 하나요? 서로 이야기해 봅시다.

세상에 음식을 무서워 하는 사람이 있을까요? 특정 음식을 먹다가 큰 병에 걸리거나 죽을 뻔 했다거나 알러지가 있다면 음식을 보고 무서워 할 수 있겠지요? 또 다이어트를 하는 사람이라면 다이어트를 포기하게 만드는 맛있는 음식이 무서울 수 있습니다. 그런데 이런 경우가 아니라면 음식을 무서워하는 사람은 없습니다. 음식은 우리에게 먹는 즐거움을 줄 뿐이지 공포를 주는 대상이 아니니까요. 그런데 이런 음식을 무서워한 사람들이 성경에 있는데 한 번 살펴보겠습니다.

4. 성경 속으로 Go Go

1. 가나안땅을 정탐하기 위해 각 지파에서 누가 뽑혔나요?성경을 찾아 빈 곳에 누가 뽑혔는지 적어보세요.(민수기 13:4~16)

르우벤지파	시므온지파	유다지파	잇사갈지파	에브라임지파	베냐민지파
삼무	사밧	갈렙	이갈	호세아 (여호수아)	발디
스블론지파	므낫세지파	단지파	아셀지파	납달리지파	갓지파
갓디엘	갓디	암미엘	스둘	나비	그우엘

티칭포인트 | 이스라엘 백성들이 애굽에 나온지 2년이 되었습니다. 이들은 이제 가나안 땅이 보이는 가데스 바네아에 도착을 했습니다. 모세는 하나님께서 우리에게 가나안 땅을 주셨으니 가서 차지하자고 합니다. 이때 이스라엘 백성들은 모세에게 어디로 공격을 하는지 어떤 성을 먼저 공격해야 하는지 정탐을 해보자고 요청을 하고 모세는 이들의 요청을 받아들여 각 지파에서 대표 한 사람씩을 뽑습니다.

[신]1:22 너희가 다 내 앞으로 나아와 말하기를 우리가 사람을 우리보다 먼저 보내어 우리를 위하여 그 땅을 정탐하고 어느 길로 올라가야 할 것과 어느 성읍으로 들어가야 할 것을 우리에게 알리게 하자 하기에

에브라임 지파의 호세아가 여호수아입니다.

<정답> : 삼무, 사밧, 갈렙, 이갈, 호세아, 발디, 갓디엘, 갓디, 암미엘, 스둘, 나비, 그우엘

2. 12명의 정탐꾼은 같은 것을 보았는데 왜 다른 이야기를 했던 것일까요? 성경을 찾아 적어보세요.(민 14:8~9)

티칭포인트 | 12명의 정탐꾼은 40일 동안 가나안 땅을 정탐하면서 가나안 땅의 열매와 땅을 보았습니다. 정말 소문 그대로 땅은 비옥했고 그 땅에서 자라는 열매들은 크고 맛있어 보였습니다. 포도송이가 달린 가지를 두 사람이 어깨에 메고 왔다고 성경은 기록합니다. 얼마나 포도송이가 크고 많았으면 두 사람이 메고 올 정도였을까요? 그런데 그들이 본 것은 이뿐만이 아니었습니다. 크고 강한 성과 큰 거인과 같은 가나안 사람들도 보았습니다. 땅과 열매를 봐서는 가고 싶은 땅인데 성과 사람들을 봐서는 도저히 싸워서 이길 자신이 없었던 것입니다.

그래서 10명은 **"좋은 땅이기는 하지만 우리가 싸워서 이길 수 없을 것이다."**라고 이야기를 하고 갈렙과 여호수아는 **"이 좋은 땅을 하나님께서 우리에게 주셨다. 하나님께서 우리에게 주신다고 하셨으니 가서 싸워서 차지하자."**라고 이야기를 했습니다.

이들이 본 것은 같은 것이었습니다. 그런데 이들의 보고의 차이는 바로 함께 하시는 하나님을 믿는 믿음의 차이였습니다. 10명은 함께 하는 하나님을 믿지 못했고 갈렙과 여호수아는 함께 하는 하나님을 믿었습니다.

<정답> : 여호와는 우리와 함께 하시느니라(하나님이 함께 하심을 믿음)

3. 불신앙을 선택한 이들에게 어떤 일이 일어났을까요? 성경을 찾아 빈 칸을채워보세요.

너희 시체가 이 광야에 엎드러질 것이라 너희 중에서 ○○ 세 이상으로서 계수된 자 곧 나를 원망한 자 전부가 여분네의 아들 ○○과 눈의 아들 ○○○○ 외에는 내가 맹세하여 너희에게 살게 하리라 한 땅에결단코 ○○○○ 못하리라(민14:29~30)

티칭포인트 | 10명의 정탐꾼의 이야기는 많은 사람들을 불안하게 했고 두려워하게 했습니다. 불안과 두려움은 불평과 원망을 쏟아내게 했습니다. 이스라엘 백성들은 밤새 울면서 모세와 아론을 원망했습니다. 이들은 애굽 땅이나 광야에서 죽었으면 좋았겠다고 말합니다. 이들의 말은 20세 이상 사람들은 모두 광야에서 죽게 될 것이라는 하나님의 말씀에 의해 이루어졌습니다. 또한 칼에 쓰러지고 우리의 처자가 사로잡힐 것이다라고 했던 말은 아말렉 사람들과 가나안 족속들과의 전쟁을 통해 이루어지게 됩니다. 하나님께서는 이스라엘 백성들의 원망이 갈렙과 여호수아를 제외한 백성들에게 그대로 돌아가게 하셨습니다. 결국 갈렙과 여호수아는 40년 뒤 하나님께서 약속하신 가나안 땅에 들어가 땅을 차지하게 됩니다.

<정답> : 이십, 원망, 갈렙, 여호수아, 들어가지

5. 성경 Action

1. 무섭거나 두려울 때 우리는 누구를 찾나요? 이 사람들을 왜 찾을까요?

무섭거나 두려울 때 우리는 부모님을 찾게 됩니다. 왜냐하면 나를 가장 사랑하고 나에게 가장 큰 도움을 주실 수 있는 분이기 때문입니다. 우리가 어려움을 당하면 나에게 도움을 줄 수 있는 사람들을 찾지 도움을 주지 못하는 사람들을 찾지는 않습니다. 도움을 받아야 무서움과 두려움에서 벗어날 수 있기 때문입니다.

2. 두려울 때 사람들은 올바른 선택을 잘 하지 못합니다. 두려움이 가득할 때 올바른 선택을 하기 위해서 어떻게 해야 할까요?

스포츠 경기를 하기도 전에 상대방에게 먼저 기가 죽으면 경기 내내 제 실력을 발휘하지 못합니다. 두려움이 오면 사람들은 올바른 선택을 하기가 쉽지 않습니다. 두려움이 나를 누를 때 이 두려움으로부터 벗어날 수 있는 방법은 하나님께 기도하는 것입니다. 하나님은 우리를 모든 두려움으로부터 벗어나게 하실 수 있습니다.

6. 함께 기도하기

하나님, 환경이나 상황 때문에 하나님을 원망하고 불평하지 말고 나와 함께 하셔서 승리하게 하시는 하나님만 바라볼 수 있는 믿음을 주세요. 부정적인 생각보다 하나님께서 주시는 믿음의 생각으로 살아갈 수 있도록 도와주세요. 예수님의 이름으로 기도합니다. 아멘.

17과 꼭 여기서 해야 되나요?

외울 말씀 | "여호수아가 부싯돌로 칼을 만들어 할례 산에서 이스라엘 자손들에게 할례를 행하니라" (수 5:3)

공과 목표 |

1. 하나님만이 우리를 구원하시는 분임을 알 수 있다.
2. 하나님의 선하신 인도하심을 깨달을 수 있다.
3. 하나님의 말씀에 순종할 때 놀라운 기적이 일어나는 것을 배울 수 있다.

배울내용 | 오늘은 이스라엘 백성들이 요단강을 건넌 후 길갈에서 할례를 받은 사건을 통해 하나님께서 함께 하시면 불리하고 위험한 상황도 유리하고 안전하다는 사실을 배울거예요.

공과 설명 |

혹시 길거리에서 전도하는 모습을 본 적이 있나요? 길거리에서 전도하는 모습을 보면 어떤 생각이 드나요? "아름답다 멋지다" 이런 생각이 드시나요? 아니면 "여기서 굳이?" 이런 생각이 드시나요? 요즘은 예전처럼 길거리 전도를 교회마다 많이 하지 못하고 있고 사람들의 인식도 썩 긍정적이지는 않습니다. 전도는 그리스도인의 사명입니다. 그런데 이런 전도를 바라보는 사람들의 시선과 전도에 대한 두려움 때문에 말 한마디 못하고 그리스도인이라는 티도 내지 못한다면 우리는 그리스도인답게 살지 못한다고 할 수 있습니다.

이스라엘 백성들은 40년 동안 광야에서 헤매다가 드디어 가나안 땅에 들어갔습니다. 가나안의 문턱인 요단강을 건너자마자 하나님은 이스라엘 백성들에게 할례를 받으라고 명령하십니다. 광야에서 태어난 남자들은 할례를 받지 못했기 때문입니다. 할례는 하나님의 백성이라는 표입니다. 하나님께서 가나안 땅에 들어가기 전 이스라엘 백성과 언약 갱신을 하고 있는 것입니다. "나는 너희 하나님이 되고 너희는 내 백성이 되리라." 할례는 바로 이 약속의 표라고 할 수 있습니다. 그런데 꼭 할례를 요단강을 건너서 받았어야 했을까요? 할례를 받으면 남자들은 3일 동안 움직이지 못합니다. 그러면 이때가 적들이 이스라엘을 쳐들어 오는 최대의 적기라고 할 수 있습니다.

이런 위험한 상황에서 하나님은 할례를 명령하신 것입니다. **"왜 꼭 할례를 여기서 해야 되나구요~~"**

40년 동안 받지 않았던 할례인데 가나안 정복이 다 끝나고 안정되었을 때 받으면 안되었을까요? 아니면 요단강을 건너기 전에 받았으면 안되나요? 길갈에서 할례를 명령하신 이유는 하나님이 우리의 보호자라는 사실을 다시 한번 상기시켜 주신 것입니다. 하나님이 우리와 함께 하시면 그 어떤 불리하고 힘든 상황이라도 우리는 분명히 승리할 수 있습니다. 길갈에서의 할례를 통해 하나님께서 함께하시면 우리의 인생이 어떻게 바뀌게 되는지 살펴보겠습니다.

1. 성경을 공부해요

하나님께서 극한의 상황까지 인도하셨다가 구원하신 사건을 성경에서 찾아 보세요.

1. 창세기 21장 5절 ○○○ 세 아들
2. 사사기 7장 22절 ○○○ 명의 용사
3. 여호수아 6장 20절 ○○○ 성 무너짐

<정답> : 100, 300, 여리고

창세기 21:5 아브라함이 그의 아들 이삭이 그에게 태어날 때에 백 세라

75세의 아브라함에게 하나님께서 나타나셔서 "자손과 땅"에 대한 약속을 하십니다. 그런데 시간이 흘러도 아브라함에게는 아들이 없습니다. 그래서 조급한 마음에 아브라함은 하갈이라는 여인을 또 아내로 맞아 자녀를 낳으려 했습니다. 하지만 하나님께서는 사라를 통한 자손을 약속하셨고 아브라함이 100세 되던 해에 이삭을 낳았습니다. 왜 하나님은 한참을 기다려 100세가 되었을 때 자녀를 주신 것일까요? 하나님의 뜻을 우리가 다 알 수는 없지만 이것은 하나님은 불가능한 것이 없다는 사실을 알려주신 것입니다. 100세의 할아버지와 90세의 할머니가 아들을 낳는다는 것을 불가능한 일입니다. 그런데 이 불가능을 하나님은 가능으로 바꾸어 주셨습니다. 이 믿음을 가진 아브라함은 나중에 이삭을 제물로 바치라는 하나님의 명령에 즉각 순종합니다. 100세에 아들을 주신 하나님이 이삭을 죽은 자 가운데서 다시 살려주실 것을 믿을 수 있었던 것입니다.

<정답> : 100세에 아들을 낳음

사사기 7:22 삼백 명이 나팔을 불 때에 여호와께서 그 온 진영에서 친구끼리 칼로 치게 하시므로 적군이 도망하여 스레라의 벧 싯다에 이르고 또 답밧에 가까운 아벨므홀라의 경계에 이르렀으며

미디안 연합군대 135,000명이 이스라엘을 공격했습니다. 기드온은 미디안과 싸울 군사들을 모집했습니다. 전국에서 32,000명의 사람들이 모였습니다.
하지만 하나님은 너무 많다고 사람들을 돌려 보내라고 했습니다. 135,000명과 싸우는데 32,000명은 많은 인원이 아닙니다. 하지만 이 상황에서 이스라엘이 승리하게 된다면 자기들 힘으로 승리했다고 자랑할 것을 아시고 하나님은 사람들을 돌려 보내라고 하셨습니다. 기드온은 두려운 사람은 돌아가라고 했고 22,000명이 돌아갔습니다. 10,000명의 사람들이 남았지만 하나님은 이들도 많다고 하셨습니다. 그래서 이번에는 이들을 데리고 강가로 갔습니다. 엎드려 물에 입을 대고 마시는 사람들은 다 돌려 보내고 손으로 물을 떠서 먹는 300명만 데리고 미디안과 싸웠습니다. 하나님께서 미디안 군영을 어지럽게 하셨고 서로 싸우게 해서 120,000명이 죽게 하셨습니다.
<정답> : 300명으로 135,000명과 싸워 이김

여호수아 6:20 이에 백성은 외치고 제사장들은 나팔을 불매 백성이 나팔 소리를 들을 때에 크게 소리 질러 외치니 성벽이 무너져 내린지라 백성이 각기 앞으로 나아가 그 성에 들어가서 그 성을 점령하고
여리고성은 당시 최고의 방어력을 자랑하는 성이었습니다. 3중으로 된 성벽은 그 어떤 적도 막아낼 수 있었습니다. 이렇게 견고한 성을 별다른 무기없이 점령한다는 것은 불가능했습니다. 하나님께서는 여호수아에게 성을 매일 1바퀴씩 돌라고 명령하셨습니다. 그리고 7일째 되는 날에는 7바퀴를 돌고 제사장의 나팔 소리에 맞춰 모든 백성들이 크게 함성을 지르라고 하셨습니다. 이스라엘 백성들은 하나님의 말씀에 순종하여 여리고성을 돌았습니다. 하나님께서 명령하신대로 다 행하자 거짓말처럼 여리고성을 무너져 내렸고 이스라엘 백성들은 여리고성으로 들어가 싸워 승리할 수 있었습니다.
<정답> : 여리고성이 무너짐

2. 몸풀기(인간제로[눈치게임])

몸풀기 게임으로 인간제로 게임을 합니다.

[게임방법]

① 모든 반 친구들이 자리에 앉습니다. 그리고 모인 친구들의 숫자 안에서 원하는 숫자를 부릅니다. 예를 들어 5명의 친구들이 있다면 숫자는 0~5까지 부를 수 있습니다. 만약 한 친구가 숫자 3을 불렀고 3명의 친구가 자리에서 일어났다면 성공한 것입니다.

② 각 친구들이 몇 번 성공했는지 개수를 세어 많이 성공한 친구가 승리합니다.

③ 인간제로 게임 대신 눈치게임을 해도 좋습니다. 모두 자리에 앉습니다. 그리고 숫자를 부르며 자리에 일어납니다. 다른 친구와 숫자가 겹치면 실패하는 것입니다. 실패한 숫자를 세어 나중에 가장 적게 실패한 친구가 승리합니다.

[게임멘트]

이 게임을 잘 하기 위해 필요한 것이 무엇이라고 생각하나요? 순발력? 민첩함? 눈치? 이 모든 것이 다 필요할 거예요. 이 게임들은 어느 순간이 나에게 유리한가를 생각해서 재빠르게 선택을 해야 승리할 수 있어요. 이처럼 우리는 항상 나에게 유리하고 좋은 상황을 찾아 행동하기 마련이에요. 그런데 하나님은 불리한 상황에서 우리에게 순종을 명령하세요. 하나님은 왜 이런 명령을 내리셨을까요? 그것은 하나님만 믿고 따라오면 불리한 상황이라 할지라도 반드시 승리할 수 있다는 사실을 성경을 통해 배워봅시다.

3. 생각해보기

다음과 같은 상황에서 어떻게 하면 손을 놓을 수 있을까요?

어떤 사람이 벼랑에서 떨어졌는데 중간에 나뭇가지를 잡고 간신히 살 수 있었습니다. 이 사람은 하나님께 기도하기 시작했습니다.

"하나님~~ 제발 도와주세요" 그러자 하늘에서 음성이 들렸습니다. "네가 잡은 손을 놓아라" 그러자 이 사람은 깜짝 놀라서 이렇게 이야기했습니다. "손을 놓으라구요? 거기 하나님 말고 다른 사람없나요?" 이 사람은 왜 손을 놓지 못했을까요? 안전이 보장되지 않았기 때문이겠지요? 만약 안전이 보장된 것을 내 눈으로 확인했다면 하나님이나 다른 사람들의 도움도 필요하지 않았겠지요? 이처럼 우리는 우리 눈으로 안전이 확인되면 움직이고 확인되지 않는 불확실한 상황에서는 행동을 주저하게 되는 것입니다.

4. 성경 속으로 Go Go

1. 가나안 땅에 들어가기 전 이스라엘 백성들에게 무슨 일이 생겼는지 성경을 찾아 적어보세요.(여호수아 3:15)

티칭포인트 | 이스라엘 백성들은 40년의 광야생활을 마치고 가나안 땅에 들어가기 바로 직전이었습니다. 이제 요단강만 건너면 그렇게 가고자 했던 가나안 땅을 밟을 수 있었습니다. 그런데 이스라엘 백성들이 요단강에 도착한 때는 밀과 보리를 수확하는 시기였습니다. 이때는 요단강물이 항상 넘쳤습니다. 물이 깊어져서 걸어서는 강을 도저히 건널 수가 없었습니다. 바로 이 때 하나님께서는 요단강을 끊어지게 하는 기적을 베풀어 주십니다. 이스라엘 백성들 중 40년 전 홍해 기적을 직접 눈으로 목격한 사람은 갈렙과 여호수아뿐이었습니다. 그런 이스라엘 백성들에게 요단강의 기적은 홍해의 기적이 동화와 같은 이야기가 아니라, 진짜 하나님께서 우리를 위해 싸우신 사건이라는 것을 깨닫게 해주는 것이었습니다. 제사장이 언약궤를 메고 요단강에 들어가자마자 위에서부터 흐르는 요단강물이 끊어졌고 벽처럼 쌓이기 시작했습니다.

상류에서 물이 멈춰 흐르지 않자 하류는 수위가 점점 낮아졌고 이스라엘 백성들은 걸어서 요단강을 건널 수 있었습니다.

<정답> : 요단강을 건넘

2. 강을 건넌 이스라엘 백성들은 어디에 진을 쳤나요?(여호수아 4:19)

티칭포인트 | 요단강을 건넌 이스라엘 백성들은 길갈이라는 곳에 진을 쳤습니다. 이곳은 여리고성에서 약 3,7km 정도 밖에 떨어지지 않은 곳이었습니다. 여리고성 가까이 이스라엘 백성들이 왔다는 소식을 들었다면 이스라엘을 염탐해서 이스라엘이 할례를 받는 동안 공격을 해도 되었을텐데 이들은 요단강의 기적을 듣고 마음에 두려움이 생겨 이스라엘과 싸우려는 생각조차 하지 못했습니다.

<정답> : 길갈

3. 하나님께서는 이곳에서 무엇을 하라고 이스라엘 백성들에게 명령하셨나요 또한 이 명령을 하신 이유는 무엇인가요?(수 5:2, 5)

티칭포인트 | 하나님께서는 이곳에서 두 가지 예식을 지킬 것을 명령하셨습니다. 하나는 할례이고 다른 하나는 유월절이었습니다. 하나님께서는 황당한 명령을 내리셨습니다. 적들의 코앞에서 할례를 받으라는 것이었습니다. 할례는 남자들에게 행했던 의식인데 이 의식을 하고 나면 3~4일은 걷지 못해 싸울 수가 없었습니다. 그런데도 하나님께서는 할례를 명령하셨습니다. 이는 하나님께서 우리의 보호자가 되신다는 것을 보여주시는 것이었습니다. 요단강을 끊어지게 해서 건너오는 기적을 전해 들은 가나안 땅 주민들의 마음은 두려움으로 가득했습니다. 하나님께서 지키시는 이스라엘과 싸우려고 하지 않았습니다. 할례는 하나님과의 약속입니다. 하나님은 이스라엘의 하나님이 되고 이스라엘은 하나님의 백성이 된다는 약속의 징표가 바로 할례였습니다. 그런데 이스라엘의 불순종으로 인해 할례는 중단되었고 광야에서 40년 동안 방황하는 삶을 살았던 것입니다. 이제 하나님께서 할례를 명령하셨는데 이는 하나님께서 이스라엘과 약속을 다시 회복하시겠다는 의미를 내포합니다. 요단강의 기적을 맛본 이스라엘 백성들은 기꺼이 하나님의 말씀에 순종해서 모두 할례를 받았습니다. 이들이 할례를 받는 동안 하나님께서는 보호자로서 이스라엘을 지켜주셨습니다.

<정답> : 할례, 광야에서 태어난 사람들은 할례를 받지 못했기 때문에

5. 성경 Action

1. 요단강을 건너기 전에 할례 받았다면 안전했을텐데 왜 요단강을 건넌 후에 할례를 받으라고 하나님께서는 명령하셨을까요?

하나님께서 이스라엘의 보호자가 되어 주신다는 확실한 증거를 보여주신 것입니다. 앞으로 가나안 땅을 정복하기 위해서는 수많은 전쟁을 하게 될 것인데 그 모든 전쟁에서 하나님께서 보호자가 되어 이끄신다는 사실을 할례 사건을 통해 보여 주셨고 이스라엘 백성들은 자신들의 보호자가 되시는 하나님을 전적으로 신뢰하게 되었습니다.

2. 만약 내가 길갈에 있었다면 하나님의 말씀에 순종할 수 있었을까요? 순종과 불순종의 이유를 나누어 봅시다.

순종할 수 있다면 무엇 때문에 할 수 있는지 불순종한다면 그 이유가 무엇인지 서로 나누어 봅니다.

6. 함께 기도하기

하나님, 나의 보호자가 되어 주셔서 감사합니다. 내가 어딜 가더라도 항상 하나님께서 지켜주신다는 사실을 믿고 그리스도인답게 행동할 수 있도록 도와주세요. 예수님의 이름으로 기도합니다. 아멘.

18과 그리 아니하실지라도

외울 말씀 | "그렇게 하지 아니하실지라도 왕이여 우리가 왕의 신들을 섬기지도 아니하고 왕이 세우신 금 신상에게 절하지도 아니할 줄을 아옵소서" (단 3:18)

공과 목표 |

1. 내 뜻보다 하나님의 뜻을 행하는 것이 옳은 것임을 알 수 있다.
2. 어떤 순간에도 하나님께서는 반드시 나를 도와주시는 분임을 깨달을 수 있다.
3. 우상을 거절하고 하나님을 내 삶의 우선순위에 두며 살아갈 수 있다.

배울내용 | 오늘은 사드락, 메삭, 아벳느고가 느부갓네살 왕의 금신상에 절하지 않았다는 이유로 풀무불에 빠뜨려질 위험 속에서도 끝까지 절하지 않고 신앙을 지킨 사건을 통해 우리도 힘들고 무서운 상황에서도 끝까지 신앙을 지켜야 한다는 사실을 배울거예요.

공과 설명 |

올림픽 경기에서 장대높이뛰기 경기를 본 적이 있나요? 장대를 이용해 새처럼 날아서 장애물을 넘어 떨어지는 모습을 보면 무섭지 않을까? 하는 생각이 듭니다. 선수들이 두려움없이 장대를 이용해 높은 곳에 있는 장애물을 넘을 수 있는 것은 장대가 부러지지 않을 것이라는 믿음, 떨어지는 곳에 있는 두꺼운 매트가 나를 다치지 않게 할 것이라는 믿음이 있기 때문입니다.

만약 장대가 부러지면 어떻게 하지? 매트 밖으로 떨어지거나 매트의 바람이 빠져 다치면 어떻게 하지? 하는 걱정과 두려움이 있다면 제대로 경기를 할 수 없을 것이고 좋은 성적도 낼 수 없을 것입니다. 우리는 안전한 결과가 보장된 것은 두려움 없이 도전할 수 있습니다. 하지만 안전한 결과가 보장되지 않은 일에 도전하기란 결코 쉬운 일이 아닙니다. 아무런 안전이 보장되지 않았음에도 믿음의 길을 걸어가는 것이 얼마나 어려운지 그럼에도 우리는 그 믿음의 길을 걸어야 가야 하는 존재임을 이번 공과를 통해 살펴보겠습니다.

1. 성경을 공부해요

위기의 순간에 하나님을 선택한 믿음의 사람들을 성경에서 찾아 보세요.

1. 다니엘 6장 16절	사자굴 속에서 살아난 다니엘
2. 사도행전 16장 25절	○○과 실라
3. 여호수아 4장 12절	○○○, 갓, 므낫세 반 지파

<정답> : 바울, 르우벤

다니엘 6:16 이에 왕이 명령하매 다니엘을 끌어다가 사자 굴에 던져 넣는지라 왕이 다니엘에게 이르되 네가 항상 섬기는 너의 하나님이 너를 구원하시리라 하니라

다니엘은 바벨론의 포로로 끌려왔지만 하나님께서는 그를 바벨론의 고위 신하가 되게 하셨습니다. 다리오 왕은 전국에 고관 120명과 그들을 관리하는 총리 3명을 두었습니다. 다니엘은 총리 가운데 1명이었고 총리들 중 가장 뛰어난 사람이었습니다. 이스라엘에서 포로로 끌려온 다니엘이 자신들보다 높은 위치에 있는 것이 당연히 못마땅했을 것입니다. 그래서 그들은 다니엘을 모함하려고 했지만 아무런 흠을 찾을 수가 없었습니다. 그래서 한 가지 일을 꾸밉니다. 앞으로 한 달 동안 왕외 다른 사람, 신에게 무엇을 구하면 사자 굴에 넣자는 법을 만들었습니다. 왕은 자신을 높여주는 이야기이므로 흔쾌히 허락을 했습니다. 하지만 이것은 하루에 3번씩 기도하는 다니엘을 위험에 빠뜨리려는 음모였습니다. 이런 법이 제정되었음에도 불구하고 다니엘은 예전대로 하루에 3번씩 하나님께 기도했습니다. 다니엘을 시기했던 사람들은 이 일을 왕에게 고했고 왕은 어쩔 수 없이 다니엘을 사자굴에 넣을 수밖에 없었습니다. 하지만 하나님께서는 사자들의 입을 막으셨고 다니엘을 구원하셨습니다. 사자가 사납지 않아서 다니엘을 해치지 않은 걸까요? 그것은 아닙니다. 다리오 왕은 다니엘을 모함한 사람들을 다니엘 대신 사자굴에 넣으라고 명령했고 이들이 굴 바닥에 닿기도 전에 그들을 덮쳐서 그들의 뼈까지 모두 부수어 버렸습니다.

<정답> : 사자굴 속의 다니엘

사도행전 16:25 한밤중에 바울과 실라가 기도하고 하나님을 찬송하매 죄수들이 듣더라

바울과 실라가 빌립보 지역에서 복음을 전하다가 귀신 들린 여종을 만났습니다. 매일같이 바울을 괴롭게 했기 때문에 바울은 이 여종의 귀신을 예수님의 이름으로 쫓아냈습니다. 그랬더니 여종의 주인들이 더 이상 여종이 귀신들려 점을 칠 수 없어 돈을 벌 수 없게 되자 바울과 실라를 많이 때리고 감옥에 가두었습니다. 귀신들린 사람의 귀신을 쫓아 내주었다면 감사의 인사를 들어야 했는데 오히려 매를 맞고 감옥에 갇혔습니다. 이런 상황에서도 바울과 실라는 하나님을 원망하는 것이 아니라 찬양했습니다. 힘들고 어려운 상황이 생겼지만 바울과 실라는 낙심하지 않았습니다. 하나님께서 반드시 도우실 것이라는 믿음을 가지고 찬양할 때 감옥의 문들이 열리고 감옥을 지키던 간수들이 하나님을 믿는 놀라운 일들이 일어나게 되었습니다.

<정답> : 바울과 실라

여호수아 4:12 르우벤 자손과 갓 자손과 므낫세 반 지파는 모세가 그들에게 이른 것 같이 무장하고 이스라엘 자손들보다 앞서 건너갔으니

가나안 땅에 들어가기 전 르우벤, 갓, 므낫세 지파의 절반이 요단강을 건너지 않고 정착하겠다고 모세에게 이야기를 했습니다. 모세는 세 지파의 이기적인 행동에 화를 냅니다. 가나안 땅에 들어가 위험한 전쟁을 하고 싶은 사람이 누가 있을까요? 세 지파 때문에 다른 지파들도 가나안 땅에 가지 않겠다고 할 수 있었기 때문입니다. 그러자 세 지파는 모세에게 이렇게 이야기합니다. “그러면 우리의 가족을 위해서 안전한 성을 짓고 그 다음에 우리가 이스라엘 백성들 제일 앞에서 전쟁이 끝날 때까지 싸우겠습니다.” 모세는 이들과 약속을 했고 이들이 요단강을 건너지 않고 정착할 수 있도록 허락했습니다. 시간이 흘러 이스라엘 백성들은 요단강을 건너 가나안 땅에 들어갔습니다. 이 때 제일 앞장 서서 싸운 사람들이 바로 르우벤, 갓, 므낫세 반 지파였습니다. 전쟁때 제일 앞에 선다는 것은 너무 위험한 일이었습니다. 하지만 이들은 모세와 한 약속을 가나안 7년 전쟁이 끝날 때까지 위험을 무릅쓰고 최선을 다해 지켰습니다.

<정답> : 르우벤, 갓, 므낫세 반지파

2. 몸풀기(제기차기)

몸풀기 게임으로 제기차기를 합니다.

[게임방법]

① 제기를 준비합니다. 제기 준비가 쉽지 않다면 500원짜리 동전 3개를 비닐로 감싸고 고무줄로 묶습니다. 그리고 비닐 아래쪽을 가위로 자릅니다. 아쉬운 대로 사용할 만 합니다.
② 학생들이 제기를 편한 방법으로 제기차기를 하면 됩니다. 이때 위험한 순간에 아무 때나 제기를 손으로 잡을 수 있는 것과 절대로 손을 잡지 못하는 두 가지 방법으로 제기차기를 합니다.
③ 가장 제기를 많이 찬 친구가 승리합니다.

[게임멘트]

위험한 순간에 손으로 잡을 수 있는 기회가 있었을 때와 없었을 때 무슨 차이가 있었나요? 위험하더라도 손으로 잡으면 다시 할 수 있는 기회가 주어지지만 손을 잡을 수 없다면 위험한 상황에는 제기를 포기할 수밖에 없었겠지요? 위험을 벗어날 수 있는 확신이 있다면 우리는 불안해하지 않습니다. 하지만 위험을 벗어날 확신이 없다면 우리는 매일 불안해하고 초조해할 것입니다. 이제 위험을 벗어날 수 없는 상황에서도 끝까지 믿음을 포기하지 않았던 믿음의 사람들을 만나봅시다.

3. 생각해보기

여러분들은 친구들을 믿고 눈을 감고 뒤로 넘어질 수 있나요?
네, 아니오에 대한 대답의 이유를 이야기해 봅시다.

눈을 감고 뒤로 넘어지는 활동은 학교에서도 많이 해봤지요? 뒤로 넘어질 때 무릎을 굽히지 않는 것이 중요한데 무릎을 굽히지 않는다는 것은 그만큼 철저하게 상대방을 믿는다는 의미입니다. 무릎을 굽히는 이유는 내 힘으로 버티려고 하는 것입니다. 뒤에 있는 사람이 5살 꼬마 아이라면 우리는 무릎을 굽히지 않을 수 없을 것이고 뒤에 있는 사람이 체격이 크고 힘이 센 어른이라면 무릎을 꼿꼿하게 세워서 뒤로 넘어질 수 있을 것입니다. 믿을만한 존재가 있다면 우리는 절대로 무서워하지 않고 용기있게 살아갈 수 있는 것입니다.

4. 성경 속으로 Go Go

1. 그림을 보고 다니엘의 세 친구에게 무슨 일이 생겼는지 이야기해 보고 금신상의 높이가 어느 정도 되는지 성경을 찾아 기록해 봅시다. (다니엘 3:1, 15)

금신상

높이 ______ 규빗(1규빗은 약45m)

너비 ______ 규빗(다니엘 3:1)

① 왕의 신상에 절하지 않은 다니엘의 세 친구의 이름은 누구인가요? (단3:16)

② 절하라는 왕의 명령에 세 친구의 대답은 무엇인가요? 오른쪽 사각박스에 기록해 봅시다. (단 3:18)

왕의 신들을 섬기지도 않고,
금신상에 절하지도 않겠다.

티칭포인트 | 느부갓네살은 바벨론의 왕입니다. 그는 이스라엘, 애굽 등을 비롯해 주변의 여러 나라들을 정복해 나갔습니다. 그는 자신의 업적을 기리기 위해 바벨론의 신에게 높이 60규빗(1규빗=약 45cm, 27M), 너비 6규빗(2.7M)의 금 신상을 만들어서 바쳤고 이 예식에 당시 모든 분양의 사람들을 초대했습니다. 그리고 악기 연주를 시작으로 예식은 시작되었고 사람들은 금신상에게 절을 해야 했습니다.

사드락, 메삭, 아벳느고도 바벨론의 관리였기 때문에 그 자리에 있었습니다. 모든 사람들이 악기 연주에 맞춰 금신상에게 절하기 시작했습니다. 하지만 사드락, 메삭, 아벳느고는 절하지 않았습니다. 절하지 않는 것은 죽음을 각오해야 하는 일이었습니다. 이 모습을 목격한 바벨론 사람들이 왕에게 세 친구들을 고소했습니다.

그들은 왕에게 "극렬히 타는 풀무불 가운데 던져 넣을 것"을 강조합니다. 느부갓네살 왕은 이 소식에 화가 났고 세 친구를 불렀습니다. 그리고 자신의 손에서 구원할 신이 없다고 이야기하며 다시 한 번 기회를 줍니다. 하지만 세 친구는 하나님만이 자신들의 구원자이시며 혹 하나님께서 자신들을 풀무 가운데에서 구원하시지 않을지라도 믿음을 포기하지 않겠다고 말했습니다.

<정답> : 60, 6, 사드락, 메삭, 아벳느고

2. 다니엘의 세 친구와 같이 위협을 받는다면 나는 어떻게 행동을 했을지 생각해 봅시다.

티칭포인트 | 하나님을 믿는 것 때문에 목숨의 위협을 받는 상황에서 끝까지 믿음을 선택하는 것은 쉽지 않은 행동입니다. 코로나 19가 심하게 퍼졌을 때 사람들은 교회에 가는 것을 무서워했습니다. 뉴스에서 교회에 가면 집단으로 코로나에 걸린다고 방송을 했기 때문입니다. 그래서 주변에 교회에 가는 사람이 있으면 비난하고 화를 냈습니다. 국민들은 불안해 하는데 교회가 너무 이기적이라고 손가락질을 해댔습니다. 사드락, 메삭, 에벳느고와 같은 상황은 아니었지만 코로나19 상황에서 우리는 우리의 믿음을 제대로 지켰다고 할 수 있을까요? 사드락, 메삭, 아벳느고가 느부갓네살의 명령을 거절한 대가는 죽음이었습니다. 죽음이 두렵지 않은 사람은 없습니다. 코로나19때 주변 사람들의 비난과 손가락질이 두렵지 않을 수 없습니다. 두려움은 당연한 것입니다. 그런데 우리는 그 두려움을 하나님께 기도하고 믿음으로 이겨내야 합니다.

5. 성경 Action

1. 세 친구들은 어떻게 이런 결단을 할 수 있었을까요?

세 친구의 결단은 용기도 무모함도 아닙니다. 하나님을 분명하게 믿는 신앙입니다. 하나님이 싫어하시는 것이 무엇인지 알고 그 싫어 하시는 것을 절대로 하지 않겠다는 굳은 믿음이었습니다. 그래서 그들은 우상을 숭배하며 살기보다는 하나님을 인정하며 죽기로 각오했던 것입니다. 이들의 결단은 하나님이 내 삶의 최우선순위라는 믿음의 결단이며 고백입니다.

2. 두렵고 무서울 때 우리는 어떤 행동을 할까요? 두렵고 무서울 때 우리는 어떤 기도를 해야 할까요? 이야기를 나누어 봅시다.

두려우면 사람은 자신의 능력의 절반도 제대로 발휘하지 못합니다. 그래서 우리는 이 땅을 창조하시고 다스리는 하나님께 기도해야 합니다. 하나님이 우리와 함께 하면 우리는 두려울 것이 없습니다. 두렵고 무서울 때 기도한 적이 있다면 기도의 내용을 서로 나누어 봅시다.

6. 함께 기도하기

하나님, 두려움이 내게 찾아오면 우리는 그 두려움 앞에 넘어지게 됩니다. 이런 연약한 우리를 지켜주시고 두려움 가운데에서도 끝까지 하나님만을 바라보게 하시고 하나님만이 나의 구원자라는 사실을 잊지 않게 도와주세요. 예수님의 이름으로 기도합니다. 아멘.

19과 담대히 복음을 전하게 하소서

외울 말씀 | "주여 이제도 그들의 위협함을 굽어보시옵고 또 종들로 하여금 담대히 하나님의 말씀을 전하게 하여 주시오며" (행 4:29)

공과 목표 |

1. 복음을 전하는 것이 그리스도인의 사명임을 알 수 있다.
2. 우리는 복음을 전하는 증인임을 깨달을 수 있다.
3. 어떤 상황에서도 담대하게 복음을 전할 수 있다.

배울내용 | 오늘은 초대교회 성도들이 사도들을 위해 담대히 복음을 전할 수 있도록 기도한 모습을 통해 그리스도인인 우리는 그 어떤 상황에서도 담대히 복음을 전해야 한다는 사실을 배울거예요.

공과 설명 |

TV에서 우리가 가장 많이 보는 것이 무엇일까요? 그것은 광고입니다. 보통 한 편의 드라마나 예능 프로그램에 최대 32개의 광고가 나온다고 하니 유튜브 광고까지 계산하면 하루에 우리는 수백개의 광고를 본다고 할 수 있습니다. 기업들은 광고를 통해 우리에게 무엇을 말하고 싶은 걸까요? 자기네 제품이 최고라고 자랑하는 것입니다. 건강에 좋고 환경에 좋고 편리하고 성능 좋고 등 회사와 제품의 장점만 이야기합니다. 또 직접 사용해본 사람들 중에 정말 좋으면 다른 사람들에게 추천을 해줍니다.

자기가 경험한 좋은 것을 다른 사람들도 경험해 보았으면 좋겠다는 좋은 마음에 추천을 하는 것이지요. 좋은 것을 자기만 알려고 하는 사람은 많지 않습니다. 좋은 것을 알고 경험하면 다른 사람들에게 자랑하고 싶은 것이 우리의 본능입니다.

그렇다면 그리스도인은 무엇을 가지고 있습니까? 가장 좋은 복음을 가지고 있지 않나요? 복음은 능력이고 생명입니다. 그런데 이 복음을 우리는 왜 자랑하지 않을까요? 복음을 전하는 것은 그리스도의 사명입니다. 반드시 해야할 일입니다. 복음을 부끄러워하지 않고 담대히 전한 사람들의 모습을 성경을 통해 배워 봅시다.

1. 성경을 공부해요

위협의 순간에도 오직 복음만 선포했던 사람들을 성경에서 찾아 보세요.

1. 사도행전 4장 19~20절 ○○○와 요한
2. 사도행전 20장 23~24절 ○○
3. 예레미야 36장 28절 예레미야

<정답> : 베드로, 바울

사도행전 4:19~20 베드로와 요한이 대답하여 이르되 하나님 앞에서 너희의 말을 듣는 것이 하나님의 말씀을 듣는 것보다 옳은가 판단하라 우리는 보고 들은 것을 말하지 아니할 수 없다 하니
성령의 충만함을 받은 베드로와 요한은 백성들에게 예수 안에 죽은 자에게 부활이 있음을 전했습니다. 이 말씀을 듣고 5,000명 정도나 되는 사람들이 믿음을 갖게 되었습니다. 그 다음날 장로들과 서기관들이 모여 베드로와 요한이 복음을 전한 것 때문에 두 사도를 불렀습니다. 그리고 무슨 권세와 누구의 이름으로 이런 일을 하는지 물었고 두 사도는 장로들과 서기관들 앞에서 담대히 예수의 이름으로 전함을 이야기했습니다. 그리고 복음을 전하지 못하게 하도록 협박하는 그들에게 **"하나님의 말씀을 듣는 것과 여러분들의 말을 듣는 것 중에 어느 것이 더 옳은가?"**라며 끝까지 하나님의 명령에 따라 복음을 전할 것을 이야기합니다.
<정답> : 베드로와 요한

사도행전 20:23~24 오직 성령이 각 성에서 내게 증언하여 결박과 환난이 나를 기다린다 하시나 내가 달려갈 길과 주 예수께 받은 사명 곧 하나님의 은혜의 복음을 증언하는 일을 마치려 함에는 나의 생명조차 조금도 귀한 것으로 여기지 아니하노라 바울은 마지막 전도여행을 마치고 예루살렘으로 올라가기로 마음을 먹었습니다. 그런데 성령께서는 바울에게 예루살렘에서 당할 환난을 미리 알려주셨습니다. 그리고 선지자 아가보를 통해 바울의 고난을 예언하게 하셨습니다.

이 이야기를 들은 많은 사람들이 바울을 만류했지만 바울은 **"예수께 받은 사명, 곧 하나님의 은혜의 복음 증거하는 일을 마치려 함에는 나의 생명을 조금도 귀한 것으로 여기지 않겠다."**라고 고백하며 예루살렘으로 올라가기를 주저하지 않았습니다. 바울은 결박뿐 아니라 예루살렘에서 죽을 것도 각오했습니다.

<정답> : 바울

예레미야 36:28 너는 다시 다른 두루마리를 가지고 유다의 여호야김 왕이 불사른 첫 두루마리의 모든 말을 기록하고

예레미야는 남유다의 마지막 선지자였습니다. 성전의 제사장인 바스훌은 예레미야가 하나님의 말씀을 전한다는 이유로 때리고 목에 형틀을 채워 감옥에 가두었습니다. 또한 유다가 멸망할 것이고 바벨론에 항복하라는 소리에 동족을 배반한 사람으로 낙인찍혀 비난을 받았습니다. 또한 구덩이와 시위대 뜰에 갇히기도 했습니다. 유다의 여호야김 왕은 하나님의 말씀이 적힌 두루마리를 면도칼로 찢어 화로에 넣고 태워버렸습니다. 예레미야는 이렇게 불타 사라진 하나님의 말씀을 다시 기록하기 시작했습니다. 죽음이라는 위협 가운데에서도 끝까지 예레미야는 유다 백성들에게 복음을 선포했지만 그들은 돌이키지 않았습니다.

<정답> : 예레미야

2. 몸풀기(입을 크게 벌려 복음 전하기)

몸풀기 게임으로 입을 크게 벌려 복음 전하기를 합니다.

[게임방법]

① 립스틱, 종이, 자를 준비합니다.

② 각자 입술에 립스틱을 바릅니다. 립스틱을 바로 입술에 바르지 말고 손가락 끝에 립스틱을 묻혀 입술에 바릅니다(코로나19 조심합시다^^).

③ 그리고 입을 최대한 크게 벌려 A4 종이에 입 도장을 찍습니다. 교사는 입술 맨 위 라인과 아래 라인을 자로 잽니다. 가장 크게 입을 벌린 사람이 승리합니다.

[게임멘트]
입술을 크게 벌리려고 노력하는 것은 게임에서 이기기 위함이겠지요? 내가 다른 친구들보다 조금 더 나은 것이 있으면 큰 소리로 자랑을 하겠지요? 그렇다면 우리는 복음을 전하는 것에도 이렇게 열정적인가요? 복음을 전하는 것에는 소극적이고 나의 이야기를 하는 것에는 적극적이지 않나요? 복음은 부끄러운 것이 아니에요. 복음은 자랑스러운 것이에요. 우리 주변의 친구들에게 복음을 자랑할 수 있어야 해요. 어떤 위협에도 굴복하지 않고 담대하게 복음을 전했던 믿음의 사람들을 성경을 통해 만나봅시다.

3. 생각해보기

친구들에게 자랑하고 싶은 일이 있나요? 자랑하고 싶은 일 3가지를 적어보고 친구들에게 자랑을 해 봅시다.

최근 아름다운 곳으로 여행을 갔다 온 적이 있나요? 어떤 부분이 좋았는지 이야기를 해 주세요. 맛있는 음식을 먹은 적이 있다면 소개해 주세요. 다른 사람들에게 축하받을 일이 있나요? 있다면 이야기해 주세요. 친구들에게 자랑하고 싶은 이야기, 축하받고 싶은 이야기 등을 다양하게 물어보고 이야기를 나눕니다.

4. 성경 속으로 Go Go

1. 초대교회 당시 왜 사도들은 감옥에 갇히고 죽임을 당했을까요? 성경을 찾아 적어 보세요.

예수 안에 죽은 자의 ○○이 있다고 백성을 가르쳤기 때문에(사도행전 4장 2절) 요한의 형제 야고보가 죽은 것을 유대인들이 ○○했기 때문에(사도행전 12장 2~3절)

티칭포인트 | 사도들은 예수님의 부활을 증거했습니다. 베드로는 오순절 설교 때 예수님의 부활을 강조했습니다. 예수님의 부활에 대한 선포는 제사장, 사두개인들의 핍박의 원인이 되었습니다(사두개인들은 부활이 없다고 주장하는 사람들이었기 때문에 제사장들과 함께 사도들을 핍박했던 것입니다). 왜냐하면 자신들이 잡아 죽인 예수가 부활했다면 자신들의 입장이 너무 난처해지기 때문입니다. 그래서 예수님의 부활이 거짓임을 이야기해야 했고 부활을 이야기하는 제자들을 협박해야 했던 것입니다. 사도들이 예수님의 부활을 증거할수록 제사장과 사두개인들의 핍박은 심해졌습니다.
사람들은 이제 단지 핍박하는 것에서 끝나지 않고 사도들을 죽이기 시작했습니다. 야고보 사도가 죽자 많은 유대인들이 기뻐했고 당시 교회의 최고 지도자였던 베드로 사도마저 죽이려고 감옥에 가두었습니다.

<정답> : 부활, 기뻐

2. 베드로가 감옥에 갇혔을 때 교회는 무엇을 하고 있었을까요? 성경을 찾아 기록해 보세요.(사도행전 12:12)

기도

여러분들이 억울하게 누명을 쓰고 감옥에 갇혔다면 어떻게 할 것 같나요? 너무 화가 나서 소리를 크게 지르기도 할 것이고, 억울하다고 외치기도 하겠지요? 그런데 베드로는 어떻게 하고 있었나요? 잠을 자고 있었습니다. 다음 날이면 죽을지도 모르는 상황에서 베드로는 어째서 잠을 자고 있는 걸까요?

[행]12:7 홀연히 주의 사자가 나타나매 옥중에 광채가 빛나며 또 베드로의 옆구리를 쳐 깨워 이르되 급히 일어나라 하니 쇠사슬이 그 손에서 벗어지더라

티칭포인트 | 베드로가 잠을 자고 있는 사이 교회와 성도들은 모여서 기도하고 있었습니다. 정말 간절히 기도하고 있었습니다. 이때 천사의 인도를 받은 베드로가 문을 두드렸고 로데라는 여종이 베드로의 음성을 듣고 나왔다가 너무 기뻐서 문도 열어주지 않고 기도하는 사람들에게 **"베드로 사도님이 오셨어요."**라며 알렸습니다. 하지만 사람들은 믿지 않았습니다. 오히려 로데가 미쳤거나 환상을 봤다고 생각했습니다.

<정답> : 기도

3. 초대교회 성도들은 무엇을 위해 기도했을까요? 성경을 읽고 이야기해 보세요.

티칭포인트 | 도대체 모여서 기도했던 성도들은 베드로가 왔다는 사실을 왜 믿지 않았을까요? 그것은 성도들이 단지 베드로가 감옥에서 풀려나는 기적만 기도하지 않았기 때문입니다. 사도행전 4장은 복음을 전하다가 붙잡힌 사도들을 위해 기도하는 장면입니다. 이때 성도들은 이렇게 기도합니다.

"우리를 위협하고 있는 사람들로부터 우리를 지켜주시고 주님의 종들이 주님의 말씀을 담대하게 전할 수 있도록 용기를 주옵소서(행4:29)"

위험에서 지켜주시는 것과 어떤 상황에서도 담대하게 복음을 전할 수 있기를 기도했던 것입니다.

베드로가 지금 당장 풀려날 것을 위해 기도한 것이 아니라, 베드로가 어떤 상황에서도 복음을 담대하게 전할 수 있도록 기도했다면 그 밤에 문을 두드리는 베드로를 보고 놀라지 않을 수 없었을 것입니다. 하나님께서는 성도들의 기도를 들으셨고 우리가 바라는 것 이상으로 하나님께서는 기적을 베풀어 주셨습니다.

<정답> : 위협에서 지켜주시는 것, 복음을 담대히 전하는 것

5. 성경 Action

1. 우리가 복음을 전하지 못하는 가장 큰 이유가 무엇일까요? 자신의 생각을 이야기해 봅시다.

친구들에게 가서 예수님을 믿으라고 말하지 못하는 가장 큰 이유 중 하나가 바로 거절일거예요. 거절 당하면 창피하고 친구들이 나를 멀리할 것만 같지 않나요? 종교의 자유가 있으니까 내가 예수님을 믿으라고 말하는 것이 실례라고 생각하나요? 복음을 모르는 사람의 마지막은 하나님의 심판입니다. 우리가 아무리 하나님이 없다고 이야기해도 하나님께서 계시는 사실은 변하지 않습니다. 그래서 우리는 누구에게든지 복음을 담대하게 전할 수 있어야 합니다.

2. 복음이 무엇인가요? 복음을 친구들에게 말할 수 있나요? 복음을 큰 소리로 자랑해 볼까요?

복음은 어려운 것이 아닙니다. 복음은 죄로 인해 하나님과 단절된 관계 회복을 위해 이 땅에 하나님의 아들이신 예수 그리스도께서 오셨고 그분의 희생으로 우리는 회복되었고 영원한 생명으로 옮겨진 사실입니다. 아래 5가지가 바로 복음의 핵심이라고 말할 수 있습니다.

① 하나님께서 사람을 죄없이 창조하셨습니다.
② 하지만 사람은 하나님의 말씀에 불순종했고 하나님과 관계가 끊어졌습니다.
③ 하나님께서는 우리를 구원할 구원자를 준비하셨는데 바로 예수 그리스도입니다.
④ 예수님이 하나님의 아들이심과 우리를 구원할 구원자라는 사실을 믿으면 죄를 용서받고 구원을 받습니다.
⑤ 예수님께서 다시 오실 때 우리는 부활하게 되고 천국에서 영원토록 살 것입니다.

6. 함께 기도하기

하나님, 복음을 전하는 것이 창피한 것이 아니라 나의 자랑이 될 수 있도록 도와주세요. 어떤 상황, 누구에게라도 복음을 담대히 전할 수 있는 용기를 주세요. 예수님의 이름으로 기도합니다. 아멘.

20과 성령이 함께 하는 사람

외울 말씀 | "여호와의 영이 그에게 임하셨으므로 그가 이스라엘의 사사가 되어 나가서 싸울 때에 여호와께서 메소보다미아 왕 구산 리사다임을 그의 손에 넘겨 주시매 옷니엘의 손이 구산 리사다임을 이기니라" (삿 3:10)

공과 목표 |

1. 우리는 연약해서 또 죄를 지을 수 있다는 사실을 알 수 있다.
2. 성령께서는 우리를 도우시고 지켜주시는 분임을 깨달을 수 있다.
3. 성령이 함께 하는 사람은 죄를 깨닫고 하나님의 큰 일을 할 수 있다.

배울내용 | 오늘은 사사 옷니엘이 하나님의 영이 임함으로 사사가 되어 이스라엘을 구원한 것을 통해 성령이 함께 하는 사람은 하나님의 큰 일을 할 수 있다는 사실을 배울거예요.

공과 설명 |

친구들이 좋아하는 영화 중에 어벤져스라는 영화가 있습니다. 큰 힘을 가진 영웅들이 나와 시민들을 도와주는 영화입니다. 이 영화에 나오는 영웅들의 특징은 평상시에는 일반 사람들하고 똑같다가 갑자기 영웅으로 변신하여 시민들을 도와주는 것입니다. 영웅들이 다른 사람들을 도와줄 수 있는 이유는 다른 사람들보다 센 힘을 가지고 있기 때문입니다. 이들도 이 힘이 없다면 위험을 무릅쓰고 싸우지 못할 것입니다.

이처럼 성경에도 수많은 믿음의 영웅들이 있습니다. 이들도 어떻게 보면 우리와 같은 사람입니다. 그런데 성경은 이들이 놀라운 일들을 했음을 이야기하는데 이들이 그런 일을 할 수 있었던 이유는 성령님께서 이들과 함께 하셔서 강하게 하셨기 때문입니다. 성령님께서 함께 하시는 사람들은 어떤 모습인지 성경을 통해 배워 봅시다.

1. 성경을 공부해요

여호와의 영이 임해 큰 일을 행했던 사람들을 성경에서 찾아 보세요.

1. 사사기 14장 6절 ○○
2. 사무엘상 10장 6절 사울
3. 열왕기하 2장 15절 ○○○

<정답> : 삼손, 엘리사

사사기 14:6 여호와의 영이 삼손에게 강하게 임하니 그가 손에 아무것도 없이 그 사자를 염소 새끼를 찢는 것 같이 찢었으나 그는 자기가 행한 일을 부모에게 알리지 아니하였더라

삼손은 이스라엘의 사사였습니다. 그는 태어나면서부터 나실인(하나님께 구별된 사람)이었습니다. 그래서 어려서부터 머리카락을 자르지 않았고 포도주나 독주를 마시지 않았으며 부정한 것을 만지거나 가까이 하지 않았습니다. 많은 사람들이 삼손의 힘이 머리카락에 있다고 생각하지만 삼손의 힘은 하나님께 있다고 성경은 말합니다. 하나님의 영이 삼손과 함께할 때 삼손은 큰 힘을 발휘할 수 있었고 하나님의 영이 삼손을 떠났을 때 삼손은 보통사람과 같아졌습니다. **[삿]16:20 들릴라가 이르되 삼손이여 블레셋 사람이 당신에게 들이닥쳤느니라 하니 삼손이 잠을 깨며 이르기를 내가 전과 같이 나가서 몸을 떨치리라 하였으나 여호와께서 이미 자기를 떠나신 줄을 깨닫지 못하였더라**

<정답> : 삼손

사무엘상 10:6 네게는 여호와의 영이 크게 임하리니 너도 그들과 함께 예언을 하고 변하여 새 사람이 되리라

사울은 이스라엘의 첫 번째 왕이었습니다. 성경은 사울의 외모에 대해 이렇게 이야기합니다. "잘생긴 청년이었고 키가 컸다" [삼상] 9:2 기스에게는 사울이라는 아들이 있었는데, 사울은 잘생긴 젊은이였습니다. 이스라엘 사람 중에 사울처럼 잘생긴 사람은 없었습니다.

사울은 이스라엘의 어느 누구보다도 키가 컸습니다.사울이 이스라엘의 왕이 되었던 이유는 단지 키가 크가 잘생겼기 때문이었을까요? 그것은 아닙니다. 사무엘은 사울에게 이렇게 말합니다. **"하나님의 영이 당신과 함께 할 것이고 당신은 예언도 하게 되고 변해서 다른 사람이 될 것이다."** 사울이 이스라엘의 왕이 된 것은 단지 외모때문이 아니라 하나님의 영이 사울과 함께 했기 때문입니다. 나중에 사울이 범죄했을 때 하나님의 영이 떠나게 되자 사울은 욕심많은 나약한 사람에 불과했습니다.

<정답> : 사울

열왕기하 2:15 맞은편 여리고에 있는 선지자의 제자들이 그를 보며 말하기를 엘리야의 성령이 하시는 역사가 엘리사 위에 머물렀다 하고 가서 그에게로 나아가 땅에 엎드려 그에게 경배하고

엘리사 선지자는 엘리야 선지자의 제자였습니다. 엘리야 선지자는 자신이 하나님의 부름을 받아 하늘로 올라가게 될 것을 알고 엘리사에게 말합니다. **"내가 너에게 무엇을 해 주기를 원하느냐?" 그러자 엘리사는 "선생님의 영적 능력에 두 배를 나에게 주십시오."**라고 말했습니다. 엘리야 선지자는 자신이 하늘로 올라가는 것을 엘리사가 보게 되면 그 능력을 받게 될 것이라고 이야기합니다. 엘리야 선지자가 하늘로 올라가는 것을 본 엘리사 선지자는 엘리야의 옷을 둘둘 말아 자신이 건너왔던 요단강을 쳤습니다. 엘리야 선지자가 옷으로 요단 강을 치자 물이 갈라진 것처럼 요단 강이 갈라졌고 엘리사 선지자는 그 사이로 지나갔습니다. 하나님의 영이 엘리사 선지자에게 임했을 때 요단 강이 갈라지는 기적이 일어났고 그 이후 수 많은 기적을 베풀게 되었습니다.

<정답> : 엘리사

2. 몸풀기(과자 상자 퍼즐 맞추기)

몸풀기 게임으로 과자 상자 퍼즐 맞추기를 합니다.

[게임방법]

① 종이로 된 과자 상자를 준비합니다. 같은 모양의 상자를 2개씩 준비하고 다른 모양으로 여러 개 준비합니다. 그리고 과자 상자를 같은 모양으로 조각을 냅니다. 다른 모양으로 조각을 내거나 조각 숫자가 다르면 학생들이 항의할 수도 있습니다. 그러니 공평하게 준비해 주는 것이 좋습니다.
② 준비가 다 되었다면 과자 상자 퍼즐을 맞춥니다. 이 때 한 팀은 한 명이, 다른 팀은 2명 이상이 한 팀이 되어 도전합니다. 어느 팀이 빨리 맞출까요? 여러 명이 함께 힘을 합친 팀이 빨리 맞출 확률이 높습니다.
③ 준비한 다른 모양의 상자로 여러 번 게임을 진행합니다.

[게임멘트]

혼자서도 잘하는 사람도 있었지요? 하지만 대부분 여러 사람이 함께 힘을 합칠 때 빨리 퍼즐을 맞출 수 있었어요. 나를 도와주는 사람만 있어도 우리는 보다 쉽게 일을 할 수 있습니다. 그런데 사람이 아닌 하나님께서 나를 도와주신다면 어떨까요? 우리가 못하는 것이 있을까요? 불가능한 것이 아마 없을 것입니다. 하나님이 함께 하시는 사람은 크고 놀라운 일을 할 수 있습니다. 하나님의 영이 함께 하는 사람에게 어떤 일이 일어났는지 성경을 통해 만나봅시다.

3. 생각해보기

나 혼자서도 할 수 있는 일과 하나님께서 도우셔야만 할 수 있는 일을 적어 볼까요?

나 혼자서도 할 수 있는 일	하나님께서 도우셔야 할 수 있는 일

나 혼자서도 할 수 있는 일은 무엇이 있을까요? 밥 먹고, 씻고, 잠자고, 숨 쉬고 이런 일들은 나 혼자서도 충분히 잘 할 수 있는 일이지요? 그렇다면 하나님께서 도우셔야만 할 수 있는 일은 무엇이 있을까요? 주일에 늦잠 자지 않고 다른 유혹 때문에 예배에 빠지지 않는 것은 하나님께서 도와주셔야 할 수 있는 일입니다. 또 하나님을 믿고 예수님을 나의 구원자로 믿고 고백하는 것도 마찬가지입니다. 남을 배려하고 섬기고 헌신하며 사랑하는 것도 내 힘으로 할 수 없는 것들이지요. 하나님께서 우리에게 힘을 주시지 않으면 우리는 이런 일들은 할 수 없습니다.

4. 성경 속으로 Go Go

1. 가나안 정착 이후 이스라엘의 지도자였던 사람을 사사라고 합니다. 첫 번째 사사에 대한 모든 것을 탐정이 되어 찾아보세요. 성경이 단서입니다.

① 첫번째 이스라엘 사사의 이름은 누구인가요?(사사기 3:9)
② 사사가 될 수 있었던 이유는 무엇인가요?(사사기 3:10)
③ 첫 번째 사사였던 그는 가나안 정복전쟁 때 어디를 쳐서 점령했나요?
(여호수아 15:16)
④ 첫 번째 사사였던 그는 누구를 이겼나요? (사사기 3:10)
⑤ 첫 번째 사사의 아들은 누구인가요? (역대상 4:13)

티칭포인트 | 하나님께서 약속하신 가나안 땅에 들어온지 오랜 세월이 흘렀습니다. 그동안 여호수아도 죽고 하나님께서 베푸셨던 모든 기적을 경험한 세대들이 다 죽었습니다. 그들의 자녀들은 하나님을 알지 못했고 이스라엘을 위해 하신 일들도 몰랐습니다. 그러니 당연히 하나님께서 싫어하시는 악한 일인 우상을 섬기기 시작했습니다. 하나님께서는 이웃 나라들을 통해 이스라엘을 심판하셨고 그들이 회개할 때마다 구원자를 보내주셨는데 그들을 사사라고 불렀습니다. 사사라는 말의 뜻은 재판관입니다. 하지만 사사는 단지 재판뿐만 아니라 싸움을 통해 이스라엘을 이방 나라들로부터 구원하는 일도 감당했습니다.

사사는 하나님께 특별히 세워주셨는데 여호수아 이후 첫 번째로 세우신 사사가 바로 옷니엘입니다. 당시 이스라엘 사람들은 가나안의 다른 민족들과 결혼했고 그들의 신을 섬기며 타락하기 시작했습니다. 그래서 하나님께서는 메소포타미아 왕 구산 리사다임이 이스라엘 사람들을 다스리도록 하셨습니다. 옷니엘은 갈렙의 동생 그나스의 아들이었습니다. 갈렙은 여호수아와 같이 가나안 땅에 들어온 유일한 출애굽 1세대 인물입니다. 옷니엘은 가나안 정복 전쟁 때 가나안 땅인 기럇 세벨을 정복했고 그로 인해 갈렙의 딸인 악사와 결혼하게 되었습니다. 구산 리사다임에게 고통을 받자 이스라엘 백성들은 하나님께 기도했습니다. 하나님께서는 옷니엘을 사사로 세우셨고 하나님의 영이 옷니엘과 함께 했습니다. 옷니엘은 구산 리사디임을 물리쳤고 사사로 있는 40년 동안 이스라엘은 평화로웠습니다.

<정답> : ① 옷니엘 ② 여호와의 영이 임했기 때문에 ③ 기럇 세벨 ④ 메소보다미아 왕 구산 리사다임 ⑤ 하닷

2. 사사기는 12명의 사사를 통해 일정한 순서를 보여줍니다. 사사기에 등장하는 4가지 순서를 초성을 보고 맞춰 보세요.

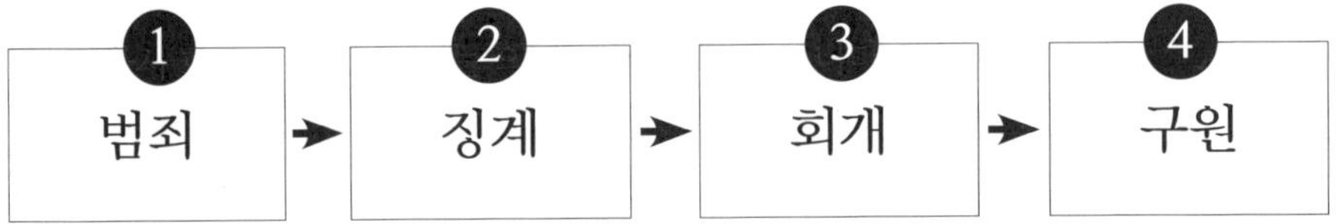

티칭포인트 | 사사기에는 총 12명의 사사들의 이름과 행적들이 기록되어 있습니다. 사사들이 등장하고 사라지는 그 과정에는 같은 일들이 계속 반복되고 있음을 알 수 있습니다. 먼저 이스라엘 백성들이 하나님을 버리고 범죄하게 됩니다. 이방 나라 사람들과 결혼을 하다보니 당연히 이방 나라 신들이나 문화를 접하게 되고 자연스럽게 이방의 신들을 섬기게 되는 것입니다. 하지만 우상 숭배는 하나님께서 극도로 미워하시는 죄인데도 이스라엘 백성들은 우상숭배로 하나님을 진노하게 만들었습니다. 그래서 하나님께서는 주변의 강대국들을 통해 이스라엘을 심판하심으로 징계하십니다. 주변 강대국들이 이스라엘을 침략하게 하시고 모든 것을 빼앗기게 하셨습니다. 점점 삶이

고통스러워지자 하나님께 회개하기 시작합니다. 자신들이 하나님을 버리고 우상을 섬긴 것을 철저히 회개합니다. 그러면 하나님께서 사사라는 구원자를 택하셔서 그들로 하여금 주변국들에게서 구원하게 하셨습니다. 사사들이 있는 동안 이스라엘은 평화로웠고 하나님을 잘 섬기며 살았습니다. 그러다 시간이 흐르면 또 사람들은 하나님을 잊어버리게 되고 또 우상숭배를 비롯한 각종 죄를 짓게 되고 하나님이 심판하시면 사람들은 회개하고 또 하나님은 또 다른 사사를 보내 이스라엘을 구원하시는 일들이 계속 반복이 됩니다.

하나님의 영이 함께 하는 사람은 죄에 대해 민감한 사람입니다. 하나님의 말씀에 순종하는 사람입니다. 다른 사람들이 죄를 지었을 때 사사들은 깨어 있었고 하나님의 말씀이 임했을 때 순종했습니다. 우리 안에 하나님의 영 즉, 성령님이 계신가요? 그렇다면 우리는 예수님을 믿지 않는 사람들과 달라야 합니다. 죄에 대해 민감해야 하고 하나님의 말씀에 순종해야 합니다. 또한 복음을 알고 믿고 전하는 사람이 되어야 합니다.

<정답> : 범죄, 징계, 회개, 구원

5. 성경 Action

1. 하나님께서 도와주시고 구원해 주셨는데 왜 사람들은 그 사실을 잊어버리고 또 죄를 짓는 것일까요? 이야기를 나누어 봅시다.

사람들이 계속해서 죄를 짓는 이유는 죄를 지어도 내가 불이익을 받지 않기 때문입니다. 내가 죄를 지을 때마다 불이익을 받고 하나님께서 그때그때마다 나타나셔서 혼을 내신다면 죄를 절대 짓지 않겠지요. 그런데 죄를 지어도 별로 달라지는 것이 없습니다. 혼내시는 하나님도 없고 따로 벌을 내리시는 것 같지도 않으니까 사람들은 하나님이 없다고 생각하고 자신의 생각과 뜻을 따라 죄를 또 반복해서 짓는 것입니다.

2. 힘들고 어려운 위기의 순간에 우리가 붙잡고 선택해야 할 것은 무엇인가요?

이스라엘 백성들은 힘들고 어려운 순간에 기도를 선택했고 하나님께로 돌이키는 것을 선택했습니다. 힘들면 사람들이 잘못된 판단을 하기 쉽습니다. 하지만 우리는 기억해야 합니다.

힘들고 어려운 순간일수록 우리는 하나님께 집중해야 한다는 사실을 말입니다. 하나님께서는 반드시 우리와 함께 하실 것이고 하나님께서 우리와 함께 하신다면 우리는 크고 놀라운 능력을 발휘할 수 있을 것입니다. 하지만 이 능력은 내 것이 아니요 하나님께서 내게 주시는 것임을 잊지 말아야 합니다.

6. 함께 기도하기

기도하는 사람에게 성령을 주시겠다고 약속하신 하나님, 이 시간 내 마음에 성령님이 함께 해주세요. 죄를 미워하게 하시고 하나님을 믿고 섬기는 일에 더욱 힘을 낼 수 있도록 도와주세요. 예수님의 이름으로 기도합니다. 아멘.

21과 300 VS 135,000

외울 말씀 | "손으로 움켜 입에 대고 핥는 자의 수는 삼백 명이요 그 외의 백성은 다 무릎을 꿇고 물을 마신지라" (삿 7:6)

공과 목표 |

1. 하나님이 함께 하시면 불가능한 것이 없음을 알 수 있다.
2. 하나님을 의지할 때 승리할 수 있음을 깨달을 수 있다.
3. 나를 도와주시고 보호해 주시는 하나님을 고백할 할 수 있다.

배울내용 | 오늘은 사사 기드온이 300명의 군사만으로 미디안 군대 135,000명을 이긴 사건을 통해 하나님께서 도와주시고 함께 하신다면 불가능한 것은 없다는 사실을 배울 거예요.

공과 설명 |

성경에는 수 많은 기적이 많이 기록되어 있습니다. 그래서 사람들은 이 기적을 보면서 "진짜 있었던 일일까? 그냥 사람들에게 교훈을 주기 위해 지어낸 이야기는 아닐까?"라며 성경의 기록이 사실이라는 것을 잘 믿지 못합니다. 그런데 하나님께서 말씀으로 세상을 창조하셨음을 믿는 사람이라면 성경에 기록된 나머지 기적들을 믿지 못할 이유가 없지 않을까요?

하나님께서 성경에 기적을 기록하셔서 우리에게 말씀하시는 이유는 하나님은 살아계신 하나님이라는 사실을 우리에게 보여 주시는 것입니다. 아무리 이야기를 해도 잘 믿지 못하는 우리에게 기적이라는 초자연적 사건을 통해 하나님께서 살아계시고 오늘도 자신의 백성들을 돌보시고 계시다는 것을 알려주시는 것입니다. 우리의 힘이 아닌 하나님만 바라보고 하나님의 도우심을 경험한 모습을 성경을 통해 배워 봅시다.

1. 성경을 공부해요

불가능을 가능으로 바꾸신 하나님의 능력을 성경에서 찾아 보세요.

1. 에스겔 37장 10절	마른 뼈들이 살아남
2. 여호수아 6장 20절	○○○성 함락
3. 열왕기하 5장 14절	○○○ 장군

<정답> : 여리고, 나아만

에스겔 37:10 이에 내가 그 명령대로 대언하였더니 생기가 그들에게 들어가매 그들이 곧 살아나서 일어나 서는데 극히 큰 군대더라

죽었다가 3,4일만에 사람이 다시 살아나는 것도 믿기지 않고 불가능한 것처럼 느껴지는데 죽은 지 오래 되어서 백골이 된 뼈가 서로 연결되고 힘줄이 생기고 살이 붙고 피부가 덮이고 다시 호흡할 수 있다면 믿을 수 있을까요? 무슨 영화에서나 나오는 이야기라고 생각할 수 있습니다. 이 내용은 하나님께서 에스겔 선지자에게 보여주신 환상입니다. 이스라엘이 이런 백골 상태가 되었지만 하나님께서 다시 살릴 수 있음을 보여주신 사건입니다. 하나님은 백골도 다시 군대를 만드실 수 있는 분입니다. 그렇다면 영적으로 백골 상태인 이스라엘도 다시 회복시킬 수 있다는 의미라고 할 수 있습니다.
<정답> : 마른 뼈 회생

여호수아 6:20 이에 백성은 외치고 제사장들은 나팔을 불매 백성이 나팔 소리를 들을 때에 크게 소리 질러 외치니 성벽이 무너져 내린지라 백성이 각기 앞으로 나아가 그 성에 들어가서 그 성을 점령하고

이스라엘 백성들이 요단강을 건너가서 처음 만난 가나안 땅의 성이 여리고 성이었습니다. 당시 여리고성은 3중으로 성벽이 쳐져있는 당시 최고의 요새라고 할 수 있는 곳이었습니다. 이곳을 변변한 무기없이 함락시키는 것은 거의 불가능했습니다. 하지만 하나님께서는 여호수아에게 명령하셨습니다. "하루에 한 바퀴씩 성을 돌고 칠일 째 되는 날에는 성을 일곱 바퀴를 돌고 일제히 함성을 질러라.

그러면 성이 무너질 것이다." 이스라엘 백성들은 하나님의 말씀에 순종했고 여리고성은 무너져내렸습니다.

<정답> : 여리고성 함락

열왕기하 5:14 나아만이 이에 내려가서 하나님의 사람의 말대로 요단 강에 일곱 번 몸을 잠그니 그의 살이 어린 아이의 살 같이 회복되어 깨끗하게 되었더라

엘리사가 활동했던 북이스라엘 주변에는 강대국들이 많았습니다. 아람은 주변 강대국들 중 하나였습니다. 아람이라는 나라의 군대장관 나아만은 한센병 환자였습니다. 군대장관은 오늘날 국방부장관 정도라고 할 수 있겠지요? 나아만은 아람 왕이 많이 아끼는 신하였습니다. 유능한 신하가 한센병 때문에 고통을 받는 것을 왕도 안타까워했습니다. 이때 나아만 장군 집에 있던 북이스라엘 여종이 나아만에게 북이스라엘에 있는 엘리사 선지자에게 가면 한센병을 치유 받을 수 있다고 말했습니다. 나아만은 왕에게 이 사실을 알렸고 왕은 이스라엘 왕에게 편지를 써주었고 나아만은 은 10달란트, 금 육천개, 의복 열 벌을 가지고 엘리사를 만나러 갔습니다. 그런데 엘리사 선지자는 밖을 내다보지도 않고 나아만에게 요단강에 가서 몸을 일곱 번 씻으라고 했습니다. 이에 밖에 나와보지도 않은 엘리사 선지자가 괘씸한 나아만 장군은 화를 내며 돌아갔습니다. 그러자 신하들이 요단강에 몸을 일곱 번 씻는 것이 무엇이 어려운 일이냐며 나아만을 말렸고 나아만은 요단강에 들어가 일곱 번 몸을 씻었습니다. 그러자 나아만이 가지고 있었던 한센병이 말끔히 나았습니다.

[티칭포인트] 성경에서 말하는 나병은 무엇일까요?

성경에서 나병이라 부르는 병은 요즘 한센병입니다. 한센병은 신경을 감염시켜 통증을 느끼지 못하게 합니다. 그러면 환자는 외상을 입어도 입은 줄 모르고 감염이 계속 생기다보면 신체 일부가 떨어져 나가기도 했던 무서운 병이었습니다. 옛날에는 치료약이 없어서 한센병에 걸리면 멀리 쫓아내어 격리시켰습니다. 성경에는 한센병을 하나님의 형벌로 이야기하는데 그 이유는 한센병이 신경계가 마비되어 통증을 느끼지 못하는 것처럼 이스라엘 백성들도 영이 마비되어 죄에 대해 무감각해졌기 때문입니다.

<정답> : 나아만 장군

2. 몸풀기(풍선대포놀이)

몸풀기 게임으로 풍선대포놀이를 합니다.

[게임방법]

① 종이컵 한줄(50개), 12인치 풍선(학생숫자만큼), 가위, 테이프, 탁구공(학생 숫자만큼)을 준비합니다.

② 종이컵 1개의 밑부분을 자릅니다. 잘라낸 그 자리에 풍선을 잘라 뒤집어 씌웁니다. 이때 풍선 입구는 꽉 잠급니다.

③ 종이컵 10개를 피라미드 모양으로 쌓아놓습니다. 만들어 놓은 풍선대포에 탁구공을 집어 넣습니다. 풍선 입구를 잡아당겼다가 놓으면 탁구공은 앞으로 튕겨져 나갑니다. 이렇게 해서 종이컵 피라미드를 많이 무너뜨리는 사람이 승리합니다.

[게임멘트]

풍선으로 만든 대포의 위력이 엄청나지요? 탁구공은 하나이고 작고 약한 공이지만 풍선대포의 힘을 빌리면 종이컵을 모두 무너뜨리는 엄청난 일을 발휘할 수 있어요. 탁구공만의 힘으로는 불가능할 수 있어도 풍선대포의 힘을 빌리면 가능해지는 것처럼 우리 한 사람, 한 사람의 힘은 약할 수 있지만 하나님께서 함께 하시면 놀랍고 엄청난 큰 일이 일어날 수 있다는 사실을 성경을 통해 살펴봅시다.

3. 생각해보기

어떤 싸움이 승리할 가능성이 많을까요? 그렇게 생각하는 이유는 무엇인가요? 만약 1이 승리하려면 어떻게 해야 할까요?

1 VS 10,000	10,000 VS 10,000

1명과 10,000명이 싸우는 싸움과 10,000명과 10,000명이 싸우는 싸움 중 어떤 싸움의 승패가 빨리 판가름 될까요? 누가봐도 1명과 10,000명이 싸우는 싸움이 빨리 끝날 것 같지요? 누구의 승리로 끝이 날까요? 보통 10,000명이라고 생각할 수 있습니다. 그런데 1명이 일반 보통 사람이 아니라 헐크나 타노스와 같은 엄청난 괴력을 가진 존재라면 어떨까요? 10,000명이 아니라 그 이상의 사람들이 와도 이길 수 없을 것입니다. 또 1명의 천재와 두뇌싸움을 하는 것이라면 10,000명이라고 해서 쉽게 이길 수는 없을 것입니다. 숫자가 많다고 무조건 유리한 것이 아니라 누가 나를 도와주고 있는가가 훨씬 중요하다고 할 수 있습니다.

4. 성경 속으로 Go Go

1. 기드온이 포도주 틀 안에 들어간 이유는 무엇인가요? 성경을 찾아 이야기해 보세요.(삿6:11)

티칭포인트 | 이스라엘 백성들이 또 죄를 짓자 하나님께서는 미디안이라는 나라를 통해 이스라엘 백성들을 징계하셨습니다. 미디안 사람들은 강했고 잔인했습니다. 그래서 미디안 사람들이 쳐들어오면 이스라엘 백성들은 산에 있는 동굴이나 산성에 숨었습니다. 그들은 이스라엘 백성들이 심어 놓은 농작물을 망치고 먹을 것과 가축들을 남기지 않았습니다. 이들의 약탈 때문에 이스라엘 백성들은 하나님께 구해 달라고 기도했고 하나님께서는 기드온이라는 사사를 보내셔서 이스라엘을 구원하시기로 하셨습니다.
하나님께서 기드온을 사사로 부르실 때 기드온은 포도주 틀 안에 들어가 밀을 타작하고 있었습니다. 당시 포도주틀은 깊이가 있어서 그 안에 있으면 밖에서 안을 볼 수 없었습니다. 기드온은 자신이 추수한 밀을 미디안 사람들에게 빼앗기지 않기 위해 미디안 사람들의 눈을 피해 포도주틀 안에서 밀을 타작하고 있었던 것입니다.

<정답> : 미디안 몰래 밀을 타작하려고

2. 이런 기드온을 향해 하나님께서는 무엇이라고 말씀하셨나요? 성경을 찾아 이야기해보세요.(삿 6:12)

티칭포인트 | 미디안이 무섭고 두려워서 포도주틀에 숨어 밀을 타작하는 기드온에게 하나님의 천사가 나타나서 "큰(힘센) 용사여 하나님께서 너와 함께 계신다."라고 말했습니다. 지금 무서워서 포도주틀에 숨어서 타작을 하고 있는 기드온이 큰(힘센) 용사라니요? 힘센 용사하고는 거리가 너무 먼 기드온의 모습이었습니다. 그런데 하나님의 천사는 하나님께서 기드온과 함께 하신다고 말했고 기드온을 큰(힘센) 용사라고 불렀습니다. 하나님께서 함께 하시지 않는 기드온은 겁쟁이일뿐이지만 하나님께서 함께 하시는 기드온은 큰(힘센) 용사가 되었음을 알 수 있습니다.

<정답> : 큰(힘센) 용사여 하나님께서 너와 함께 계신다

3. 미디안과 싸우기 위해 이스라엘 백성들이 모였습니다. 하나님께서는 어떤 방식으로 미디안과 싸울 사람들을 고르셨나요? 성경을 찾아 그림에 순서를 적어보세요.(삿 7:3~6, 8:10)

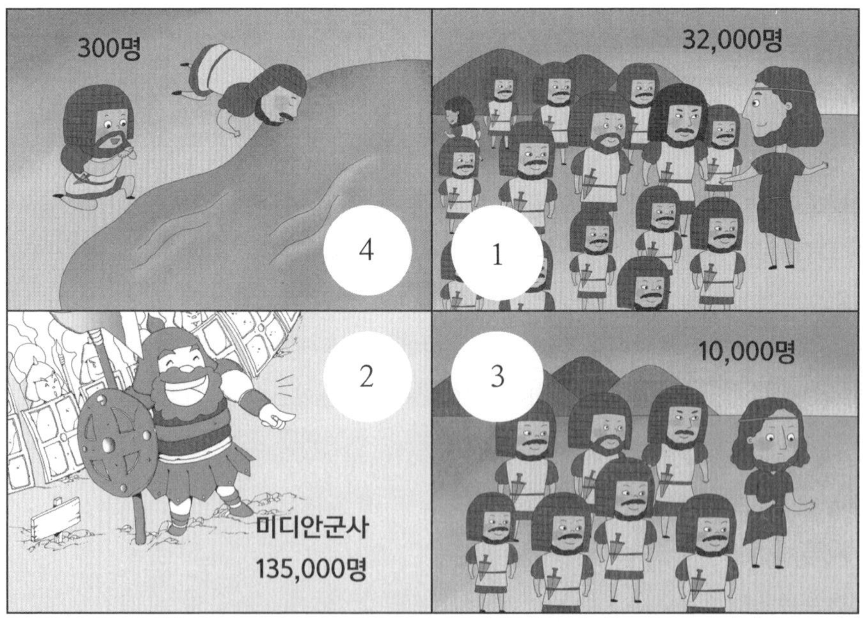

티칭포인트 |

① 기드온은 자신들을 괴롭히던 미디안과 싸우기 위해 전국에서 군사들을 모집했습니다. 이렇게 전국에서 모인 군사는 모두 32,000명이었습니다. 하지만 미디안 군사의 숫자는 135,000명이었습니다. 32,000명과 135,000명의 싸움은 누가봐도 이스라엘이 불리한 상황이었습니다. 하지만 그렇다고 전혀 승산이 없는 싸움도 아니었습니다. 이스라엘 군사들이 싸움을 잘해서 1명이 4명 정도만 상대한다면 충분히 이길 수 있는 싸움이었습니다. 그러니 이 전쟁에서 이겨도 이스라엘은 하나님께서 이기게 하셨다고 고백하지 않을 수밖에 없었습니다. 그래서 하나님께서는 숫자가 너무 많다고 하시면서 전쟁이 두려운 사람은 돌아가라고 말씀하셨습니다. 그러자 22,000명이 집으로 돌아갔습니다.

② 이제 남은 사람은 10,000명 뿐이었습니다. 그래도 아직은 싸워볼 기회는 있었습니다. 작전만 잘 짠다면 10,000명이 135,000명을 이길 수도 있으니까요. 그래서 하나님께서는 다시 기드온에게 말씀하셨습니다. "너는 시냇가로 사람들을 데리고 가서 물을 먹게 해라"

③ 기드온은 하나님의 말씀대로 사람들을 시냇가로 데리고 갔고 물을 먹게 했습니다. 이 때 무릎을 꿇고 물을 먹는 사람이 9,700명, 손으로 물을 떠서 먹는 사람이 300명이었습니다. 하나님께서는 손으로 물을 떠서 먹는 사람 300명만 남기고 나머지는 집으로 돌아가게 하셨습니다.

④ 이제 남은 사람은 300명뿐이었습니다. 300명의 군사들이 아무리 싸움을 잘한다고 해도 135,000명의 미디안 군사들과 싸워 이기는 것은 불가능했습니다. 그런데도 하나님께서는 이 300명만으로 미디안과 싸우게 하셨습니다. 당연히 기드온도 겁이 났겠지요? 그래서 기드온은 양털을 가지고 하나님께 요청합니다. 먼저 **"양털에만 이슬이 맺히고 땅은 마르게 해달라"**고 이야기했고 하나님께서는 양털에만 이슬이 맺히도록 하셨습니다. 또 기드온은 **"양털은 마르고 주변만 이슬로 가득하게 해달라"**고 이야기했습니다.

하나님께서는 이 요청을 다 들어주셨고 하나님께서 자신과 함께 한다는 사실을 믿고 300명과 함께 미디안과 싸웠습니다. 하나님께서는 미디안 사람들끼리 서로 싸우게 하셨고 120,000명이라는 군사가 죽게 하셨습니다.

<정답> : 4, 1, 2, 3

5. 성경 Action

1. 32,000명과 135,000명의 싸움도 불리하다고 할 수 있는데 하나님은 왜 여기서 대부분을 돌려 보내고 300명으로만 싸우게 하셨을까요?

하나님께서 300명의 군사로만 미디안과 싸우게 하셨던 이유는 이 전쟁은 하나님께서 승리하게 하셨음을 이스라엘 백성들에게 알게 하신 것입니다. 절대로 자기 힘으로 이겼다고 자랑하지 못하도록 숫자를 300명으로 줄였고 이 승리를 통해 이스라엘 백성들은 하나님께서 자신들을 위해 싸워주셨음을 깨달을 수 있었습니다.

2. 하나님께서 나를 도와주시고 보호해 주신다는 사실을 진짜 믿고 있나요?

우리도 기드온처럼 겁을 먹고 두려워서 포도주틀에 숨어 있지는 않나요? 그리스도인이라는 것이 친구들에게 알려지면 불편할까봐 일부러 숨기고 친구들 앞에서는 기도도 하지 않고 복음도 전하려고 하지 않지 않나요? 하나님께서는 언제나 우리와 함께 하고 계십니다. 하나님이 함께 하신다면 우리는 겁쟁이가 아니라 큰(힘센) 용사가 될 수 있습니다. 하나님께서 나에게 믿음주셔서 믿음으로 말하고 행동한 부분들이 있다면 친구들과 함께 나누어 봅시다.

6. 함께 기도하기

하나님께서 우리와 함께 하시지 않으면 우리는 겁쟁이일 수밖에 없습니다. 매일 무서워서 두려워서 떨고 있지 않도록 이 시간 하나님 우리와 함께 해 주세요. 하나님께서 함께하심으로 큰(힘센) 용사가 될 수 있게 도와주세요. 예수님의 이름으로 기도합니다. 아멘.

22과 나실인 영웅

외울 말씀 | "그가 내게 이르기를 보라 네가 임신하여 아들을 낳으리니 이제 포도주와 독주를 마시지 말며 어떤 부정한 것도 먹지 말라 이 아이는 태에서부터 그가 죽는 날까지 하나님께 바쳐진 나실인이 됨이라 하더이다 하니라" (삿 13:7)

공과 목표 |

1. 거룩은 구별되는 것임을 알 수 있다.
2. 그리스도인들은 구별된 사람으로 살아야 함을 깨달을 수 있다.
3. 예수님의 향기와 편지로서 선한 영향력을 끼치는 행동을 할 수 있다.

배울내용 | 오늘은 삼손이 나실인으로서 구별되어 살아갔던 모습을 통해 그리스도인들도 하나님께 드려진 사람답게 구별되어 거룩하게 살아가야 한다는 사실을 배울거에요.

공과 설명 |

만약 자신에게 큰 힘이 생긴다면 제일 먼저 무엇을 해보고 싶을까요? 아마 대부분 자신이 하고 싶었던 일이었는데 여러 가지 이유로 하지 못했던 것을 하고 싶어하지 않을까요? 자신에게 생긴 힘을 가지고 내가 아니라 남을 위해 사용하는 사람들을 우리는 영웅이라고 부릅니다.

성경에서 하나님은 몇몇 사람들에게 힘과 능력을 주셨고 그들은 하나님의 뜻을 이루는데 사용했습니다. 그런데 어떤 사람은 유혹을 이기지 못해 자신의 욕심을 채우기 위해 사용하기도 했습니다. 하나님의 뜻을 따라 하나님의 능력을 사용했던 모습과 자신의 욕심을 채우기 위해 능력을 사용한 사람들의 모습을 성경을 통해 살펴봅시다.

1. 성경을 공부해요

나실인의 법을 성경에서 찾아 보세요.(민수기 6:1~21)

1. 나실인은	자기 몸을 ○○
2. 구별하는 날 동안 먹지말아야 것	○○○ , ○○, ○○나무 소산
3. 자르지 말아야 할 것	○○○
4. 가까이 하지 말아야 할 것	○○

<정답> : 구별, 포도주, 독주, 포도, 머리털, 시체

[민수기 6:2] 이스라엘 자손에게 전하여 그들에게 이르라 남자나 여자가 특별한 서원 곧 나실인의 서원을 하고 자기 몸을 구별하여 여호와께 드리려고 하면

[민수기 6:3] 포도주와 독주를 멀리하며 포도주로 된 초나 독주로 된 초를 마시지 말며 포도즙도 마시지 말며 생포도나 건포도도 먹지 말지니

[민수기 6:5] 그 서원을 하고 구별하는 모든 날 동안은 삭도를 절대로 그의 머리에 대지 말 것이라 자기 몸을 구별하여 여호와께 드리는 날이 차기까지 그는 거룩한즉 그의 머리털을 길게 자라게 할 것이며

[민수기 6:6] 자기의 몸을 구별하여 여호와께 드리는 모든 날 동안은 시체를 가까이 하지 말 것이요

나실인은 하나님께 헌신한 사람을 의미합니다. "나실"은 히브리어 "나자르(구별하다. 봉헌된다)"라는 동사에서 나왔습니다. 성경에는 하나님께 거룩하게 구별된, 드려진 사람이라는 의미로 사람 人(인)을 사용해서 나실인이라고 기록되어 있습니다. 나실인 중에는 일정 기간 헌신한 사람과 평생 헌신한 사람들로 나누어집니다. 나실인이 지켜야 할 것은 3가지였습니다. 첫째는 머리카락을 자르지 않아야 했고 둘째는 포도주나 독주, 부정한 것을 먹지 말아야 했고, 셋째는 시체를 가까이 하지 말아야 했습니다.

삼손은 평생 하나님께 헌신된 나실인이었습니다. 하나님께서는 삼손이 태어나기도 전에 삼손의 부모에게 나실인으로 삼손을 키울 것을 이야기하셨습니다. 삼손의 부모는 나실인의 규례대로 삼손을 양육했고 삼손도 자신이 나실인이라는 사실을 잘 알았을 것입니다.

2. 몸풀기(콩 구별하기)

몸풀기 게임으로 콩 구별하기를 합니다.

[게임방법]

① 세 종류의 콩을 준비합니다(콩 종류는 상관없이 서로 다른 세 종류의 콩을 준비하면 됩니다). 그리고 나무젓가락 여러 개, 그릇 2개를 준비합니다.

② 세 종류의 콩을 한 그릇에 담아 섞습니다. 그리고 한 종류의 콩을 지정해 나무젓가락으로 콩을 다른 쪽으로 집어 옮깁니다. 만약 콩을 옮기다가 떨어뜨리면 이미 옮긴 콩을 다시 원래 그릇에 넣고 처음부터 해야 합니다.

[게임멘트]

콩을 젓가락으로 잡는 것이 쉽지는 않았죠? 콩을 하나 하나 잡을 때마다 정확하게 실수하지 않도록 잡아야 했고 실패하면 처음부터 다시 해야 하니까 조심스러울 수밖에 없었지요? 이처럼 삼손은 하나님께 구별된 나실인이었어요. 나실인은 모든 행동을 조심해야 하는 사람이었는데 삼손은 그렇게 하지 못했어요. 블레셋 사람들은 삼손의 비밀을 알아내려고 열심이었고 삼손은 그것을 지키기 위해 열심이었어요. 그런데 결국 삼손은 나실인의 비밀을 이야기했고 나실인으로서의 규례를 어기게 되었어요. 삼손이 나실인으로 어떤 일을 했고 결국 나실인의 규례를 어김으로 어떻게 되었는지 성경을 통해 살펴봅시다.

3. 생각해보기

우리가 불신자들과 구별되게 살아가는 모습은 어떤 모습일까요?

그리스도인 다운 모습	그리스도인 답지 못한 모습

그리스도인들이 불신자와 가장 크게 구별되는 것은 무엇일까요? 많은 부분이 있겠지요? 학생들은 행동적인 부분을 많이 이야기할 수 있습니다. 하지만 행동보다 분명하게 다른 것을 이야기해 주면 좋습니다. 그것은 바로 믿음입니다. 불신자들은 하나님을 믿지 않습니다. 그러니 당연히 하나님의 말씀이 들리지도 들으려고 하지도 않습니다. 하지만 그리스도인들은 하나님의 말씀을 믿습니다. 그래서 우리는 하나님의 말씀에 귀를 기울이는 것이고 하나님의 말씀에 순종하는 것입니다. 이것이 그리스도인들의 가장 큰 구별된 모습이라고 할 수 있습니다.

4. 성경 속으로 Go Go

1. 삼손에 대한 이야기를 성경을 찾아 읽고 빈칸을 채워보세요.

① □ 지파 출신, 아버지의 이름 : □□□ (삿 13:2)

② 하나님께 바쳐진 □□□ (삿 13:5)

③ 나귀의 턱뼈로 블레셋 사람 □ 명을 죽임(삿 15:15)

④ 사사로 □□년을 지냄 (삿 15:20)

⑤ 블레셋 여자 □□□를 사랑함 (삿 16:4)

티칭포인트 | 12명의 사사 중 삼손은 무려 4장에 걸쳐 가장 길게 기록되어 있습니다. 그만큼 삼손의 업적도 많이 기록되어 있습니다. 사람들에게 삼손이 누구냐고 물으면

힘이 센 사람으로 이야기합니다. 삼손은 단지 힘만 센 사람이 아니라 하나님의 사사로서 그 역할을 잘 감당했던 사람이라는 것을 말씀을 통해 살펴볼 것입니다.
우선 삼손은 단지파 사람이었고 그의 아버지의 이름은 마노아였습니다. 삼손은 태어나면서부터 나실인으로 구별되어 살았습니다. 그런 삼손이 어른이 되자 블레셋 여자와 결혼을 했습니다. 결혼식에서 삼손이 낸 수수께끼의 답을 블레셋 사람들이 삼손의 아내를 협박해서 알아내자 삼손은 화가나서 밖으로 나갔습니다. 시간이 한참 흐른 뒤 삼손이 자신의 아내에게로 돌아왔지만 이미 다른 사람의 아내가 되어 있었습니다. 화가 난 삼손은 여우 300마리를 붙잡아서 꼬리에 횃불을 달아 블레셋 사람들의 밭에 풀어 놓았습니다. 자신의 밭이 모두 불타버린 것에 화가 난 블레셋 사람들은 유다 사람들을 찾아가 협박을 했고 유다 사람들은 삼손을 붙잡아 블레셋 사람들에게 넘겨주었습니다. 블레셋 사람들이 삼손을 잡았다고 기뻐할 때 삼손은 나귀의 턱뼈를 휘둘러 1,000명의 블레셋 사람들을 죽였습니다. 삼손은 이스라엘의 사사로 20년을 지냈습니다. 삼손은 블레셋 여자 들릴라를 사랑했고 결국 그녀의 꾐에 빠져 나실인의 규례를 어기게 되었습니다. 이로 인해 삼손은 비참한 마지막을 맞이하게 됩니다.
<정답> : 단, 마노아, 나실인, 천, 이십, 들릴라

2. 삼손의 힘의 원천은 무엇이었나요. 성경을 찾아 읽어보고 이야기해 봅시다.(삿 16:17)

티칭포인트 | 삼손이 나귀 턱뼈로 1,000명의 사람을 죽이고 맨 손으로 사자를 죽일 수 있는 힘은 삼손이 운동을 많이 해서 생긴 것이 아닙니다. 많은 사람들이 삼손의 힘의 원천을 머리카락으로 알고 있습니다. 성경도 삼손이 자신의 힘의 원천을 머리카락으로 말하고 있고 머리카락을 자르자 삼손이 힘을 잃게 된 사건이 그렇게 생각하게 만들게 됩니다. 하지만 삼손의 힘의 원천은 바로 하나님이십니다. 하나님께서 삼손에게 힘을 주셨고 그래서 삼손은 강한 힘을 갖게 된 것입니다. 하나님께서 삼손과 함께 하신다는 징표가 바로 나실인의 규칙이었습니다. 머리카락이 잘린 것은 하나님과의 약속이 파괴된 것이고 하나님께서는 삼손과 함께 하시지 않았고 그로 인해 삼손은 힘을 잃어 보통 사람처럼 된 것입니다.
<정답> : 머리카락, 하나님께 구별된 나실인으로서 하나님께 하심이 진짜 힘의 원천

3. 삼손이 사사답게 행동한 모습과 그렇지 못한 모습을 성경에서 찾아볼까요?(삿 15:15, 16:30, 14:1~2, 16:4~5)

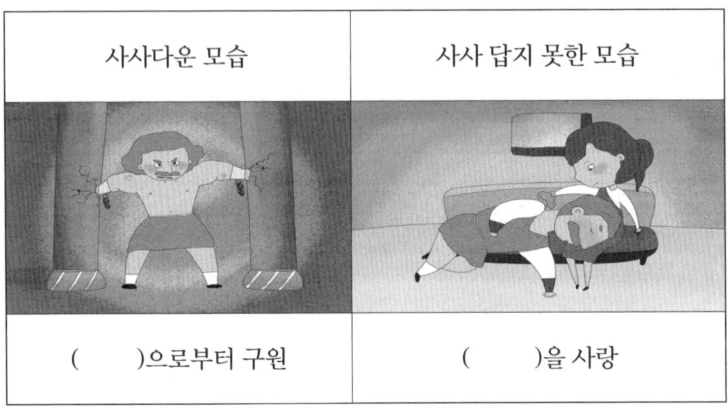

사사다운 모습	사사 답지 못한 모습
(　　　)으로부터 구원	(　　　)을 사랑

티칭포인트 | 삼손이 사사가 되었을 때 이스라엘은 블레셋에게 괴롭힘을 당하고 있었습니다. 처음에 삼손이 블레셋 여인과 결혼을 하려고 했던 것도 블레셋을 치기 위한 하나님의 계획이었습니다. 하나님께서는 여러 차례 삼손을 통해 블레셋을 징계하셨고 이스라엘 사람들을 구원해 냈습니다. 그런데 나중에 삼손은 자신의 마음에 끌리는 블레셋 여자를 사랑했습니다. 이 일은 하나님께로부터 온 일은 아니었습니다. 온전히 삼손의 마음대로 했던 행동이었습니다. 결국 삼손은 이 일로 나실인의 약속인 머리카락을 자르면 안된다는 이야기를 했고 머리카락을 잘린 삼손은 힘을 잃고 말았습니다. 삼손은 하나님께 물어야 했지만 묻지 않았고 자신의 욕심대로 행동하다가 결국 두 눈이 뽑히고 블레셋 사람들 앞에서 재주를 부리다가 신전을 무너뜨리면서 블레셋 사람들과 함께 죽는 안타까운 마지막을 맞이 하게 됩니다.

<정답> : 블레셋, 이방 여인

5. 성경 Action

1. 그리스도인답지 못한 행동을 하게 되었을 때 우리는 어떻게 해야 할까요?

그리스도인이 되었다고 100% 옳은 행동, 하나님께서 원하시는 행동만 할 수 있는 것은 아닙니다. 때로는 내 마음대로 끌리는대로 행동하기도 합니다. 그래서 그리스도인답지 못한 행동을 할 수도 있습니다. 그렇다면 우리는 하나님께 회개해야 합니다. 하나님과의 약속을 어긴 것을 회개하고 다시는 이 잘못을 반복하지 않도록 힘을 달라고 기도해야 합니다.

2. 구별은 다른 말로 거룩이라고 할 수 있습니다. 나는 예수 믿는 어린이로서 구별되게 살아가고 있나요? 구별되는 점을 이야기해 보고 나의 다짐도 이야기 해 봅시다.

성경에는 거룩이라는 단어가 많이 나옵니다. 하나님께서는 이스라엘 백성들에게 자신이 거룩하니 너희도 거룩하라고 명령하십니다. 거룩한 것이 무엇일까요? 그것은 한마디로 구별된 모습입니다. 내가 하나님의 백성으로서, 그리스도인으로서 구별되게 말하고 행동하는 것을 의미합니다. 그리스도인과 불신자의 관심사도 달라야 합니다. 그런데 말투도 똑같고 생각하고 행동하는 것도 불신자와 다르지 않다면 과연 우리가 그리스도인답다고 말할 수 있을까요?

학교에서 내가 그리스도인답게 구별되게 행동할 수 있는 것이 무엇이 있을까요? 우리 학생들이 교회에서뿐만 아니라 학교에서도 그리스도인으로 살아야 한다는 점을 분명히 이야기해 주세요.

6. 함께 기도하기

하나님, 우리를 하나님의 사랑하는 백성으로 불러주셔서 감사합니다. 우리도 나실인처럼 하나님께 나 자신을 구별해서 드리기를 원합니다. 내 욕심대로 내 맘대로가 아니라 하나님께서 원하시는 모습대로 살아갈 수 있도록 도와주세요. 예수님의 이름으로 기도합니다. 아멘.

23과 이제 곧 이스라엘은 멸망한다

외울 말씀 | "내가 이 모든 말씀대로 유다의 왕 시드기야에게 전하여 이르되 왕과 백성은 바벨론 왕의 멍에를 목에 메고 그와 그의 백성을 섬기소서 그리하면 사시리라" (렘27:12)

공과 목표 |

1. 죄에서 돌이키고 하나님을 가까이 하는 것이 하나님의 뜻임을 알 수 있다.
2. 돌이키는 사람에게 회복의 은혜를 주신다는 사실을 깨달을 수 있다.
3. 죄를 미워하고 하나님의 뜻이 무엇인지 기도하며 분별할 수 있다.

배울내용 | 오늘은 예레미야 선지자가 울면서 이스라엘 백성들에게 멸망을 선포했던 모습을 통해 그리스도인들도 하나님을 믿지 않는 사람들을 향해 사랑의 마음을 가지고 하나님의 말씀을 선포해야 한다는 사실을 배울거예요.

공과 설명 |

타임머신을 타고 미래에서 온 사람들의 이야기는 드라마나 영화의 단골 주제라고 할 수 있습니다.
그런데 만약 진짜 미래에서 온 사람이 있어서 미래에 벌어지는 일들을 우리에게 이야기해 준다고 생각해 볼까요? 우리는 그 이야기를 믿을 수 있을까요? 아마 믿지 못할 것입니다.
미래에서 온 사람이 우리 나라가 망한다고 말하고 다닌다면 우리는 그 말을 믿는 것이 아니라 그 사람이 정신적으로 이상이 있다고 생각할 것입니다. 그런데 이것도 모자라 대한민국이 다른 나라와 전쟁을 해 져서 망할텐데 차라리 싸우지 말고 항복을 하라고 한다면 어떨까요? 이제는 이상한 사람 취급을 하는 정도에서 끝나지 않고 욕을 하거나 경우에 따라 때릴지도 모릅니다.
아무리 사람들이 이상한 취급을 하고 욕을 해도 미래에서 대한민국의 멸망을 본 사람은 멈추지 않을 것입니다. 어떻게 해서라도 지금 우리에게 미래에 벌어지는 일을 알려주려고 온갖 노력을 하지 않을까요? 대한민국의 멸망을 미래에서 보고 우리에게 이야기를 해주는 사람의 마음은 어떨까요?
마냥 행복하고 기분이 좋은 모습으로 이야기하지는 않겠지요? 성경에도 조국의 멸망을 미리 보고 아픈 마음을 부여잡고 백성들에게 외친 사람이 있습니다. 성경을 통해 이 사람에 대해 살펴봅시다.

1. 성경을 공부해요

이스라엘의 멸망을 예언한 선지자들을 성경에서 찾아 보세요.

1. 아모스 7장 11절　　○○○
2. 요엘 1장 15절　　○○
3. 스바냐 1장 4절　　○○○

<정답> : 아모스, 요엘, 스바냐

아모스 7:11 아모스가 말하기를 여로보암은 칼에 죽겠고 이스라엘은 반드시 사로잡혀 그 땅에서 떠나겠다 하나이다

아모스 선지자는 북이스라엘의 여로보암 2세 때 활동했던 선지자입니다. 이때는 왕부터 제사장, 백성들까지 모두 하나님을 떠나 우상을 섬겼습니다. 당시 군사력과 경제는 번성했지만 백성들의 영성과 도덕성은 땅바닥이었습니다. 바로 이러한 때에 시골에서 농부, 목자로 살고 있었던 아모스를 하나님께서 부르셔서 북이스라엘 백성들에게 하나님의 공의(정의, 심판)를 선포하게 합니다. 아모스는 형식적인 종교생활만 하는 자신들이 무슨 잘못을 하고 있는지 전혀 깨닫지 못하는 이들에게 이대로 회개하지도 않고 계속 죄만 짓는다면 하나님의 심판은 피할 수 없음을 수차례 경고합니다. 하지만 단지 하나님의 심판만이 아니라 자신들의 죄를 돌이키고 하나님께로 돌아온다면 하나님께서는 반드시 다시 회복시키실 것이라는 하나님의 은혜도 함께 선포합니다.

<정답> : 아모스

요엘 1:15 슬프다 그 날이여 여호와의 날이 가까웠나니 곧 멸망 같이 전능자에게로부터 이르리로다

요엘 선지자에 대한 기록이 많이 없어서 그가 누구인지 언제 어디서 어떤 활동을 했는지 정확히 알 수는 없습니다. 하지만 요엘서의 내용을 근거로 요엘이 남유다의 요아스 왕 때 활동했던 선지자라고 생각할 수 있습니다. 요엘은 당시 엄청난 메뚜기 떼로 인해 고통을 받고 있던 남유다 백성들에게 지금까지의 재난과 재앙은 아무 것도 아니고 앞으로 더 큰 재앙과 같은 일이 벌어질 것을 이야기합니다.

메뚜기 떼는 단순한 천재지변이 아니라 하나님의 심판의 도구라고 요엘은 이야기합니다. 지금은 메뚜기 정도이지만 후에는 메뚜기 떼와 같은 이방의 군대가 와서 남유다를 이렇게 짓밟을 것이라고 경고합니다. 하지만 지금이라도 하나님께 회개하고 돌아오면 용서와 구원을 베풀어주신다고 용서와 회복을 같이 선포합니다.

<정답> : 요엘

스바냐 1:4 내가 유다와 예루살렘의 모든 주민들 위에 손을 펴서 남아 있는 바알을 그곳에서 멸절하며 그마림이란 이름과 및 그 제사장들을 아울러 멸절하며

스바냐 선지자는 유다의 요시야 왕때 활동했던 왕족 출신의 선지자입니다. 당시 유다 백성들은 요시야의 아버지였던 므낫세의 영향으로 심각한 우상숭배에 빠져 있었습니다. 그런 백성들에게 하나님의 심판을 선포합니다. 하지만 백성들은 지금까지 자신들의 잘못에도 잠잠히 계시는 하나님이시기 때문에 아무 것도 하지 않을 것이라며 스바냐 선지자의 이야기를 듣지 않습니다. 하지만 스바냐는 하나님께서 잠잠히 계시는 것이 아니라 하나님께서는 우리에게 긍휼과 자비하심으로 기회를 주고 있음을 이야기합니다. 하나님의 심판의 날, 진노의 날이 오면 더 이상 회개할 기회가 없습니다. 그래서 스바냐 선지자는 이런 심판의 날이 오기 전에 회개할 것을 촉구합니다. 스바냐 선지자도 다른 선지자들과 마찬가지로 죄에서 돌이켜 하나님께로 돌아온다면 하나님께서는 구원과 회복을 약속하신다는 소망의 메시지도 함께 전합니다.

<정답> : 스바냐

2. 몸풀기(목소리를 높여 외쳐봐요 게임)

몸풀기 게임으로 목소리를 높여 외쳐봐요 게임을 합니다.

[게임방법]

① 초시계를 준비합니다(핸드폰에 있는 어플을 이용해도 됩니다).

② 이제 여러 단어를 최대한 길게 이야기합니다.

예를 들어 "예수 믿으세요" 라고 길게 이야기합니다. 마지막 "요"만 길게 말하면 됩니다. 숨을 쉬지 않고 한 호흡으로 외친 것까지만 인정합니다.

③ 초시계로 반 학생들의 기록을 기록합니다. 가장 오래 외친 친구에게 선물을 줍니다.

[게임멘트]

큰 소리로 길게 외치는 것이 생각보다 쉽지 않죠? 만약 옆에서 방해하는 친구들이 있다면 기록은 더 짧아질 수밖에 없을 거에요. 지금은 교실 안에서 "예수님 믿으세요."라고 크고 길게 외쳤지만 밖에 나가서 이렇게 할 수 있나요? 쉽지 않죠? 성경에도 "회개하세요. 하나님을 믿으세요."라는 말을 하면 사람들이 싫어해서 이런 말 하는 것이 힘들었던 시기가 있었어요. 하지만 그럼에도 사람들에게 "회개하고 하나님을 믿으라." 라고 끈질기게 이야기했던 사람들이 있는데 이 사람들이 바로 선지자였습니다. 많은 선지자 중에 남유다의 멸망을 바라보면서 찢어지는 가슴을 부여잡고 외친 한 선지자의 모습을 성경을 통해 살펴봅시다.

3. 생각해보기

무슨 표시일까요? 이 표시를 무시하면 어떤 일이 일어날까요? 자신의 생각을 이야기해 봅시다.

길을 걷다보면 다양한 표지판을 보게 됩니다. 혹시 이런 표지판을 본 적이 있나요? 도로나 길가에 이런 표지판을 종종 세워놓습니다. 자동차에도 이런 표시를 볼 수 있습니다. 이 표시는 위험을 알리는 표시입니다. 자동차가 고장이 나서 점검이 필요하면 이 표시등이 뜹니다. 또한 공사를 하거나 도로가 안전하지 않을 때 이 표시를 사용함으로써 사람들이 위험을 인지하고 조심할 수 있도록 합니다. 그런데 사람들이 이 표시를 무시하고 행동한다면 어떻게 될까요? 자동차는 완전히 고장이 나서 큰 사고가 날 수 있고 도로나 길가의 위험을 조심하지 않아서 크게 다칠 수 있습니다. 그래서 위험 표시는 절대로 무시해서는 안됩니다.

4. 성경 속으로 Go Go

1. 다음 성경말씀을 찾아 읽어보고 예레미야의 별명이 무엇인지 한 번 맞춰보세요.

□□의 선지자

① 예레미야 9장 1절
② 예레미야 애가 1장 16절
③ 예레미야 애가 2장 11절
④ 예레미야 애가 2장 18절
⑤ 예레미야 애가 3장 48절

[힌트]

티칭포인트 | 예레미야는 제사장 힐기야의 아들로 남유다의 요시야 왕때부터 마지막 왕인 시드기야때까지 활동했던 선지자입니다. 그는 남유다의 멸망을 끝까지 목격했습니다. 당시 남유다 주변에는 앗수르, 애굽, 바벨론이라는 강대국이 있었습니다. 앗수르, 애굽은 저물어 가는 해였고 바벨론은 떠오르는 해였습니다. 남유다는 하나님이 아니라 앗수르, 애굽을 의지했습니다. 예레미야는 백성들에게 이렇게 하나님을 외면하면 하나님께서 바벨론을 통해 남유다를 멸망케 하실 것이라고 예언합니다.
그리고 빨리 바벨론에 항복하라고 이야기합니다. 하나님께서는 예레미야에게 여러 가지 환상을 통해 남유다에게 장차 임할 재앙과 바벨론에 의해 멸망할 것을 보여주셨습니다. 자신의 조국에 임한 재앙을 보면서 눈물을 흘리지 않을 사람이 어디에 있을까요? 부모님, 형제, 친구가 바벨론에 의해 죽임을 당하고 포로로 끌려가 비참한 생활을 하게 된다는데 기뻐할 사람이 있을까요? 남유다의 멸망을 보았고 알았지만 이 멸망을 막을 수 없는 모습이 얼마나 답답하고 화가 났을까요? 아무리 이야기를 해도 듣지 않는 백성들과 백성들을 거짓된 말로 현혹시키는 제사장, 지도자들을 바라보면서 눈물이 나지 않을 수 없었을 것입니다. 예레미야는 외쳐도 외쳐도 돌이키지 않는 백성들의 모습과 점점 멸망이 다가오는 모습으로 인해 눈물로 백성에게 호소했던 선지자였습니다. 그래서 우리는 예레미야를 향해 눈물의 선지자라고 부릅니다.

<정답> : 눈물

2. 하나님께서 예레미야에게 이스라엘의 구원과 멸망에 대해 보여주신 환상은 무엇인가요?(렘 1:11, 13)

티칭포인트 | 하나님께서는 예레미야를 부르셔서 두 가지 환상을 보여주셨습니다. 하나는 살구나무 환상이고 하나는 북에서 기울어진 끓는 가마 환상이었습니다. 살구나무의 히브리어 발음은 "솨케드(שקד)"입니다. "솨케드"라는 발음이 "지킨다"의 뜻을 가진 "솨마르(שמָר)"와 비슷한 것을 이용해 하나님의 말씀이 반드시 이루어질 것을 강조하는 환상입니다. 그리고 남유다 북쪽에 자리 잡은 바벨론을 끓는 가마로 묘사했고 끓는 가마가 유다쪽으로 기울어졌음을 보여주심으로 하나님의 심판이 시작되었음을 알려주는 환상입니다. 끓는 가마가 기울어지면 그 안의 뜨거운 내용물이 다 흘러나오고 그 내용물이 닿는 곳은 엉망이 될 수밖에 없습니다. 하나님께서는 바벨론을 통한 남유다의 심판을 반드시 이루시겠다는 의미로 이 두 가지 환상을 예레미야에게 보여주셨습니다.

티칭포인트 | 성경에는 살구나무로 번역된 이 나무는 우리 나라의 살구나무가 아니라 아몬드나무입니다. 아몬드나무의 꽃이 살구꽃과 비슷해서 우리나라 성경에 살구나무로 번역이 되어 있는 것입니다.

<정답> : 살구나무, 끓는 가마

3. 하나님께서 말씀하신 이스라엘 백성들이 행한 두 가지 악은 무엇인가요?(렘 2:13)

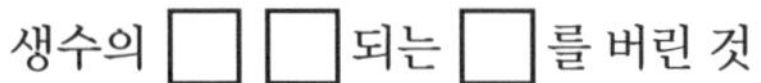

스스로 □□□를팜

티칭포인트 | 남유다 백성들이 하나님께 행한 죄는 두 가지만 있는 것은 아닙니다. 수십, 수백 가지 죄는 이 두 가지의 죄로부터 시작되었음을 이야기하시는 것입니다. 한 가지 죄는 생수의 근원이 되는 하나님을 버린 것이고 또 다른 하나는 생수의 근원을 버리고 스스로 물을 얻을 웅덩이를 판 것입니다. 물의 근원을 발원지라고 합니다. 아무리 가뭄이 심해도 발원지에서는 365일 계속 물이 솟아납니다. 이 물이 솟아나는 한 우리 나라 곳곳의 강은 계속 흐를 수 있는 것입니다. 그런데 이 발원지를 막아 버리면 더 이상 강물은 흐를 수 없습니다.

이스라엘에게 하나님은 영원한 생수를 공급하는 근원이었습니다. 언제나 자신의 백성을 돌보시는 하나님의 손길을 이스라엘은 거부했고 스스로 살 길을 찾았습니다. 그들이 찾은 것은 앗수르와 애굽이었습니다. 이들이 이스라엘을 보호해줄 수 있을 것 같았지만 이들은 이스라엘을 보호하지 못했습니다. 바벨론도 그 뒤의 페르시아도 이 땅의 그 어떤 강대국도 지켜줄 수 없습니다. 하지만 하나님은 이스라엘을 지키시고 보호하시는 유일한 분입니다.

이스라엘은 자신들에게 영원한 생수를 공급해 주시는 하나님을 버리고 자기 스스로 자신들을 도와줄 인간을 의지한 것이 이스라엘이 행한 큰 죄였던 것입니다.

<정답> : 근원, 나, 웅덩이

5. 성경 Action

1. 하나님의 심판을 외치는 예레미야의 이야기를 듣고도 왜 백성들은 변하지 않았을까요? 자신의 생각을 이야기해 봅시다.

아직까지 바벨론이 그만큼 위협이 되지 않았기 때문입니다. 자신들에게는 앗수르와 애굽과 같은 강대국이 있는데 지금 이제 막 일어나는 바베론과 같은 나라가 자신들을 어찌할 수 없을 것이라는 어리석은 믿음을 갖고 있었기 때문입니다.

2. 하나님께 계속 죄를 짓고 악을 행하는사람들에게 나는 무엇이라고 이야기해 줄 수 있을까요? 이야기를 나누어 봅시다.

죄를 짓고 악을 행하는 사람들에게 그렇게 행동하지 말라고 말할 수 있나요? 괜히 그 사람과 싸움이 붙을까 걱정이 되지 않나요? 말하기 전에 우리는 먼저 기도해야 합니다. 그리고 말하려는 사람과 내가 관계가 잘 되어 있는가도 생각해 봐야 합니다. 또한 내가 정말 그 사람을 아끼고 사랑하고 있는지도 살펴봐야 합니다. 기도하지 않고 관계도 형성되지 않고 친하지도 않은데 가서 이 행동은 잘못이라고 말하는 것은 조심해야 합니다. 내가 하나님의 말씀을 이야기하려면 우리 스스로 하나님의 말씀에 순종하고 있는지 잘 살펴야 합니다. 내가 먼저 바르게 서고 기도하는 모습 가운데 정말 사랑하고 친한 이들에게 성령의 감동으로 권면하는 것이 올바른 것이라고 할 수 있습니다.

6. 함께 기도하기

하나님, 하나님만이 우리의 생수의 근원임을 고백합니다. 이 세상의 지식, 경험을 의지하는 것이 아니라 오직 하나님만 붙들고 하나님만 바라보는 믿음을 허락해 주세요. 예수님의 이름으로 기도합니다. 아멘.

24과 마음을 찢어야 한다고?

외울 말씀 | "너희는 옷을 찢지 말고 마음을 찢고 너희 하나님 여호와께로 돌아올지어다 그는 은혜로우시며 자비로우시며 노하기를 더디하시며 인애가 크시사 뜻을 돌이켜 재앙을 내리지 아니하시나니" (욜 2:13)

공과 목표 |

1. 후회와 회개의 차이점을 알 수 있다.
2. 회개는 죄로부터 완전히 돌이키는 것임을 깨달을 수 있다.
3. 죄를 깨닫고 하나님께 회개할 수 있다.

배울내용 | 오늘은 요엘 선지자가 옷을 찢지 말고 마음을 찢어야 한다고 했던 말씀을 통해 하나님이 원하시는 것은 후회가 아니라 회개라는 사실을 배울거예요.

공과 설명 |

후회라는 것을 한 번도 하지 않고 살아가는 사람은 없을 것입니다. 후회는 이전의 잘못을 생각하고 뉘우친다는 의미인데 아쉬운 부분을 두고 두고 안타까워 한다는 의미도 있습니다. 그런데 많은 사람들이 후회는 하지만 정작 잘못했거나 아쉬웠던 행동을 바꾸려고 하지는 않습니다. 후회는 "~걸"이라는 표현으로 설명할 수 있습니다. 행동은 바뀌지 않고 말로만 "~걸"이라고 한다면 아무런 소용이 없습니다.

성경에서는 죄에 대해 후회가 아니라 회개하라고 표현합니다. 회개는 단지 마음으로 후회하는 것이 아니라, 적극적인 행동의 변화를 이야기합니다. 지금까지 가던 길에서 걸음을 멈추고 완전히 뒤돌아서는 것이 바로 회개입니다. 예수님을 믿는 우리는 후회가 아닌 회개하며 살아야 합니다. 회개는 죄를 깨닫고 죄를 미워하는 것에서부터 시작됩니다. 무엇이 진정한 회개인지 성경을 통해 살펴봅시다.

1. 성경을 공부해요

회개하는 사람들에게 하나님께서 주시는 은혜가 무엇인지 성경에서 찾아 보세요.

1. 이사야 45장 22절	○○
2. 예레미야 18장 8절	○○ 내리지 않음
3. 예레미야 36장 3절	죄와 악을 ○○

<정답> : 구원, 재앙, 용서

이사야 45:22 땅의 모든 끝이여 내게로 돌이켜 구원을 받으라 나는 하나님이라 다른 이가 없느니라

성경이 우리에게 심판만 이야기한다면 참 읽기 싫을 겁니다. 성경에는 심판만 기록되어 있지 않고 하나님의 사랑과 구원의 은혜도 기록되어 있습니다. 하나님은 분명 사랑의 하나님이십니다. 그래서 사람들은 **"사랑의 하나님이시라면 죄를 지은 사람이라도 용서하고 끝까지 안아 주셔야 하지 않는가?"**라고 생각합니다. 그런데 하나님은 자신의 속성(성향)상 죄를 가까이 할 수 없고 모르는척 할 수 없으십니다. 죄인된 우리들이 우리의 죄를 고백하고 예수 그리스도를 통해 죄사함을 받게 되면 비로소 우리를 구원으로 인도하십니다. 하나님께서는 자신의 죄에서 돌이키는 자에게 구원의 은혜를 허락해 주십니다.

<정답> : 구원

예레미야 18:8 만일 내가 말한 그 민족이 그의 악에서 돌이키면 내가 그에게 내리기로 생각하였던 재앙에 대하여 뜻을 돌이키겠고

잘못한 것이 있으면 깨닫고 고치면 됩니다. 그런데 더 좋은 것은 미리 잘못한 것을 알고 그 행동을 하지 않는 것입니다. 하나님께서는 이스라엘을 사랑하셔서 하나님의 말씀을 제사장들과 선지자들을 통해 전해주셨고 가르치셨습니다. 이스라엘 백성들은 하나님의 뜻이 무엇인지 분명하게 알았습니다.

하지만 그들은 하나님의 뜻보다는 자신들이 하고 싶은대로 행동했고 그것은 하나님께서 보시기에 좋지 않은 죄악들이었습니다. 하나님께서는 이스라엘을 돌이키기 위해 재난과 재앙을 주시기로 하셨습니다. 그런데 재난과 재앙을 주시기 전 한 번 더 기회를 주셨습니다. 예레미야 선지자의 이야기를 듣고 죄를 깨닫고 회개한다면 재난과 재앙을 내리지 않겠다고 말입니다. 하지만 그들은 결국 하나님께서 주신 기회를 잃어버렸고 하나님께서는 바벨론이라는 나라를 통해 이스라엘의 죄를 심판하셨습니다.

<정답> : 재앙을 내리지 않음

예레미야 36:3 유다 가문이 내가 그들에게 내리려 한 모든 재난을 듣고 각기 악한 길에서 돌이키리니 그리하면 내가 그 악과 죄를 용서하리라 하시니라

예레미야 선지자는 죄악으로 인해 멸망해 가는 이스라엘 백성들에게 하나님의 말씀을 선포했습니다. 하나님의 말씀을 듣고 이제라도 돌이키면 하나님께서 용서하시고 다시 기회를 주실 것을 외쳤습니다. 지금 당하는 재난은 이스라엘을 돌이키기 위한 하나님의 사랑이었습니다. 재난을 통해 죄를 깨닫고 하나님께로 돌이키는 것은 회개를 의미합니다. 이스라엘이 하나님께 회개할 때 그들의 죄와 악을 용서하신다고 예레미야 선지자는 이야기했습니다.

<정답> : 죄와 악을 용서

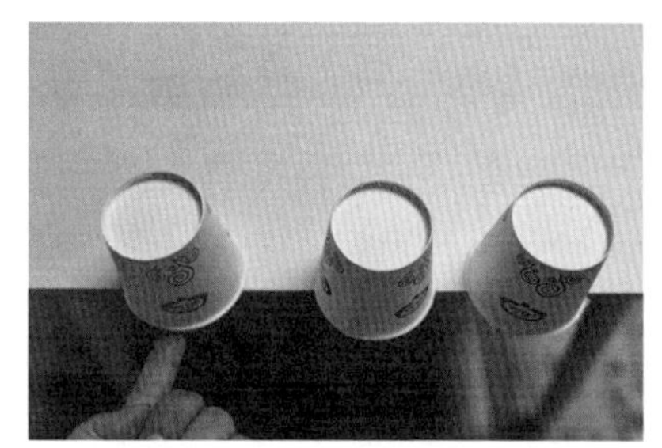

2. 몸풀기(종이컵 뒤집기 게임)

몸풀기 게임으로 종이컵 뒤집기 게임을 합니다.

[게임방법]

① 종이컵 1인당 5개, 초시계를 준비합니다. 종이컵을 바로 세워 탁자 끝에 반쯤 걸치게 해서 세워놓습니다.

② 손가락으로 종이컵을 아래에서 위로 쳐 올려 180도 회전시킵니다. 종이컵 입구부분이 아래쪽으로 오게 하면 됩니다.

③ 5개를 가장 빨리 뒤집는 사람이 승리합니다.

[게임멘트]

종이컵을 뒤집는 것이 쉬웠나요? 어떤 부분이 어려웠나요? 종이컵을 그냥 손으로 잡아 뒤집는 것은 어려운 일이 아니겠지요? 하지만 손가락으로 쳐서 반 바퀴를 돌려 뒤집는 것은 쉽지 않았죠? 간단해 보이지만 집중력과 힘조절이 필요한 게임입니다. 힘을 덜 주면 종이컵은 그냥 넘어지고 힘을 세게 주면 종이컵은 반 바퀴를 넘게 돌아 또 넘어지고 맙니다. 이처럼 사람들은 하나님의 벌이 무서워 하나님께 돌아가는 척 할 수도 있어요. 하지만 하나님께서 진짜 원하시는 것은 자신의 죄를 깨닫고 죄를 미워하는 마음으로 하나님께로 돌아가는 것이에요. 우리가 왜 하나님께로 돌아가야 하는지 성경을 통해 살펴봅시다.

3. 생각해보기

최근 여러분들이 겪었던 끔찍했던 경험은 무엇이고 여러분들이 생각하는 큰 재난은 무엇이었나요?

여러분들이 기억하는 가장 끔찍했고 무서웠던 재난이 있나요? 2001년이면 여러분들이 태어나기 전이죠? 9월 11일에 미국에서 엄청난 일이 일어났습니다. 테러범들이 비행기를 납치해서 미국의 세계무역센터 빌딩 2동에 부딪혀서 엄청난 사상자가 생겼습니다. 해마다 겪는 가뭄, 태풍과 장마로 인한 피해 등 우리는 해마다 이상기후 현상으로 재난과 같은 일을 겪고 있습니다. 2020년에는 코로나19라는 전염병으로 전 세계가 고생했고 힘들어 했습니다. 또한 우리의 일상을 모두 바꾸어 버렸습니다. 이제는 마스크를 쓰지 않으면 이상하고 옆에서 기침하거나 재채기를 하는 사람이 있으면 불안해 합니다. 이런 재난은 왜 일어날까요? 우연히 갑자기 일어나는 것 같지만 모든 것이 하나님의 인도하심(섭리)대로 일어나는 것입니다.

4. 성경 속으로 Go Go

1. 요엘 선지자의 마지막 날의 경고는 무엇이었는지 그림을 보고 성경을 찾아 적어 보세요.

요엘 1장 4절　　　　　메뚜기 재앙

요엘 1장 10절　　　　땅 이 마름

티칭포인트 | 성경에는 요엘이라는 이름이 많이 등장하지만 선지자 요엘에 대해서는 많은 기록이 없습니다. 그래서 그가 언제 어디서 무슨 활동을 했는지 정확히 알 수가 없습니다. 하지만 3장에 블레셋이 유다를 공격한 것으로 인해 블레셋에 대한 징계가 나오는데 블레셋이 유다를 공격한 시점이 유다 왕 여호람때였기 때문에 여호람의 손자 요아스때 활동했다고 생각합니다. 요엘은 남유다 백성들에게 금식과 회개의 날을 선포하라고 이야기합니다. 하나님의 심판의 날이 오면 아무도 그 심판을 피할 수 없다는 것입니다.

그러면서 지금 남유다가 당하고 있는 메뚜기 재앙과 토지가 마름으로 밭의 소출이 없어졌고 그로 인해 하나님께 드리는 소제와 전제가 끊어졌음에도 백성들은 여전히 자신들의 죄를 깨닫지 못했고 하나님께 회개하지 않았습니다.

<정답> : 메뚜기 재앙, 땅이 마름

2. 요엘은 여호와의 날이 오기 전에 회개할 것을 백성들에게 이야기합니다. 성경을 찾아 아래 빈 칸을 채워보세요.

제사장들아 너희는 굵은 베 로 동이고 슬피 울지어다 제단에 수종드는 자들아 너희는 울지어다 내 하나님께 수종드는 자들아 너희는 와서 굵은 베 옷을 입고 밤이 새도록 누울지어다 이는 소제와 전제를 너희 하나님의 성전에 드리지 못함이로다
14 너희는 금식일 을 정하고 성회 를 소집하여 장로들과 이 땅의 모든 주민들을 너희 하나님 여호와 의 성전으로 모으고 여호와 께 부르짖을지어다(요엘1:13~14)

티칭포인트 | 요엘은 메뚜기 재앙과 가뭄은 하나님의 심판의 날과 비교했을 때 아무것도 아니라고 이야기합니다. 하나님의 심판의 날은 아무도 피할 수 없고 그 날에 모든 사람들은 고통스러워 눈물을 흘릴지라도 벗어날 수 없습니다. 그래서 요엘은 유다 백성들과 제사장들에게 회개를 촉구합니다. 굵은 베 옷을 입으라는 것은 큰 슬픔 가운데 회개하라는 의미입니다. 그리고 금식일을 정하고 성회를 소집하여 하나님께 부르짖으라고 이야기합니다. 하나님께 소제, 전제를 드릴 수 없음에도 백성들은 슬퍼하지 않았습니다. 제사장들의 슬픔은 자신의 몫이 없음에 대한 슬픔이었지 하나님께 제사를 드리지 못함에 대한 슬픔은 아니었습니다. 그래서 요엘은 진심으로 하나님께 자신들의 죄악을 낱낱이 고하고 철저하게 죄악된 모습에서 돌이킬 것을 강력하게 이야기합니다.

<정답> : 베, 금식일, 성회, 여호와

3. 옷을 찢지 말고 마음을 찢으라는 요엘 선지자의 말은 무슨 의미일까요? 성경을 읽고 여러분들의 생각을 이야기해 보세요(욜 2:13).

티칭포인트 | 요엘은 유다 백성들에게 옷을 찢지 말고 마음을 찢으라고 말합니다. 성경에는 큰 슬픔을 표현할 때 옷을 찢는다라는 표현을 많이 사용합니다. 요엘은 겉으로만 슬퍼하지 말고 마음 깊은데서부터 나오는 진실된 회개를 할 것을 이야기하는 것입니다. 겉으로 울면서 회개해도 사람들은 속일 수 있습니다. 하지만 하나님께서는 속지 않으십니다. 마음을 찢지 않는 회개는 아무런 소용이 없음을 이야기하는 것입니다. 마음을 찢는 회개는 단지 눈물을 흘리는 것뿐만 아니라 행동의 변화가 따라야 합니다. 내가 지금까지 걸었던 죄악의 길에서 돌이켜 하나님의 뜻에 맞는 길을 걷는 것이 바로 마음을 찢는 회개라고 할 수 있습니다.

<정답> : 겉으로 회개하는 척이 아니라 진심으로 하나님께 돌아오는 것

5. 성경 Action

1. 후회와 회개의 차이점은 무엇이라고 생각하나요? 나는 후회를 하고 있나요? 회개를 하고 있나요? 서로 이야기를 나누어 봅시다.

공과설명 때도 설명했지만 후회는 잠시 마음으로 뉘우치는 것일뿐 행동까지 잘 이어지지 않지만 회개는 진심으로 뉘우치고 행동의 변화까지 이어지는 것을 의미합니다. 후회는 많은 사람들이 하며 살아갑니다. 우리는 하나님의 뜻대로 살지 못했던 것을 후회하는 것이 아니라, 지난 날의 죄를 미워하고 그 죄에서 벗어나고자 하는 행동이 있는 회개로 나아가야 합니다.

2. 마음을 찢는 회개를 한 적이 있나요? 회개는 어떤 사람이 할 수 있다고 생각하나요? 생각을 이야기해 봅시다.

옛날에는 어린이들도 부흥회에 참석해서 함께 말씀을 듣고 기도도 했는데 요즘 어린이들을 위한 부흥회는 많이 없는 것 같습니다. 회개는 내가 하고 싶다고 할 수 있는 것이 아니고 하나님을 믿고 내가 구원받았음을 확신할 때 나의 죄가 고백될 수밖에 없습니다. 그러면 자연스럽게 하나님께 나의 죄를 회개하게 됩니다. 회개는 반드시 말씀이 있어야 합니다. 말씀은 우리의 마음을 찌르고 죄를 깨닫게 하고 죄를 멈추게 합니다. 그러니 회개는 하나님을 믿는 구원받은 사람이 할 수 있는 것입니다.

6. 함께 기도하기

하나님, 하나님이 살아계신 하나님이시고, 예수님은 하나님의 아들이시며 우리의 구원자라는 사실을 믿어요. 나의 죄가 생각나게 하시고 죄의 길에서 돌이켜 성경이 말씀하는 의의 길을 걸을 수 있도록 도와주세요. 예수님의 이름으로 기도합니다. 아멘.

25과 수 많은 반대 속에서

외울 말씀 | "다 함께 꾀하기를 예루살렘으로 가서 치고 그 곳을 요란하게 하자 하기로"(느 4:8)

공과 목표 |

1. 신앙생활을 할 때 수 많은 방해와 반대가 있음을 알 수 있다.
2. 방해와 반대 속에서도 끝까지 믿음으로 승리해야 함을 깨달을 수 있다.
3. 기도하며 하나님이 주시는 은혜로 이겨낼 수 있다.

배울내용 | 오늘은 신앙생활을 하는데 방해와 반대가 있을 때 우리는 어떻게 해야 하고 어떤 선택을 하는 것이 하나님께서 기뻐하시는 모습인지를 배울거예요.

공과 설명 |

우리가 무슨 일을 할 때 주변에서 항상 칭찬해주고 격려해준다면 용기를 얻어 잘 할 수 있을 것입니다. 그런데 부정적으로 이야기하고 무시하고 반대와 방해를 한다면 일을 끝까지 감당하기가 너무 어려울 것입니다. 중간에 포기하고 싶은 마음이 간절하겠지요.
신앙생활을 하는데 있어서는 어떨까요? 신앙생활을 하는데 무조건 칭찬과 격려와 응원만 있는 것은 아닙니다. 반대와 방해가 있고 우리는 그 반대와 방해를 지혜롭게 헤쳐나가야 합니다. 반대와 방해가 있다고 우리도 거칠게 반응한다면 신앙생활에 아무런 도움이 되지 않습니다. 우리에게 방해와 반대가 있을 때 우리는 어떻게 이 일들을 헤쳐나가야 하는지 성경을 통해 그 지혜를 배워봅시다.

1. 성경을 공부해요

모두가 반대할 때 끝까지 하나님의 뜻을 따라 행동했던 모습을 성경에서 찾아 보세요.

1. 사도행전 4:19 베드로와 요한
2. 사도행전 9:27 바나바의 변호
3. 사도행전 21:13 바울의 담대함

사도행전 4:19 베드로와 요한이 대답하여 이르되 하나님 앞에서 너희의 말을 듣는 것이 하나님의 말씀을 듣는 것보다 옳은가 판단하라

베드로와 요한이 기도하는 시간이 되어 성전으로 올라가고 있었습니다. 성전의 "미문(아름다운 문)"이라고 부르는 문에서 태어날 때부터 걷지 못한 사람을 만났습니다. 베드로와 요한 나사렛 예수의 이름으로 이 사람을 고쳐 주었습니다. 이 사람은 성전 안까지 들어와 베드로와 요한을 붙잡고 놓아주지 않았습니다. 걷지 못한 사람이 고침 받은 것을 보고 많은 사람들이 모여들었고 베드로는 이들에게 설교를 하기 시작했습니다. 베드로가 설교하고 있다는 소식을 들은 제사장, 사두개파 사람들, 성전 경비대가 몰려왔습니다. 이들은 베드로와 요한을 감옥에 가두었다가 이튿날 심문하기 시작했습니다. 이들은 베드로와 요한에게 다시는 예수님의 이름을 말하지도 말고 가르치지도 말라고 경고했습니다. 하지만 베드로와 요한은 "당신들의 말을 듣는 것보다 하나님의 말씀을 듣는 것이 더 옳은 일이다."라며 그들의 경고를 무시하고 또 예수님을 전하고 예수님에 대해 가르쳤습니다.

<정답> : 베드로와 요한

사도행전 9:27 바나바가 데리고 사도들에게 가서 그가 길에서 어떻게 주를 보았는지와 주께서 그에게 말씀하신 일과 다메섹에서 그가 어떻게 예수의 이름으로 담대히 말하였는지를 전하니라

다메섹 도상에서 바울은 예수님을 만났고 아나니아 선지자에 의해 앞을 보게 된 즉시 각 회당에서 예수가 하나님의 아들이심을 전파했습니다. 바울은 예루살렘에 가서 다른 예수님의 제자들과 어울리려고 했습니다.

하지만 이전에 바울이 예수님을 믿는 사람들을 핍박했던 사실을 알고 있었기 때문에 이번에도 무슨 작전을 써서 자신들을 잡아갈지도 모른다는 생각에 어울리는 것을 주저했습니다. 이때 바나바가 나서서 바울을 변호합니다. 직접 바울을 사도들에게 데리고 갔고 바울이 길에서 주님을 본 것과 예수님께서 바울에게 하신 말씀, 다메섹에서 예수가 그리스도임을 전한 사실을 이야기해 주었습니다. 바나바는 바울을 반대하는 많은 사람들 앞에서 바울을 옹호해 주었고 격려해 주었습니다.

<정답> : 바나바의 변호

사도행전 21:13 바울이 대답하되 여러분이 어찌하여 울어 내 마음을 상하게 하느냐 나는 주 예수의 이름을 위하여 결박 당할 뿐 아니라 예루살렘에서 죽을 것도 각오하였노라 하니

바울은 3차 전도여행을 마치고 오순절이 되기 전에 예루살렘으로 가려고 배를 탔습니다. 두로 지역에 도착했을 때 거기에 있던 바울의 제자들이 바울이 예루살렘에 가는 것을 말렸습니다. 또 가이사랴 지역에서는 빌립 집사님의 집에 머물렀는데 이때 아가보라는 선지자가 와서 바울이 예루살렘에 들어가면 결박당하고 이방인의 손에 넘겨 질 것이라고 예언했습니다. 이 말을 들은 수많은 사람들이 울며 바울에게 예루살렘으로 올라가지 말라고 권면했습니다. 그러자 바울은 이렇게 이야기합니다. "왜 울어서 나의 마음을 아프게 합니까? 나는 예루살렘에서 묶이는 것뿐만 아니라 예수님을 위해 죽음까지도 각오했습니다." 바울은 많은 사람들의 염려와 권면 속에서도 하나님께서 자신에 주신 복음 전하는 사명을 감당하기 위해 죽음까지도 각오하는 모습을 보여주었습니다.

<정답> : 바울의 담대함

2. 몸풀기(종이컵 미로 게임)

몸풀기 게임으로 종이컵 미로 게임을 합니다.

[게임방법]

① 종이컵 2줄(100개), 안대(없으면 1회용 마스크를 안대 대신 사용해도 됩니다)를 준비합니다.

② 종이컵을 ==== 모양으로 두 줄로 세웁니다. 사람이 통과할 수 있을 정도의 공간을 두고 종이컵을 양옆에 세우면 됩니다. 직선, 곡선 등 자유롭게 종이컵 미로를 만듭니다.

③ 한 사람이 안대를 하고 종이컵 미로 안으로 들어갑니다. 이제 주변에 있는 친구들은 소리를 내어 미로 안에 있는 친구가 종이컵을 무너뜨리지 않고 움직일 수 있도록 도와줍니다. 미로 안에 있는 친구가 종이컵을 최대한 무너뜨리지 않고 움직이게 하는 것이 중요합니다.

④ 가정에서 할 경우에는 종이컵 대신 책을 세워서 미로로 만들어도 됩니다.

[게임멘트]

안대를 벗고 종이컵 미로를 빠져 나가는 것은 쉽겠지요? 종이컵을 건드리지 않으려 해도 건들 수밖에 없었던 이유가 무엇일까요? 보이지 않기 때문이지요? 이처럼 하나님의 말씀을 듣는 것은 보이지 않는 하나님의 명령을 따르는 것과 같아요. 그래서 의심도 되고 눈에 보이는 것에 우리의 생각과 마음을 더 많이 빼앗기게 되지요. 하지만 우리를 인도하시는 하나님의 음성을 듣지 않으면 우리는 언제든지 길 밖으로 나갈 수밖에 없어요. 힘들고 어렵지만 하나님의 말씀에 귀를 기울이고 순종할 때 우리는 바른 길을 걸어갈 수 있게 되는 거에요. 수많은 반대 속에서 믿음의 사람들은 어떻게 그 반대들을 이겨낼 수 있었는지 성경을 통해 살펴봅시다.

3. 생각해보기

사람들에게 칭찬과 인정을 받은 적이 있나요? 어떤 기분이었나요? 혹 반대와 무시를 당한 적이 있나요? 어떤 기분이 들었나요?

칭찬과인정	반대와무시

부모님이나 선생님께 칭찬과 인정을 받으면 어떤 기분인가요? 너무 행복하고 기쁘겠지요? 그런데 반대로 무시당하고 혼만 난다면 기분이 어떨까요? 짜증도 나고 화도 날 거에요. 최근 칭찬과 인정을 왜 받았는지 이야기할 수 있는 친구 있나요? 이야기를 들어봅니다. 그러면 나는 최근 친구들에게 칭찬과 인정의 말을 했나요? 아니면 반대와 무시하는 말을 했나요? 나의 말은 들은 친구들의 기분이 어땠을지 이야기해 볼까요?

4. 성경 속으로 Go Go

1. 느헤미야에 대한 이야기입니다. 내용에 맞게 선을 연결해보세요.

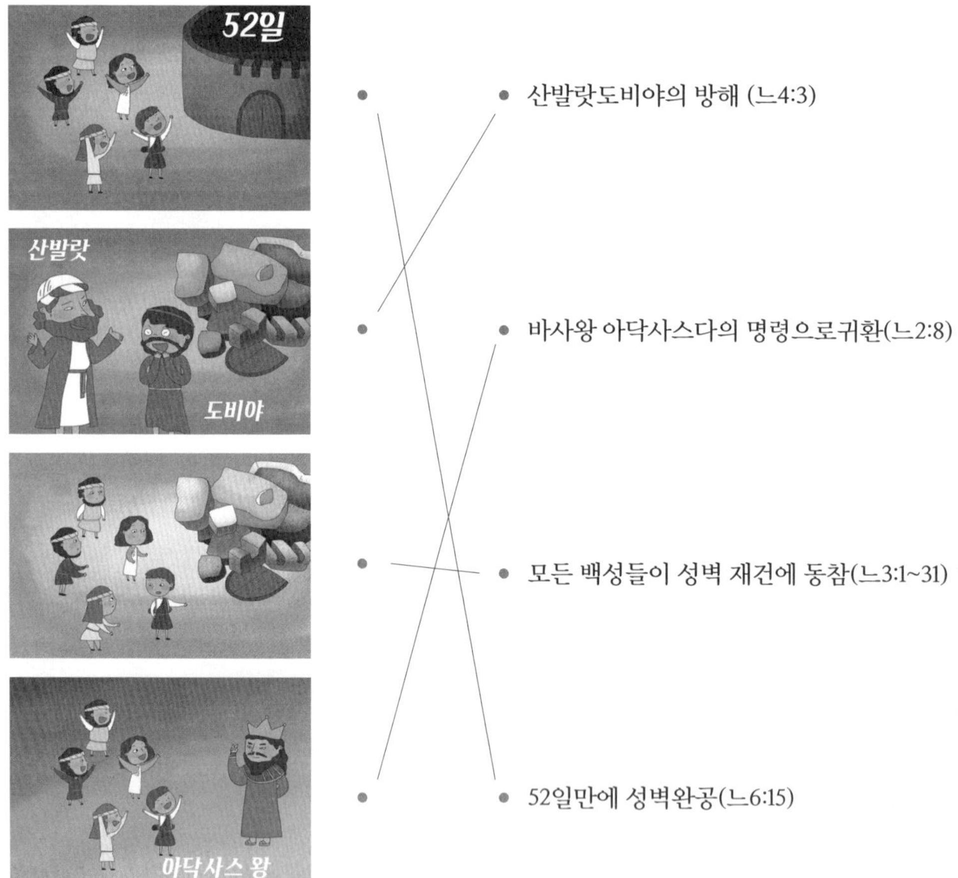

티칭포인트 | 느헤미야는 페르시아(바사)의 아닥사스다 왕 때 고위 관리였습니다. 그는 아직도 예루살렘 성벽에 파괴된 채 있다는 소문을 들었습니다. 스룹바벨이 1차 귀환을 해서 성전을 지었습니다. 그리고 에스라가 2차 귀환을 해서 백성들을 가르쳤습니다. 성전은 재건되었고 백성들도 예루살렘에서 살고 있지만 그들을 보호해 줄 성벽은 아직 파괴된 채 있었습니다. 그래서 느헤미야는 무너진 성벽을 재건하고자 왕에게 요청을 합니다. 하나님께서는 왕에게 은혜를 입게 하셨고 성벽을 재건할 수 있도록 느헤미야를 예루살렘으로 보냅니다(느 2:8). 느헤미야는 모든 백성들을 성벽 재건에 동참시킵니다. 각 지파 가문들마다 성벽 구간 구간을 맡겼습니다(느 3:1~31).

느헤미야에 의해 성벽이 재건된다는 소식을 듣고 산발랏과 암몬 사람 도비야가 와서 방해하기 시작했습니다. 산발랏은 페르시아 제국이 임명한 사마리아 통치자였고 도비야는 산발랏과 연합하고 있는 권력자였습니다. 이들은 예루살렘이 자신들의 영향력 아래에서 벗어나는 것을 원치 않았습니다. 그런데 느헤미야가 성벽을 재건하게 되면 자신의 영향력 아래에서 벗어날 것을 우려했습니다. 그래서 그들은 성벽 재건을 방해하기 시작했넌 것입니다(느 4:3).

이들의 방해에도 불구하고 느헤미야는 백성들에게 보초를 교대로 세웠습니다. 또한 자신의 종의 절반은 일을 하고 절반은 창, 방패, 활과 갑옷으로 무장했습니다. 백성들은 무기를 차고 일을 했습니다. 이렇게 경계를 하며 성벽을 재건했지만 무려 52일이라는 짧은 시간에 성벽을 완벽하게 재건할 수 있었습니다(느 6:15).

2. 성벽 재건을 방해하고 반대했던 사람들의 공격을 느헤미야는 어떻게 이겨 낼 수 있었을까요? 성경 본문을 읽고 초성 글짜를 완성된 단어로 적어 봅시다.

기도(느4:9)	파수(느4:22)	일(느4:22)

티칭포인트 | 산발랏과 도비야의 반대와 방해가 시작되자 느헤미야는 하나님께 기도하기 시작했습니다. 무슨 일을 하든 기도는 최우선 순위가 되어야 합니다. 그런데 기도만 하고 우리는 가만히 있어서도 안됩니다. 느헤미야는 기도했고 경비병을 세워 밤낮으로 지키게 했습니다.

백성들은 밤에는 보초를 서고 낮에는 성벽 재건하는 일을 했습니다. 우리는 기도하고 행동해야 합니다. 기도하고 아무 것도 하지 않는 것은 하나님께서 원하시는 것이 아닙니다. 기도하고 행동해야 합니다. 행동한 뒤에는 결과가 어떠하든 하나님께 감사와 영광을 돌려드려야 합니다.

하나님의 일을 한다고 해서 방해와 반대가 없는 것은 아닙니다. 어쩌면 반대와 방해가 더 심할 수 있습니다. 이런 반대와 방해는 내 힘으로 헤쳐 나갈 수 있는 것이 아닙니다. 하나님께서 은혜 주시고 힘을 주셔야 감당할 수 있는 것입니다.

<정답> : 기도, 파수, 일

5. 성경 Action

1. 하나님의 일을 한다고 방해와 반대가 없는 것은 아니에요. 신앙 생활을 하는데 나를 방해하는 것은 무엇이고 그것을 어떻게 이길 수 있는지 친구들과 이야기해 봅시다.

주일에 예배드리러 나올 때 나를 방해하는 것은 무엇이 있나요? 또한 예배드릴 때 기도와 말씀에 집중하지 못하는 이유는 무엇일까요? 친구들과 장난치고 떠들고 싶은 마음이 있을 때 하나님께 기도해보는 것은 어떨까요?

"하나님, 지금 친구들과 떠들고 싶고 장난 치고 싶은 마음이 생기는데 이 시간 성령님 내 마음에 오셔서 장난치고 싶고 떠들고 싶고 집중하지 못하는 나의 마음을 붙잡아 주세요."

2. 예수님을 믿는다는 것은 오늘 조금 더 예수님을 알고 의지하는 것입니다. 예수님을 알고 의지하기 위해 우리는 무엇을 해야 할까요? 서로의 생각을 이야기해 봅시다.

반대와 방해를 이길 수 있는 힘은 바로 믿음입니다. 예수님을 믿을 때 성령님께서 내 생각과 마음을 지켜주십니다. 예수님을 믿는다는 것은 갑자기 사람이 확 바뀌는 것이 아니라, 오늘 조금 더 예수님을 알고 의지하는 것이라고 할 수 있습니다. 예수님을 알기 위해 의지하기 위해 우리가 해야 할 것은 바로 기도와 말씀묵상입니다. 항상 우리가 방해와 반대에 넘어지지 않도록 기도해야 하고 말씀묵상을 통해 하나님께 우리에게 하시는 말씀에 귀를 기울여야 합니다.

6. 함께 기도하기

하나님, 신앙생활을 할 때 우리를 넘어지게 하고 예배에 집중하지 못하게 하는 방해와 반대가 많이 있어요. 이런 방해와 반대에도 넘어지지 않을 수 있도록 도와주세요. 기도하고 행동하게 하시고 하나님을 오늘 조금 더 알고 의지할 수 있도록 도와주세요. 예수님의 이름으로 기도합니다. 아멘.

26과 예수님은 왜 부활하셨을까요?

외울 말씀 | "그러나 이제 그리스도께서 죽은 자 가운데서 다시 살아나사 잠자는 자들의 첫 열매가 되셨도다" (고전 15:20)

공과 목표 |

1. 예수님께서 3일 만에 부활하셨음을 알 수 있다.
2. 예수님의 부활로 인해 우리도 부활하게 된다는 사실을 깨달을 수 있다.
3. 부활의 소망을 가지고 살아갈 수 있다.

배울내용 | 오늘은 예수님의 부활이 모든 사람들의 부활의 첫 열매가 되신다는 것을 통해 우리도 예수님처럼 반드시 영혼과 육체가 부활한다는 사실을 배울거예요.

공과 설명 |

예수님께서 이 땅에 오셔서 행하셨던 대부분은 우리에게 본으로써 보여주신 것들이 많습니다. 예수님께서 세례요한에게 세례를 받으신 것도 율법을 완성시키시는 분으로서 율법에 순종하는 본을 보여주셨던 것이고 제자들의 발을 씻겨 주셨던 것도 섬김과 헌신의 본을 직접 보여주신 것입니다. 예수님은 죽음을 겪지 않으셔도 되는 하나님이시지만 우리에게 부활의 소망을 주시기 위해 죽음이이라는 것을 경험하시고 부활하신 것입니다. 성경에는 죽었다가 살아난 많은 사람들이 있습니다.

수넴 여인의 아들, 나사로, 나인성 과부의 아들 등 여러 사람들이 죽었다가 살아났습니다. 이들의 부활과 예수님의 부활이 다른 것이 무엇일까요? 그들은 다시 살아났지만 결국 다시 죽었습니다. 하지만 예수님은 부활하셨고 지금 하나님 우편에서 살아서 역사하고 계십니다. 우리의 부활은 단지 죽었다가 다시 살아나는 부활이 아니라, 영원히 죽지 않는 영생으로의 부활입니다. 예수님은 바로 우리에게 이런 부활이 있음을 자신의 부활을 통해 알려주신 것입니다. 예수님의 부활이 우리에게 영원한 소망이 되는 이유를 성경을 통해 배워봅시다.

1. 성경을 공부해요

예수님의 부활을 목격한 증인들을 성경에서 찾아 보세요.

1. 마태복음 28:4	경비병
2. 마가복음 16:14	열 한명의 제자들
3. 마태복음 28:9	여자들 (막달라○○○, 다른마리아)
4. 고린도전서 15장 6절	○○○ 형제

<정답> : 마리아, 오백여

마태복음 28:4 지키던 자들이 그를 무서워하여 떨며 죽은 사람과 같이 되었더라
예수님의 부활을 제일 먼저 목격한 사람들은 무덤을 지키던 경비병들이었습니다. 왜냐하면 큰 지진이 일어났고 예수님의 굴을 막아놨던 돌은 이미 굴러 치워져 있었기 때문입니다. 무덤을 지키는 경비병이 무덤의 돌이 치워져 있는데 그 안을 확인하지 않았을까요? 그들은 대제사장과 장로들에게 이야기합니다. "지진이 일어났고 돌이 치워져 있었으며 예수님의 시체가 무덤 안에 없습니다." 그러자 대제사장과 장로들은 그들에게 많은 돈을 주며 "밤 사이 예수님의 제자들이 와서 시체를 훔쳐갔다고 말해라."라고 했고 경비병들은 나가서 그렇게 거짓말을 했습니다.
<정답> : 경비병

마가복음 16:14 그 후에 열한 제자가 음식 먹을 때에 예수께서 그들에게 나타나사 그들의 믿음 없는 것과 마음이 완악한 것을 꾸짖으시니 이는 자기가 살아난 것을 본 자들의 말을 믿지 아니함일러라
여자들이 전하는 소식을 듣고 베드로와 요한이 제일 먼저 뛰어갔습니다. 요한은 먼저 도착했지만 무덤 안을 들여다볼 뿐 들어가지는 않았습니다. 뒤늦게 도착한 베드로는 무덤에 들어가 예수님을 쌌던 세마포가 잘 접혀져 있는 것을 보았습니다. 그 이후 요한도 들어가서 무덤을 확인했고 예수님의 부활을 믿었습니다.

이후 예수님은 안식 후 첫 날 유대인들을 두려워해서 모인 열 명의 제자들에게 찾아가 만나주셨습니다. 이 때 도마는 자리에 없었는데 다른 제자들의 말을 도마는 믿지 못했습니다. 8일이 지난 후 다시 예수님은 11명의 제자에게(이때는 도마도 함께 있었습니다) 나타나셔서 자신의 못자국, 창자국을 보여주셨습니다.

<정답> : 열 한 명의 제자들

마태복음 28:9 예수께서 그들을 만나 이르시되 평안하냐 하시거늘 여자들이 나아가 그 발을 붙잡고 경배하니

막달라 마리아와 다른 마리아는 안식일 다음 날 동틀 무렵 예수님의 무덤을 찾아갔습니다. 이 때 강한 지진이 일어났고 예수님의 무덤을 막아놨던 돌은 이미 굴려 치워진 상태였습니다. 그리고 천사가 그 위에 앉아 있었습니다. 천사는 여자들에게 예수님께서 살아계셨을 때 말씀하신대로 부활하셨음을 알려주었고 여자들은 뛰어 내려가 제자들에게 이 기쁨의 소식을 알렸습니다.

<정답> : 여자들(막달라 마리아, 다른 마리아)

고린도전서 15:6 그 후에 오백여 형제에게 일시에 보이셨나니 그 중에 지금까지 대다수는 살아 있고 어떤 사람은 잠들었으며

예수님께서는 부활하시고 나서 여자들과 열 한 명의 사도들을 만나주셨습니다. 이 땅에 40일 동안 계시면서 많은 사람들을 만나셨고 하나님의 나라에 관해 말씀하셨습니다. 그리고 그들에게 복음을 땅끝까지 전하고 예수님의 증인이 될 것을 말씀하셨습니다. 바울은 부활하신 예수님이 사도들에게 나타나시고 자신도 만나주셨다고 말하면서 500명이 넘는 사람들에게 나타나셔서 성경대로 3일 만에 부활하신 사실을 증거하셨다고 말합니다.

<정답> : 오백여 형제

2. 몸풀기(부채글씨 놀이)

몸풀기 게임으로 부채글씨 놀이를 합니다.

[게임방법]

① 부채, 포스트잇, 펜을 준비합니다.

② 포스트잇에 글씨를 쓰고 부채에 붙입니다. 글씨를 너무 작게 쓰지 말고 4글자로 된 단어를 적습니다. 처음에는 글자 수를 적게 했다가 점점 늘려도 괜찮습니다.

③ 부채를 상대방에게 부치는 동안 상대방은 부채에 붙어 있는 글씨가 무엇인지 보고 맞춥니다. 부채를 너무 빨리 하면 안되고 1초에 2~3번 부채질 하는 속도로 합니다.

[게임멘트]

흔들리는 부채 속에서 글자를 읽는 것이 쉽지 않았죠? 글자가 흔들리다 보니 글자가 헷갈리게 보여서 더 어려웠을 거예요. 정확하게 글자를 보지 않고 몇 글자만 보고 단어를 생각해서 맞추면 틀릴 확률이 많았지요? 정확히 알지 못하고 몇몇 단어만 보고 맞추면 틀릴 확률이 많은 것처럼 복음도 제대로 알지 못하면 제대로 전할 수가 없어요. 성경은 우리가 복음의 증인이라고 말을 해요. 증인은 보고 들은 것을 한 치의 거짓 없이 정확하게 이야기하는 사람들이에요. 그렇다면 우리는 대충 알아서는 안되요. 정확하게 예수님을 알고 복음을 알아야 해요. 복음을 알고 그 복음을 전하는 것이 바로 우리의 사명이에요. 성경을 통해 예수님이 우리에게 보여 주신 복음이 무엇인지 살펴 봅시다.

3. 생각해보기

예수님의 부활이 진짜가 아니라고 생각하는 사람들이 있습니다. 이들은 아래와 같이 예수님의 부활을 설명합니다. 여러분들의 생각은 어떤지 이야기해 봅시다.

지금도 사람들은 예수님의 부활을 믿지 못하고 있습니다. 그런데 이런 사람이 지금만 있는 것은 아니고 옛날부터 있었습니다. 사람의 생각으로는 부활이 도저히 이해가 되지 않았기 때문에 사람들은 자신들이 이해할 수 있는 선에서 부활을 설명하기 시작했습니다. 어떤 사람들은 예수님의 부활을 "예수님이 피를 많이 흘리셔서 기절했는데 사람들이 죽은 줄 알고 무덤에 넣어놨는데 다시 깨어났다."라고 설명합니다. 성경은 로마군인이 예수님의 다리를 꺾으려고 확인했는데 이미 돌아가셔서 꺾지 않으셨다고 기록하고 있습니다. 또 어떤 사람들은 대제사장과 장로들이 경비병에게 말한대로 예수님의 제자들이 밤 사이 와서 예수님의 시체를 훔쳐갔다고 생각했습니다. 또 어떤 사람들은 예수님을 너무 보고 싶어한 나머지 집단 최면에 걸려 예수님의 환상을 보았다고 말합니다. 이 모든 것들은 예수님의 부활을 믿지 못해서 사람들이 하는 이야기입니다. 죽은 사람이 다시 부활하는 것이 우리의 생각으로 이해되지는 않습니다. 그런데 성경은 하나님께서 천지를 말씀으로 만드셨다고 말합니다. 우리가 이 사실을 믿는다면 죽었다가 다시 살아나는 것이 하나님께는 어려운 일이 아님을 알 수 있을 것입니다. 예수님의 부활은 우리가 인정을 하든 안하든 진리이고 사실입니다. 예수님의 부활이 믿어지지 않는다면 이 시간 예수님의 부활이 믿어지는 은혜를 달라고 기도해 볼까요?

4. 성경 속으로 Go Go

1. 예수님께서 이 땅에 오셔서 우리를 위해 고난을 받고 십자가에 죽으셔야만했던 이유가 있을까요? 성경에서 그 이유를 찾아 봅시다.

모든 □□이 죄를 지음(롬 3:23)　　□□ 수 없음(마 18:25)

□□□ 가 필요(히 9:15)　　부활의□ 열매(고전 15:20)

티칭포인트 | 도대체 예수님은 왜 이 땅에 오셨고 죽으셔야만 했을까요? 이것을 설명하는 것이 바로 복음입니다. 하나님께서 처음 사람을 만드셨는데 이 사람이 하나님의 말씀을 거역하고 불순종하는 죄를 지었습니다. 죄는 하나님의 말씀에 불순종하고 하나님을 믿지 않는 것입니다. 하나님은 죄를 가까이하거나 모른 척 하실 수 있는 분이 아니십니다.

우리가 하나님께 가까이 가려면 죄를 해결해야 하는데 죄는 내 힘으로 해결할 수가 없습니다. 왜냐하면 나는 매일 새로운 죄를 만들어 내기 때문에 과거의 죄, 다른 사람의 죄를 해결할 방법이 없습니다. 한 마디로 우리 힘으로는 죄에 대해 하나님께 보상(갚을)할 수가 없습니다. 그래서 하나님은 우리 대신 우리의 죄를 보상한 존재를 주시기로 하셨는데 그 분을 우리는 중보자라고 말합니다. 중보자가 되려면 자격이 있어야 하는데 첫 번째는 죄가 없는 사람이어야 합니다. 그래서 성령으로 잉태하는 방식으로 예수님께서 이 땅에 인간으로 오신 것입니다. 두 번째는 모든 사람의 죄를 용서할 수 있는 무한한 능력을 가지신 하나님이셔야 합니다. 그래서 하나님은 참 인간이면서 참 하나님이신 예수 그리스도를 중보자로 이 땅에 보내주신 것입니다. 이런 중보자의 자격에 딱 맞는 분이 오직 예수 그리스도 한 분이시기 때문에 오직 구원은 예수님을 믿어야만 얻는다고 말하는 것입니다. 예수님은 이 땅에 오셔서 하나님 나라를 선포하셨고 마지막에 자신을 희생 제물로 드리심으로 우리의 죄를 완전히 용서하셨습니다. 그런데 피를 흘리시고 죽으신다면 소용이 없겠지요? 그래서 예수님은 사망의 권세를 이기시고 3일 만에 부활하신 것입니다. 이 부활은 우리에게 자신이 부활했다고 자랑하려고 하신 것이 아니라, 우리에게 너희도 이와 같이 부활할 수 있음을 보여주시는 부활인 것입니다.

<정답>답 : 사람, 갚을, 중보자, 첫

2. 우리가 주일에 예배를 드리는 이유는 무엇일까요? 박스의 말씀을 읽어보고 □를 채워봅시다.(막 16:9, 요 20:19)

안식일	주일
너는 기억하라 네가 애굽 땅에서 종이 되었더니 네 하나님 여호와가 강한 손과 편 팔로 거기서 너를 인도하여 내었나니 그러므로 네 하나님 여호와가 네게 명령하여 안식일을 지키라 하느니라(신명기 5:15)	또 이르시되 인자는 안식일의 주인이니라 하시더라(누가복음 6장 5절) 내가 전한 복음대로 다윗의 씨로 죽은 자 가운데서 다시 살아나신 예수 그리스도를 기억하라(디모데후서 2장 8절)
□□을 기억(기념)	

어떤 이단들(하나님 어머니[하나님의 교회], 안식교 등)은 원래 안식일은 토요일인데 왜 주일에 예배를 드리는가? 주일에 예배를 드리는 것은 옳지 않다고 말합니다. 진짜 그럴까요? 막 16:9, 20:19은 안식 후 첫 날 그러니까 주일에 제자들이 모여 예배를 드렸다고 말하고 있습니다. 왜 이들이 주일에 모여 예배드렸을까요? 처음에는 유대인들의 눈을 피하기 위해 주일에 예배를 드렸습니다. 하지만 부활하신 예수님을 만나고 이들은 죽음을 이기신 부활의 주님을 기념하고 예배하기 시작했습니다.

하나님께서 안식일을 지키라고 했던 이유는 두 가지입니다. 하나는 하나님께서 창조 후 안식하셨기 때문에 쉼을 명령하신 것이고 다른 하나는 애굽에서 너희를 구원한 하나님을 기억하며 감사하며 지키라는 것이었습니다. 출애굽 이후 안식일은 안식과 구원 기념일로 지켰습니다.

그렇다면 주일은 무슨 날인가요? 예수님이 모든 사망 권세를 이기시고 부활하신 날입니다. 예수님은 자신만 부활하신 것이 아니라 우리에게 부활의 소망을 주셨습니다. 그러니 우리는 우리를 구원하시고 부활의 소망을 주신 주님을 예배해야 하는데 바로 주님이 부활하신 주일에 예배하는 것입니다.

<정답> : 구원

5. 성경 Action

1. 우리에게 매 주일은 주님의 부활을 기념하는 부활절이라고 할 수 있습니다. 나는 예배 때마다 부활의 기쁨과 구원의 감사를 고백하고 있나요? 하지 못한다면 그 이유가 무엇인지 이야기해 봅시다.

우리가 매 주일 예배하는 이유는 예수님의 부활을 기념하는 것입니다. 기억하고 감사하는 것입니다. 우리는 예배 때마다 예수님의 부활에 감격해야 합니다. 십자가에 내가 있어야 하는데 내가 아니라 주님이 십자가에 계셨고 나 대신 죽으심으로 나를 구원한 사실을 날마다 생각해야 합니다. 구원은 공짜도 싸구려도 아닙니다. 하나님께서 자신의 아들의 목숨과 바꾸어 주신 것이 구원입니다. 그런데 이런 구원을 아무 것도 아닌 것처럼 취급하면 될까요?

2. 메모장에 예수님의 부활을 자랑해 보세요.

새로운 옷, 새로운 기기만 사도 친구들에게 자랑하는데 우리는 예수님을 자랑하고 있나요? 예수님의 이름을 꺼내는 것조차 부끄럽고 두려운가요? 말로 하기 힘들다면 메모장에 예수님에 대해 자랑을 해 볼까요? 그리고 이 메모장을 가장 좋아하는 사람에게 전해 주세요.

6. 함께 기도하기

하나님, 우리에게 중보자 예수님을 보내주셔서 감사합니다. 나 대신 죽으셨고 3일 만에 부활하심으로 우리에게 부활의 소망을 주셨음을 알았습니다. 부활의 소망을 주신 예수님만 바라보며 예수님의 증인으로 살아가겠습니다. 나에게 용기와 믿음을 주세요. 예수님의 이름으로 기도합니다. 아멘.